今注本二十四史

後漢書

二一

志〔一〕

南朝宋 范曄 撰 唐 李賢等 注

卜憲群 周天游 主持校注

中国社会科学出版社

後漢書注補志序

臣昭曰：昔司馬遷作《史記》，爰建八《書》；班固因廣，是曰十《志》。天人經緯，帝政紘維，區分源奥，開廓著述，創藏山之祕寶，肇刊石之遐貫，誠有繁於《春秋》，亦自敏於改作。至乎永平，執簡東觀，紀傳雖顯，書志未聞。推檢舊記，先有地理，張衡欲存炳發，未有成功。《靈憲》精遠，天文已焕。自蔡邕大弘鳴條，寔多紹宣。協妙元卓，律曆以詳；承洽伯始，禮儀克舉；郊廟社稷，祭祀該明；輪騑冠章，車服贍列。於是應、譙纘其業，董巴襲其軌。司馬《續書》揔爲八《志》，律曆之篇仍乎洪、邕所構，車服之本即依董、蔡所立，儀祀得於往制，百官就乎故簿，並籍據前修，以濟一家者也。王教之要，國典之源，粲然略備，可得而知矣。既接繼《班書》，通其流貫，體裁淵深雖難踰等，序致膚約有傷懸越，後之名史，弗能罷意。叔駿之書，是爲十典，矜緩殺青，竟亦不成。二子平業，俱稱麗富，華轍亂亡，典則偕泯，雅言邃義，於是俱絶。沈、松因循，尤解功創，時改見句，非更搜求，加藝文以矯前棄，流書品採自近録，初平、永嘉圖籍焚喪，塵消煙滅，焉識其限，借南晉之新虚，爲東漢之故實，是以學者亦無取焉。范推《後漢》，良誠跨衆氏，序或未周，志遂全闕。國史鴻曠，須寄勤閑，天才富博，猶俟改具。若草昧厥始，無相憑據，窮其身世，少能已畢。遷有承考之言，固深資父之力，太初以前，班用《馬史》，十《志》所因，實多往制，升入校部，出二十載，續《志》昭《表》，以助其閒，成父述者，夫何易哉！況曄思雜風塵，心橈成毀，弗克員就，豈以茲乎？夫辭潤婉贍，可得起改，覈求見事，必應寫襲，故序例所論，備精與奪，及語八《志》，頗褒其美，雖出拔前群，歸相沿也。乂尋本書當作《禮樂志》，其《天文》《五行》《百官》《車服》，爲名則同。此外諸篇，不著紀傳，《律曆》《郡國》，必依往式。曄遺書自序，應徧作諸志，《前漢》有者，悉欲備製，卷中發論，以正得失，書雖未明，其大旨也。曾臺雲構，所缺過乎榱桷，爲山霞高，不終踰乎一壇，鬱絶斯作，吁可痛哉！徒懷纘緝，理慙鉤遠，迺借舊志，注以補之。狹見寡陋，匪同博遠，及其所值，微得論列。分爲三十卷，以合《范史》。求於齊工，孰曰文類；比茲闕恨，庶賢乎已。昔褚生補子長之削少，馬氏接孟堅之不畢，相成之義，古有之矣。引彼先志，又何猜焉！而歲代逾邈，立言湮散，義存廣求，一隅未覿，兼鍾律之妙，素揖校讎，參曆筭之微，有慙證辨，星候祕阻，圖緯藏嚴，是須甄明，每用疑略，時或有見，頗邀傍遇，非覽正部，事乖詳密。今令行禁止，此書外絶，其有疏漏，諒不足誚。

後漢書　志第一

律曆上[1]

律準　候氣[2]

[1]【今注】《律曆志》導讀：范曄撰《後漢書》"紀""傳"之後，因被捕入獄而未能完成"志"書部分。《後漢書》面世以後，深得史學界好評，唐以後，史界更將其與《史記》《漢書》並稱"三史"而廣爲流傳。

但缺志書終是憾事，爲了彌補這一缺憾，南朝梁劉昭將晉司馬彪撰寫的《續漢書》之志書部分抽出來，補入范書之中，並加以注釋。但在此之後很長時間内，劉昭注《後漢書》志仍然在社會上單獨流行，直至宋真宗乾興元年（1022），人們始將二者合爲一體出版。司馬彪的志共有 8 篇，劉昭將其析爲 30 卷，加上范書紀 10 卷、傳 80 卷，共計 120 卷，這就是今本《後漢書》。其中包括《律曆志》上、中、下三卷，《天文志》上、中、下三卷。

司馬彪，字紹統，高陽王司馬睦長子。傳見《晉書》卷八二。"少篤學不倦"，"不交人事，而專精學習，故得博覽群籍，終其綴集之務"。他擅長古史考據，因所撰《續漢書》之八志，被劉昭采入范書，故有人仍將補於范書的志稱爲《續漢志》。

《後漢書·律曆志》（以下簡稱《律曆志》）上卷，記載律準、候氣兩部分。其基本思想與《漢書·律曆志》相一致。認爲物體的長短、多少、輕重，聲音的清濁，三光的運行，這些相互之間均應有協調的關係。不僅如此，司馬彪對這種思想還有所發展，其不僅以《禮記·禮運》中“五聲、六律、十二管還相爲宫”的説法爲依據，同時還將五聲十二律擴大成六十律，以黄鍾自冬至始，經六十律，回至冬至爲一周，即將六十律配爲一歲，每律爲6日。他指出：“五音生於陰陽，分爲十二律，轉生六十，皆所以紀斗氣，效物類也。天效以景，地效以響，即律也。陰陽和則景至，律氣應則灰除。”六十律的思想，就是司馬彪對音律學説的進一步發展。

《律曆志》中卷，記載了東漢195年中曆法改革的過程，以及曆法改革中的争議實况。還記載了有關的奏章、詔書和關鍵人物的廷議等。其中主要包括“賈逵論曆”“熹平論曆”和“論月食。”

光武帝劉秀建立東漢政權以後，仍沿用西漢末劉歆據《太初曆》改編而成的《三統曆》。建武年間（25—57）太僕朱浮等數次上書請求修曆，至永平元年（58），又有待詔楊岑上書言《太初曆》推晦、朔、弦、望和月食皆不中。經過檢測，證明楊岑法合曆，便令楊岑署弦望月食官。永平十二年，待詔張盛、景防等上書言四分法比楊岑法更密，於是試行四分法。由於没有推定曆元，便暫用其推算弦、望、月食等。

元和二年（85），《太初曆》差誤日甚，曆官雖知不合，但不能改。章帝便召曆法家編訢、李梵等修曆，並於當年頒行。編訢等所編即《四分曆》。該曆根據漢以前的曆法傳統觀念，以爲曆元之月當先大。但朔望月衹有29.5天，爲了使曆面第一個月爲大月，就必須先借半日。《漢書·律曆志》就有借半日法的記載，編訢可能就是根據鄧平等的意見，安排元首十一月爲大月。但是，漢章帝對這種不符合自然規律的人爲決定産生懷疑，命左中郎將賈逵等人加以研究，賈逵提出元首十一月當先小，於是便以此推算以後曆譜。還有一個重要問題是以《九道法》推算月行。

這是中國天文學家最早推算月亮不均匀運動所創立的方法。據本志記載，自永元中，史官就以《九道法》推算弦望時刻，《九道法》的頒行，是經過史官實測驗證的。結果表明，以《九道法》所推弦望，均與實際相合。

《律曆志》中載賈逵在永元年間論曆，這是一份重要的東漢曆法文獻，涉及的内容有：第一，古曆有冬至日在牽牛初度和日在建星之説，而曆家在元和二年至永元元年（89）的五年期間進行測量，均得到冬至日太陽在斗宿二十一度四分度之一的結果。自此之後，人們纔不再持冬至日在牽牛初度的説法。第二，人們曾經分别以《太初曆》和《四分曆》考察西漢初年至西漢末（前206—8）、東漢初年至永元元年（25—89）的日食日期，得到的結果是太初以前《四分曆》得晦日多，誤差大。由此得出"《太初曆》不能下通於今，新曆不能上得漢元，一家曆法必在三百年之間"之論，故讖文曰："三百年斗曆改憲。"第三，以往史官均以赤道測量弦望時的日月行度，所得結果差1日以上，但後來傅安等人用黄道來度量，所得結果就比較接近，所以賈逵建議製造黄道儀測量天運。至永元十四年，漢廷終於下詔製造了一架太史黄道銅儀。儀器造成之後，因難以測候，仍很少使用。此外，賈逵還指出，以往史官推合朔、弦、望、月食加時，大多不準確，考其原因，在於忽略了月亮的運動有遲有疾。遲疾是由月亮的行道有遠近出入産生的，其周期是最遠點一個月移動3度，9年移動一周。故用《九道法》可以準確地推算合朔、弦、望、月食加時。

《律曆志》中卷記載了永元十四年待詔太史霍融的奏文，指出原史官漏刻，以九日增減一刻，不與天合。李梵等奏，建武年間曾使用以太陽南北移動2度增減一刻之法，和帝批準了這種辦法，行四十八箭法。

安帝延光二年（123），亶誦奏議用甲寅元，梁豐則認爲應恢復使用《太初曆》。靈帝熹平四年（175），馮光、陳晃又上書要求改用甲寅元，以抑民亂。群臣會議討論。蔡邕指出："光、晃以爲陰陽不和，奸臣盜賊，皆元之咎，誠非其理。"駁斥了社會不安定是由於曆元不正的言論。

《太初曆》已有推算預報月食的方法，但是還不準確。永元元年，《四分曆》推該年八月月食，但實際上發生在閏七月。永元二年，宗紺因準確地預報了二月十六日的月食。而當上了待詔，朝廷同時批準用宗紺法預報月食，但到本初元年（146），宗紺法預報始差。熹平三年（174），劉洪作《七曜術》，其中含有推月食法。與此同時，太史部郎中劉固作《月食術》，舍人馮恂也以五千六百四十月有九百六十一食爲周期，制訂了自己的推算方法，開始了預報月食方法的争論。熹平四年，宗紺之孫宗誠，改進了宗紺的方法，上報進獻，因此也當上了舍人。

《律曆志》下，記載了李梵、編訢於元和二年所造三卷《四分曆》的具體内容，其元法、紀法、蔀法、章法，均與古六曆相同。《四分曆》以庚辰爲上元。而東漢人均説以庚申爲上元，這是因爲《四分曆》第一紀爲庚辰，第二紀爲庚子，第三紀爲庚申。《四分曆》的曆元起西漢文帝後元三年（前 161）庚辰。推月食法與《太初曆》相同。其推步五星始於合伏，爲後世所宗。自《四分曆》開始，不用歲星紀年和超辰之法，專以干支紀年，甚爲方便，這是一大進步。其所載昏旦中星、晝夜漏刻、二至晷影長短之數、黄赤宿度進退之率，皆爲其首創。由此可見，東漢時期也是中國天文學發展的重要歷史階段。

［2］【今注】律準：律吕定音的標準器。它實際上是指一種裝有十三根弦的定音器。　候氣：是指測候一年四季節氣即氣温的變化。案，律準與氣候是本卷的兩個重要内容。

古之人論數也，[1]曰："物生而後有象，象而後有滋，滋而後有數。"[2]然則天地初形，人物既著，則筭數之事生矣。記稱大橈作甲子，[3]隸首作數。[4]二者既立，以比日表，[5]以管萬事。夫一、十、百、千、萬，所同用也；[6]律、度、量、衡、曆，其别用也。[7]故體有長短，檢以度；[8]物有多少，受以量；[9]量有輕重，平以權衡；[10]聲有清濁，協以律吕；[11]三光運行，紀以曆數。[12]然後幽隱之情，精微之變，可得而綜也。[13]

[1]【今注】論數：論曆數。

[2]【今注】"物生而後"至"而後有數"：物體産生以後就有了形象，有了形象之後就會繁衍，繁衍之後就有數量的變化。語出《左傳》僖公十五年。

[3]【劉昭注】《吕氏春秋》曰："黄帝師大橈。"《博物記》曰："容成氏造曆，黄帝臣也。"《月令章句》："大撓探五行之情（撓，紹興本、大德本、殿本作'橈'，是），古斗剛所建（古，紹興本、大德本、殿本作'占'，是；剛，殿本作'綱'，是），於是始作甲乙以名日，謂之幹，作子丑以名日（日，中華本改作'月'，並出校勘記：'《集解》引盧文弨説，謂"日"當爲"月"。案子丑等亦謂十二辰，則當繫於月明矣。後人因下有枝幹相配，以成六旬，遂改爲"日"，泥甚。今據改。'可從），謂之枝，枝幹相配，以成六旬。"【今注】大橈作甲子：相傳大橈爲黄帝大臣，發明了天干地支的計日方法。《吕氏春秋》曰："黄帝師大橈。"然而干支起源於何時，已無可靠文獻記載。很難説天干地支起源於一時、一地、一人之手。《外紀》曰："伏羲氏作甲曆，定歲時。"甲曆是指天干十日之數，不包括地支在内。可見古人對於何人發明干支亦有不同的説法。

[4]【劉昭注】《博物記》曰："隸首（首，大德本誤作

‘黄’），黄帝之臣。”一説，隸首，善筭者也。【今注】隸首作數：相傳隸首亦爲黄帝大臣，是算數的發明者。

［5］【劉昭注】表即晷景。【今注】二者既立以比日表：有了干支和算數之後，就可以利用日表來測量天體的運行以制定曆法。比，大德本誤作“此”。日表，是指用於測量太陽影長變化的圭表。

［6］【今注】一十百千萬所同用也：對於算數個、十、百、千、萬運算的使用，在不同的場所都是相同的。同用，殿本誤作“用同”。

［7］【今注】律度量衡曆其别用也：律、度、量、衡、曆，各有不同的用途。律，指確定樂音高低標準的音名。古代曾用管製成十二個爲一套的定音器，稱爲律管。度，指長度單位，古以一粒粟爲一分，十分爲一寸，十寸爲一尺，十尺爲一丈。量，指容量，量體積之用，古以一千二百粒粟爲一龠，十龠爲一合，十合爲一升，十升爲一斗，十斗爲一斛。衡，指重量，古以十粒粟重爲一圭，十圭爲一銖，二十四銖爲一兩，十六兩爲一斤，三十斤爲一鈞，四鈞爲一石。曆，是指曆法，係人爲計算時間的方法。

［8］【劉昭注】《説苑》曰：“以粟生之，十粟爲一分（十，中華本改作‘一’並出校勘記：‘《集解》引盧文弨説，謂“以粟”《説苑》作“以黍”，無“十粟”二字。按：《校補》謂“十”當作“一”，粟猶黍也。雖《説苑》亦無“一黍”二字，然不别出數，即是就一黍言。《前書·律曆志》云“一黍之廣，度之九十分，黄鍾之長。一爲一分”。夫黄鍾長九寸，一黍之廣當之長九十分之一，亦即是一黍爲一分，故知此一粟爲一分矣。今據《校補》説改。’可從），十分爲一寸，十寸爲一尺，十尺爲一丈。”【今注】體有長短檢以度：物體有長短不等，以長度單位來度量。

［9］【劉昭注】《説苑》曰：“千二百粟爲一龠（粟，紹興本、大德本、殿本作‘栗’，是），十龠爲一合，十合爲一升，十升爲

一斗，十斗爲一斛。"【今注】物有多少受以量：物體有多少不等，以容量體積之器來區分。

[10]【劉昭注】《説苑》曰："十栗重一圭（栗，紹興本、大德本、殿本作'粟'，是），十圭重一銖（中華本校勘記：'按：《集解》引盧文弨説，謂《説苑》"十粟"作"十六黍"，"十圭"作"六圭"'），二十四銖重一兩，十六兩重一斤，三十斤重一鈞，四鈞重一石。"【今注】量有輕重平以權衡：物體有輕重不等，需以權衡來秤之。

[11]【今注】聲有清濁協以律吕：聲音有高低，以律吕來區分。

[12]【今注】三光運行紀以曆數：天體的運行速度，以曆法來推算。三光，指日、月、星。

[13]【劉昭注】《前志》曰："天推曆生律（天，紹興本、大德本、殿本作'夫'，是），制器規圓矩方，權重衡平，準繩嘉量，探賾索隱，鉤深致遠，莫不用焉。度長短者不失毫氂（底本無'失'字，作一字空白，據紹興本、大德本、殿本補），量多少者不失圭撮，權輕重者不失黍絫。紀於一，協於十（協，底本漫漶不清，據紹興本、大德本、殿本補），長於百，大於千，廣於萬（中華本校勘記：'按：《集解》引盧文弨説，謂《前志》"廣"作"衍"'）。"【今注】幽隱之情精微之變可得而粽也：隱含的情況，細微的變化，都可以得到考量。粽，紹興本、大德本、殿本作"綜"，是。

漢興，北平侯張蒼首治律曆。[1]孝武正樂，置協律之官。[2]至元始中，[3]博徵通知鍾律者，[4]考其意義，羲和劉歆典領條奏，《前史》班固取以爲志。[5]而元帝時，郎中京房，[6]房字君明，[7]知五聲之音、六律之數。[8]上使太子太傅韋玄成字少翁、諫議大夫章雜試問房於樂府。[9]房對："受學故小黄令焦延壽。[10]六十律相生之法：以上生下，皆三生二，以下生上，皆三生四，陽下生陰，陰上生陽，終於中吕，[11]而十二律畢矣。[12]中吕上生執始，執始下生去滅，上下相生，終於南事，六十律畢矣。夫十二律之變至於六十，猶八卦之變至於六十四也。[13]宓羲作《易》，[14]紀陽氣之初，以爲律法。建日冬至之聲，以黄鍾爲宫，太蔟爲商，姑洗爲角，林鍾爲徵，南吕爲羽，應鍾爲變宫，[15]蕤賓爲變徵。[16]此聲氣之元，五音之正也。故各終一日。[17]其餘以次運行，當日者各自爲宫，而商徵以類從焉。[18]《禮運》篇曰：[19]'五聲、六律、十二管還相爲官'，[20]此之謂也。[21]以六十律分期之日，黄鍾自冬至始，及冬至而復，陰陽寒燠風雨之占生焉。[22]於以檢攝群音，考其高下，苟非草木之聲，[23]則無不有所合。《虞書》曰'律和聲'，[24]此之謂也。"

[1]【今注】張蒼：陽武（今河南原陽縣）人。西漢初爵封北平侯。精通律曆，曾進行改定曆法的工作。傳見《史記》卷九六、《漢書》卷四二。

[2]【今注】孝武正樂置協律之官：西漢武帝劉徹時統一樂理，設立樂官。協律，官名。指西漢武帝所設立的協律都尉，掌承旨譜曲、校訂調和音律。

[3]【今注】元始：西漢平帝劉衎年號（1—5）。

[4]【今注】博徵通知鍾律者：廣泛徵召通曉鍾律的人。

[5]【今注】羲和劉歆典領條奏前史班固取以爲志：劉歆應命逐條奏答，被《漢書》作者班固引作志書。羲和，官名。掌天文，傳説堯置，《尚書·堯典》："乃命羲和，欽若昊天，曆象日、月、

星辰，敬授人時。”西漢末，王莽改大司農爲羲和，後又改稱納言，掌貨幣。劉歆，字子駿，後改名秀，字穎叔。經學家、目録學家，又精曆法，著有《三統曆譜》。傳見《漢書》卷三六。《前史》，指《漢書》，相對《後漢書》而言。班固，字孟堅，扶風安陵（今陝西咸陽市東北）人。著《漢書》。傳見本書卷四〇。

［6］【今注】郎中：官名。尚書臺屬官，分曹執行政務。　京房：字君明，西漢東郡頓丘（今河南清豐縣西南）人。少事梁人焦延壽，研治《易經》，其説長於災變，房學之尤精，後遂著《易傳》。元帝初元四年（前 45），以孝廉爲郎。永光、建昭間，數上書言事，所言屢中，爲帝賞識，數次召見。是時中書令石顯專權，深疾房，遂設法中傷，房死於獄中。傳見《漢書》卷七五。

［7］【今注】房字君明：此四字蓋閲讀者偶作旁記，而誤寫入正文；或小字夾注誤爲正文。見下文注。

［8］【今注】五聲之音：指古代傳統的五種音階。具體名稱爲宫、商、角、徵、羽。分别相當於西樂唱名的 1（do）、2（re）、3（mi）、5（sol）、6（la）。　六律之數：案，應作“六十律之數”。《通典》卷一四三載：“元帝時，郎中京房知五音六十律之數，上使韋玄成等試問房於樂府。”《晉書・天文志》《宋書・天文志》並作“五音六十律”。中華本校勘記認爲此處“六律”泛用作律吕解可通，故“十”爲訛文。今注者以爲此處説京房知五聲、六十律，正合京房實情，且下文便講“六十律相生之法”，故以增“十”字爲宜。

［9］【今注】太子太傅韋玄成字少翁諫議大夫章：案，中華本删去“韋”“字少翁”，並出校勘記：“按：《集解》引盧文弨説，謂甄鸞《五經算術》無‘韋’字，與下王章亦不書姓名。下‘字少翁’三字亦無。蓋閲者偶作旁記，而誤寫入正文，與上‘房字君明’並當删去，不可以《史記》有‘解揚字子虎’相比例。今據删。”可從。太子太傅，官名。掌輔導太子。韋玄成，字少翁，西漢魯國鄒（今山東鄒城市）人。善文學。傳見《漢書》卷七三。

諫議大夫，官名。掌侍從顧問、參謀諷議。王章，字仲卿，西漢泰山鉅平（今山東泰安市南）人。傳見《漢書》卷七六。　雜試問房於樂府：試着問京房關於樂府之事。樂府，官署名。掌音樂事。

［10］【今注】小黄：縣名。治所在今河南開封市東北。　令：官名。縣級行政機構長官。　焦延壽：焦贛，字延壽，西漢梁國（今河南商丘市）人。察舉任小黄令，有治績。專研《易經》，長於災變之學，授京房，遂成京氏學。

［11］【今注】中吕：十二律名之一。

［12］【今注】十二律：傳統音律的總稱，即六律、六吕。按古代律制，用三分損益法，將一個八度，分爲十二個不完全相等的半音。各律從低到高依次爲：黄鍾、大吕、太簇、夾鍾、姑洗、仲吕、蕤賓、林鍾、夷則、南吕、無射、應鍾。其中奇數各律稱律，偶數各律稱吕。

［13］【今注】八卦：《周易》中的八種基本圖形，可進一步變爲六十四卦。

［14］【今注】案，羲，大德本、殿本作“犧”。

［15］【今注】變宫：比宫音低半個音的音級。

［16］【劉昭注】《月令章句》曰：“以姑洗爲角，南吕爲羽，則徵濁也。”【今注】變徵：比徵音低半個音的音級。

［17］【今注】案，終，中華本改作“統”，並出校勘記：“按：《集解》引惠棟説，謂‘終’《禮記正義》引作‘統’，《北史·牛宏傳》同。又引盧文弨説，謂《算術》亦作‘統’。今據改。”可從。

［18］【劉昭注】《月令章句》曰：“律，率也，聲之管也。上古聖人本陰陽，别風聲，審清濁，而不可以文載口傳也。於是始鑄金作鍾，以主十二月之聲，然後以效升降之氣。鍾難分别，乃截竹爲管，謂之律。律者，清濁之率法也。聲之清濁，以制長短爲制（殿本無前一‘制’字，中華本改作‘律’並出校勘記：

‘據汲本改。’可從）。”

［19］【今注】禮運：爲《禮記》中的一篇。

［20］【今注】十二管：即用以定音律高低的十二律管。　案，官，紹興本、大德本、殿本作“宫”，是。

［21］【劉昭注】鄭玄曰：“宫數八十一，黄鍾長九寸，九九八十一也。三分宫去一生徵，徵數五十四，林鍾長六寸，六九五十四也。三分徵益一生商，商數七十二，太蔟長八寸，八九七十二也。三分商去一生羽，羽數四十八，南吕長五寸三分寸之一，五九四十五又三分寸之一，爲四十八也。三分羽益一生角，角數六十四，姑洗長七寸五分寸之一（五，紹興本、大德本、殿本作‘九’，是），七九六十三又九分寸之一，爲六十四也。三分角去一生變宫，三分變宫益一生變徵。自此已後，則隨月而變，所謂‘還相爲宫’。”

［22］【今注】寒燠：冷熱。

［23］【今注】案，草，中華本改作“革”，並出校勘記：“《集解》引盧文弨説，謂‘草’當依《算術》作‘革’。今據改。”可從。

［24］【今注】虞書：爲《尚書》中的一篇，記虞舜事。　律和聲：樂律用以和協樂聲。

房又曰：“竹聲不可以度調，故作準以定數。準之狀如瑟，[1]長丈而十三弦，隱間九尺，[2]以應黄鍾之律九寸；中央一弦，下有畫分寸，以爲六十律清濁之節。”房言律詳於歆所奏，[3]其術施行於史官，候部用之。[4]文多不悉載。故揔其本要，以續《前志》。[5]

［1］【今注】準之狀如瑟：律準的形狀似瑟。瑟，古代彈撥樂器。狀如古琴，但弦數比古琴多。弦下各有一柱，可上下移動，以

定音的高低。

[2]【今注】隱：固定在琴瑟樂器表面用來架弦的部件，左右各一。案，京房的準也設有隱。

[3]【今注】歆：即劉歆。

[4]【今注】候部用之：天象觀測部門使用它。

[5]【今注】前志：即《漢書·律曆志》。

《律術》曰：陽以圓爲形，其性動。陰以方爲節，其性静。動者數三，静者數二。[1]以陽生陰，倍之；以陰生陽，四之：皆三而一。陽生陰曰下生，陰生陽曰上生。上生不得過黄鍾之清濁，下生不得及黄鍾之數實。[2]皆參天兩地，[3]圓蓋方覆，[4]六耦承奇之道也。[5]黄鍾，律吕之首，而生十二律者也。[6]其相生也，皆三分而損益之。[7]是故十二律之，[8]得十七萬七千一百四十七，是爲黄鍾之實。[9]又以二乘而三約之，是爲下生林鍾之實。又以四乘而三約之，[10]是爲上生太蔟之實。推此上下，以定六十律之實。[11]以九三之，[12]數萬九千六百八十三爲法。[13]律爲寸，[14]於準爲尺。不盈者十之，所得爲分。又不盈十之，所得爲小分。以其餘正其强弱。[15]

[1]【今注】案，二，大德本誤作"一"。

[2]【今注】案，上生不得過黄鍾之清濁下生不得及黄鍾之數實，中華本改此句作"上生不得過黄鍾之濁，下生不得及黄鍾之清"，並出校勘記："《集解》引盧文弨説，謂'清'字衍。'之數實'當作'之清'，依《算術》改正。今據改。盧又謂'及'上脱'不'字。今按：上生不得過黄鍾之濁者，意即所生之音不得低於

黄鍾本律，下生不得及黄鍾之清者，意即所生之音不得高於或等於黄鍾半律，‘過’與‘及’字異而義同，非有脱字也。今不改。”可從。

［3］【今注】參天兩地：參爲三，陽數；兩即二，陰數。

［4］【今注】圓蓋方覆：古代有天圓地方之説，故曰天蓋曰圓，下地曰方。

［5］【今注】耦：即偶數，屬陰。　奇：即奇數，屬陽。

［6］【劉昭注】《前書》曰：“黄帝使伶倫，自大夏之西，崑崙之陰，取竹之嶰谷生，其竅厚均者，斷兩節間而吹之，以爲黄鍾之管。制十二筩以聽鳳之鳴，其雄鳴爲六，雌鳴亦六，比黄鍾之音，而皆可以生之，是爲律本。至治之世，天地之氣合以生風。天地之風氣正，十二律乃定。”【今注】而生十二律者也：二，紹興本作“一”，是，即起子爲一，按三分損益法乘十一次，所得分母爲下文“十七萬七千一百四十七”之數。

［7］【今注】皆三分而損益之：傳統生率法的規則，是從某一樂律律管（或準弦）的總長度中，減損或者增益三分之一。即可産生另一樂律，因此説“三分而損益之”。用損法者爲“下生”，用益法者爲“上生”。上下猶先後，指樂律由低音到高音的排列順序。因此，由低音律生高音律爲“下生”，由高音律生低音律爲“上生”。

［8］【今注】十二律之：案，此處文字有誤。據《漢書·律曆志》：“三統合於一元，故因元一而九三之以爲法，十一三之以爲實。”知此當作“十一三之”。指從一出發，乘以三者十一次，即三的十一次方。

［9］【劉昭注】《前書》曰：“太極元氣，含二爲一（含，大德本、殿本作‘函’；二，紹興本、大德本、殿本作‘三’，是）。極，中也。元，始也。行於十二辰，始動於子。參之於丑，得三。又參之於寅，得九。又參之於卯，得二十七。又參之於辰，得八

十一。又參之於巳，得二百四十三。又參之於午，得七百二十九。又參之於未，得二千一百八十七（二，殿本誤作‘三’）。又參之於申，得六千五百六十一。又參之於酉，得萬九千六百八十三。又參之於戌，得五萬九千四十九（五，大德本誤作‘三’）。又參之於亥，得十七萬七千一百四十七。此陰陽合德，氣鍾於子，化生萬物者也。故滋萌於子，紐牙於丑，引達於寅，冒茆於卯，振美於辰，已盛於巳，咢布於午，昧曖於未，申堅於申（申，大德本、殿本誤作‘甲’），留孰於酉，畢入於戌，該閡於亥，出甲於甲，奮軋於乙，明炳於丙，大成於丁，豐茂於戊，理紀於己，斂更於庚，悉新於辛，懷任於壬，陳揆於癸。故陰陽之施化，萬物之終始，既類旅於律呂，又經歷於日辰，而變化之情則可見矣。”【今注】實：在中國傳統數學之分數的演算方法中，以分數的分子部分（含假分數）爲實。

［10］【今注】案，三，大德本誤作“二”。

［11］【今注】六十律之實：按下文所載六十律實數，除原有的十二律實數確爲整數外，其餘新增四十八律實數，均爲取整數位之近似值，而且其中部分數值有較大誤差。今注者全部按三分損益法覆覈，對律、準長度之數值也作了更正。所得實數個位以下之餘數均按四捨五入法處理。其數字與底本不同者，不改動底本，而是出注説明。另外，對於數值的更正，可參見章惠康、易孟醇主編《後漢書今注今譯》相關卷次（岳麓書社 1998 年版）。

［12］【今注】九三之：指從一出發，乘以三者九次，即三的九次方。

［13］【今注】數萬九千六百八十三爲法：案，數，中華本改作“得”，並出校勘記：“據《集解》引盧文弨説改。”不改亦通。法，在中國傳統數學之分數的演算方法中，以分數的分母爲法。京房的六十律，首先表示爲六十個假分數。其實（分子）互不相同，而法（分母）是共同的。因此，下文衹記實，而略去法。

［14］【今注】案，律爲寸，中華本改作“於律爲寸”，並出校勘記：“《集解》引盧文弨説，謂‘律’上脱‘於’字，《算術》有。今據補。”可從。

［15］【今注】以其餘正其强弱：以小分的餘數判小分後的强弱數。

黄鍾，十七萬七千一百四十七。　下生林鍾。黄鍾爲宫，太蔟商，林鍾徵。

一日。　律，九寸。　準，九尺。[1]

色育，十七萬六千七百七十六。[2]　下生謙待。色育爲宫，未知商，謙待徵。[3]

六日。　律，八寸九分小分八微强。[4]　準，八尺九寸萬五千九百七十三。[5]

執始，十七萬四千七百六十二。[6]　下生去滅。執始爲宫，時息商，去滅徵。

六日。　律，八寸八分小分七大强。[7]　準，八尺八寸萬五千五百一十六。[8]

丙盛，十七萬二千四百一十。　下生安度。　丙盛爲宫，屈齊商，安度徵。

六日。　律，八寸七分小分六微弱。　準，八尺七寸萬一千六百七十九。

分動，十七萬八十九。[9]　下生歸嘉。　分動爲宫，隨期商，歸嘉徵。

六日。　律，八寸六分小分四强。　準，八尺六寸八千一百五十二。[10]

質未，[11]十六萬七千八百。　下生否與。　質未爲宫，形晉商，否與徵。

六日。　律，八寸五分小分二强。[12]　準，八尺五寸四千九百四十五。

大吕，十六萬五千八百八十八。　下生夷則。大吕爲宫，夾鍾商，夷則徵。

八日。　律，八寸四分小分三弱。　準，八尺四寸五千五百八。

分否，十六萬三千六百五十四。[13]　下生解形。分否爲宫，開時商，解形徵。

八日。　律，八寸三分小分一强。　準，八尺三寸二千八百五十一。[14]

凌陰，十六萬一千四百五十二。　下生去南。凌陰爲宫，族嘉商，[15]去南徵。

八日。　律，八寸二分小分一弱。[16]　準，八尺二寸五百一十四。

少出，十五萬九千二百八十。　下生分積。　少出爲宫，争南商，分積徵。

六日。　律，八寸小分九强。　準，八尺萬八千一百六十。[17]

太蔟，十五萬七千四百六十四。　下生南吕。太蔟爲宫，姑洗商，南吕徵。

一日。　律，八寸。　準，八尺。

未知，十五萬七千一百三十四。[18]　下生白吕。未知爲宫，南授商，白吕徵。

六日。　律，七寸九分小分八强。　準，七尺九寸萬六千三百八十三。[19]

時息，十五萬五千三百四十四。[20] 下生結躬。時息爲宫，變虞商，結躬徵。

六日。 律，七寸八分小分九少强。[21] 準，七尺八寸萬八千一百六十六。[22]

屈齊，[23]十五萬三千二百五十三。[24] 下生歸期。屈齊爲宫，路時商，歸期徵。

六日。 律，七寸七分小分九弱。 準，七尺七寸萬六千九百三十九。[25]

隨期，十五萬一千一百九十。[26] 下生未卯。[27] 隨期爲宫，形始商，未卯徵。

六日。 律，七寸六分小分八强。 準，七尺六寸萬五千九百九十二。[28]

形晉，十四萬九千一百五十五。[29] 下生夷汗。[30] 形晉爲宫，依行商，夷汗徵。

六日。 律，七寸五分小分八弱。 準，七尺五寸萬五千三百二十五。[31]

夾鍾，十四萬七千四百五十六。 下生無射。夾鍾爲宫，中吕商，無射徵。

六日。 律，七寸四分小分九强。 準，七尺四寸萬八千一十八。

開時，十四萬五千四百七十。[32] 下生閉掩。[33] 開時爲宫，南中商，閉掩徵。[34]

八日。 律，七寸三分小分九微弱。[35] 準，七尺三寸萬七千八百四十一。[36]

族嘉，十四萬三千五百一十三。　下生鄰齊。族嘉爲宫，内負商，[37]鄰齊徵。

八日。　律，七寸二分小分九微强。　準，七尺二寸萬七千九百五十四。

争南，十四萬一千五百八十二。　下生期保。争南爲宫，物應商，期保徵。

八日。　律，七寸一分小分九强。　準，七尺一寸萬八千三百二十七。

姑洗，十三萬九千九百六十八。　下生應鍾。姑洗爲宫，蕤賓商，應鍾徵。

一日。　律，七寸一分小分一微强。　準，七尺一寸二千一百八十七。

南授，十三萬九千六百七十。[38]　下生分烏。[39]南授爲宫，南事商，分烏徵。

六日。　律，七寸小分九大强。[40]　準，七尺萬八千九百三十。[41]

變虞，十三萬八千八十四。　下生遲内。　變虞爲宫，盛變商，遲内徵。

六日。　律，七寸小分一半强。　準，七尺三千三十。

路時，十三萬六千二百二十五。[42]　下生未育。路時爲宫，離宫商，未育徵。

六日。　律，六寸九分小分二微强。　準，六尺九寸四千一百二十三。[43]

形始，[44]十三萬四千三百九十二。　下生遲時。

形始爲宫，制時商，遲時徵。

五日。 律，六寸八分小分三弱。 準，六尺八寸五千四百七十六。

依行，十三萬二千五百八十二。[45] 上生色育。 依行爲宫，謙待商，色育徵。

七日。 律，六寸七分小分三大强。[46] 準，六尺七寸七千五十九。[47]

中吕，十三萬一千七十二。 上生執始。 中吕爲宫，去滅商，執始徵。

八日。 律，六寸六分小分六弱。 準，六尺六寸萬一千六百四十二。

南中，十二萬九千三百八。 上生丙盛。 南中爲宫，安度商，丙盛徵。

七日。 律，六寸五分小分七微弱。 準，六尺五寸萬三千六百八十五。

内負，十二萬七千五百六十七。 上生分動。 内負爲宫，歸嘉商，分動徵。

八日。 律，六寸四分小分八强。[48] 準，六尺四寸萬五千九百五十八。

物應，十二萬五千八百五十。 上生質未。[49] 物應爲宫，否與商，質未徵。

七日。 律，六寸三分小分九强。 準，六尺三寸萬八千四百七十一。

蕤賓，十二萬四千四百一十六。 上生大吕。 蕤賓爲宫，夷則商，大吕徵。

一日。　律，六寸三分小分二微强。　準，六尺三寸四千一百三十一。

南事，十二萬四千一百五十四。[50]　不生。[51]南事窮，無商、徵，不爲宫。

七日。　律，六寸三分小分一弱。　準，六尺三十一千五百三十一。[52]

盛變，十二萬二千七百四十一。　上生分否。盛變爲宫，解形商，分否徵。

七日。　律，六寸二分小分三大强。[53]　準，六尺二寸七千六十四。

離宫，十二萬一千八百一十九。[54]　上生凌陰。離宫爲宫，去南商，凌陰徵。

七日。　律，六寸一分小分五微强。[55]　準，六尺一寸萬二百二十七。

制時，十一萬九千四百六十。　上生少出。　制時爲宫，分積商，少出徵。

八日。　律，六寸小分七弱。　準，六尺萬九千六百二十。[56]

林鍾，十一萬八千九十八。　上生太蔟。　林鍾爲宫，南吕商，太蔟徵。

一日。　律，六寸。　準，六尺。

謙待，十一萬七千八百五十一。[57]　上生未知。謙待爲宫，曰吕商，[58]未知徵。

五日。　律，五寸九分小分九弱。　準，五尺九寸萬七千二百一十三。[59]

去滅，十一萬四千五百八。[60]　上生時息。　去滅爲宫，結躬商，時息徵。

七日。　律，五寸九分小分二弱。　準，五尺九寸三千七百八十三。

安度，十一萬四千九百四十。　上生屈齊。　安度爲宫，歸期商，屈齊徵。

六日。　律，五寸八分小分四弱。[61]　準，五尺八寸七千七百八十六。

歸嘉，十一萬三千三百九十三。　上生隨期。　歸嘉爲宫，未卯商，隨期徵。

六日。　律，五寸七分小分六微强。　準，五尺七寸萬一千九百九十九。

否與，十一萬一千八百六十七。　上生形晉。　否與爲宫，夷汗商，形晉徵。

五日。　律，五寸六分小分八强。　準，五尺六寸萬六十四百二十二。[62]

夷則，十一萬五百九十二。　上生夾鍾。　夷則爲官，[63]無射商，夾鍾徵。

八日。　律，五寸六分小分二弱。　準，五尺六寸三千六百七十二。

解形，十一萬九千一百三。[64]　上生開時。　解形爲宫，閉掩商，開時徵。

八日。　律，五寸五分小分四强。　準，五尺五寸八千四百六十五。

去南，十萬七千六百三十五。　上生族嘉。　去南爲吕，[65]鄰齊商，族嘉徵。

八日。　律，五寸四分小分六大强。　準，五尺四寸萬三千四百六十八。

分積，十萬六千一百八十八。[66]　上生争南。分積爲宫，期保商，争南徵。

七日。　律，五寸三分小分九半强。[67]　準，五尺三寸萬八千六百八十一。[68]

南吕，十萬四千九百七十六。　上生姑洗。　南吕爲宫，應鍾商，姑洗徵。

一日。　律，五寸三分小分三强。　準，五尺三寸六千五百六十一。

白吕，十萬四千七百五十六。[69]　上生南授。白吕爲官，[70]分烏商，南授徵。

五日。　律，五寸三分小分二强。　準，五尺三寸四千三百七十一。

結躬，十萬三千五百六十三。　上生變虞。　結躬爲宫，遲内商，變虞徵。

六巳。[71]　律，五寸二分小分六少强。[72]　準，五尺二寸萬二千一百一十四。

歸期，十萬二千一百六十九。　上生路時。　歸期爲宫，未育商，路時徵。

六日。　律，五寸一分小分九微强。　準，五尺一寸萬七千八百五十七。

未卯，十萬七百九十四。　上生形始。　未卯爲宫，遲時商，形始徵。

六日。　律，五寸一分小分二微强。[73]　準，五尺一寸四千八十七。[74]

夷汗，九萬九千四百三十七。　上生依行。[75]　夷汗爲宫，色育商，依行徵。

七日。　律，五寸小分五强。　準，五尺萬二百二十。

無射，九萬八千三百四。　上生中吕。　無射爲宫，執始商，中吕徵。

八日。　律，四寸九分小分九强。　準，四尺九寸萬八千五百七十三。

閉掩，九萬六千九百八十。[76]　上生南中。　閉掩爲宫，丙盛商，南中徵。

八日。　律，四寸九分小分三弱。　準，四尺九寸五千三百三十三。[77]

鄰齊，九萬五千六百七十五。[78]　上生内負。　鄰齊爲宫，分動商，内負徵。

七日。　律，四寸八分小分六微强。[79]　準，四尺八寸萬一千九百六十六。[80]

期保，九萬四千三百八十八。　上生物應。　期保爲宫，質未商，[81]物應徵。

八日。　律，四寸七分小分九微强。[82]　準，四尺七寸萬八千七百七十九。

應鍾，九萬三千三百一十二。　上生蕤賓。　應鍾爲宫，大吕商，蕤賓徵。

一日。　律，四寸七分小分四微强。[83]　準，四尺七寸八千十九。

分烏，九萬三千一百一十七。[84]　上生南事。分烏窮次，無徵，[85]不爲宫。

七日。　律，四寸七分小分三微强。　準，四尺七寸六千五十九。[86]

遲内，九萬二千五十六。　上生盛變。　遲内爲宫，分否商，盛變徵。

八日。　律，四寸六分小分八弱。　準，四尺六寸萬五千一百四十二。

未育，九萬八百一十七。　上生離宫。　未育爲宫，凌陰商，離宫徵。

八日。　律，四寸六分小分一少强。[87]　準，四尺六寸二千七百五十二。

遲時，八萬九千五百九十五。　上生制時。　遲時爲官，[88]少出商，制時徵。

六日。　律，四寸五分小分五强。　準，四尺五寸萬二百一十五。[89]

[1]【今注】案，自此以下即京房六十律之數。其内容，首載各律律名，次載律名之實，次載下生或上生之律名，次載管長，次載弦長。六十律之法爲 19683，除以黄鍾之實得九寸，與律之實一致。黄鍾之律九寸，黄鍾之弦九尺。《宋書·律曆志上》載下生、上生之算法曰："律曆之數，天地之道也。下生者倍，以三除之；上生者四，以三除之。"這就是説，凡求下生律之實和弦數，乘以 2/3；反之，乘以 4/3。由黄鍾之數以次上下相求，便可得六十律之數。

［2］【今注】案，七十六，“六”應作“七”。

［3］【今注】案，大德本脱“徵”字。

［4］【今注】小分八微强：小分後面之數，均小於 10，分明是以 10 爲分母的小數。小分後的餘數，各以微弱、微强、少、半、太、少强、半强、太强等表示。在實下小分後面的强弱數單位各有大小不等。在唐代以前，爲了記數更爲精準，往往附有更小的單位，這種分單位，是將一個基本單位分成四分，以少、半、太表示 1/4、1/2、3/4。有時還嫌這一分法不細，再將 1/4 分爲 3 份，以强、弱加以區别。這樣，實際是將一個基本單位分成 12 份，相互關係如下：

十二分單位關係表

强	少弱	少	少强	半弱	半	半强	太弱	太	太强	弱	一辰
$\frac{1}{12}$	$\frac{2}{12}$	$\frac{3}{12}$	$\frac{4}{12}$	$\frac{5}{12}$	$\frac{6}{12}$	$\frac{7}{12}$	$\frac{8}{12}$	$\frac{9}{12}$	$\frac{10}{12}$	$\frac{11}{12}$	$\frac{12}{12}$

故六十律中的微强、微弱的名稱，相當於表中的 1/12 和 11/12。

［5］【今注】八尺九寸萬五千九百七十三：案，七十三，應改作“八十三”。這裏的尺寸數以後的數值，實際上是以分數形式來表示的不足一寸的部分，但是衹記分子（實），而省略了分母（法），分母始終都是“萬九千六百八十三”，故不必列出。因此，此處色育的弦長可改記爲：$89\frac{15983}{19683}$寸。其餘以此類推。

［6］【今注】案，六十二，應作“六十三”。

［7］【今注】案，七大强，中華本校勘記曰：“《集解》引惠棟説，謂‘七大强’一作‘八弱’。今按：《禮記正義》作‘小分八弱’。又按：《集解》引盧文弨説，謂‘大’當作‘太’。”應作“八弱”。

［8］【今注】案，一十六，應作“二十六”。

［9］【今注】案，八十九，應作“九十”。

［10］【今注】案，五十二，應作“六十二”。

［11］【今注】案，未，紹興本作“末”。《隋書·律曆志》《禮記正義》亦作“未”。下文同。

［12］【今注】案，小分二强，中華本補作“小分二半强”，並出校勘記：“《集解》引盧文弨説，謂《算術》‘强’上有‘半’字，是。今據補。”可從。

［13］【今注】案，五十四，應作“五十五”。

［14］【今注】案，八百五十一，應作“八百六十一”。

［15］【今注】案，族嘉，《隋書·律曆志》作“佚喜”。下文同。

［16］【今注】案，小分一弱，應去此四字。

［17］【今注】案，六十，應作“五十”。

［18］【今注】案，三十四，應作“三十六”。

［19］【今注】案，三百八十，應作“四百”。

［20］【今注】案，四十四，應作“四十五”。

［21］【今注】案，少强，應作“弱”。

［22］【今注】案，六十六，應作“七十六”。

［23］【今注】案，齊，紹興本誤作“濟”。

［24］【今注】案，五十三，應作“五十四”。

［25］【今注】案，三十九，應作“四十九”。

［26］【今注】案，九十，應作“九十一”。

［27］【今注】案，卯，《隋書·律曆志》作“卬”。下文同。

［28］【今注】案，五千九百九十二，應作“六千二”。

［29］【今注】案，五十五，中華本改作“五十六”，並出校勘記：“《集解》引盧文弨説，謂‘五十五’《算術》作‘五十六’，是。今據改。”可從。

［30］【今注】案，夷，紹興本誤作“無”。汙，《隋書·律曆志》作“汙”。下文同。

［31］【今注】案，二十五，中華本改作“三十五”，並出校勘

記：“按：各本並作‘二十五’，今據算理改。”可從。

［32］【今注】案，七十，應作“七十一”。

［33］【今注】案，掩，《隋書·律曆志》作“庵”。下文同。

［34］【今注】案，開，紹興本、大德本、殿本作“閉”，是。

［35］【今注】案，微弱，中華本改作“微强”，並出校勘記：“按：《集解》引盧文弨説，謂《算術》作‘微强’，是。今據改。”可從。

［36］【今注】案，四十一，應作“五十一”。

［37］【今注】案，負，《隋書·律曆志》作“貞”。下文同。

［38］【今注】案，七十，中華本補作“七十四”，並出校勘記：“《集解》引錢大昕説，謂當作‘七十四’，脱‘四’字。又引盧文弨説，謂《算術》有‘四’字。今據補。”不從，“七十四”亦誤，應作“七十六”。

［39］【今注】案，烏，《隋書·律曆志》作“焉”。下文同。

［40］【今注】案，大强，應作“大弱”。

［41］【今注】案，三十，應作“五十”。

［42］【今注】案，三，大德本誤作“二”。　案，二十五，應作“二十六”。

［43］【今注】案，二十三，應作“三十三”。

［44］【今注】案，形，《隋書·律曆志》作“刑”。下文同。

［45］【今注】案，八十二，應作“八十三”。

［46］【今注】案，大强，中華本改作“半强”，並出校勘記：“《集解》引盧文弨説，謂《算術》作‘半强’，是。今據改。”可從。

［47］【今注】案，五十九，應作“六十九”。

［48］【今注】案，强，中華本補作“微强”，並出校勘記：“《集解》引盧文弨説，謂《算術》作‘微强’，是。今據補。”可從。

［49］【今注】案，未，紹興本、大德本誤作“末”。《隋書·律

曆志》《禮記正義》亦作“未”。下文“質末徵”之“末”，底本、紹興本、大德本作“末”，唯殿本作“未”，應從前文取“未”。

［50］【今注】案，五十四，應作“五十六”。

［51］【今注】案，不，紹興本、大德本、殿本誤作“下”，十二律之變，窮於南事，作“不”是。

［52］【今注】案，六尺三十，紹興本、大德本、殿本作“六尺三寸”，是。 案，三十一，中華本改作“一十一”，並出校勘記：“按：各本作‘三十一’，今據算理改。”不從，據算理應取“三十一”。

［53］【今注】案，大强，中華本改作“半强”，並出校勘記：“《集解》引盧文弨説，謂《算術》作‘半强’，是。今據改。”可從。

［54］【今注】案，一千八百一十九，中華本改作“一千八十九”並出校勘記：“《集解》引錢大昕説，謂當云‘一千八十九’。又引盧文弨説，謂‘百一’二字誤衍，《算術》無。今據删。”可從。

［55］【今注】案，微强，應作“强”。

［56］【今注】案，底本無“六尺”二字，作空白，據紹興本、大德本、殿本補。 案，九千，紹興本、大德本、殿本作“三千”，是。

［57］【今注】案，五十一，應作“五十二”。

［58］【今注】案，曰，紹興本、大德本、殿本作“白”，是。

［59］【今注】案，一十三，應作“二十三”。

［60］【今注】案，四，紹興本、大德本、殿本作“六”，是。

［61］【今注】案，弱，中華本補作“微弱”，並出校勘記：“《集解》引盧文弨説，謂《算術》作‘微弱’，是。今據補。”不從，應取“弱”。

［62］【今注】案，六十，紹興本、大德本、殿本作“六千”，是。

［63］【今注】案，官，紹興本、大德本、殿本作“宫”，是。

［64］【今注】案，十一萬，中華本改作“十萬”，並出校勘記：“《集解》引錢大昕説，謂當云‘十萬’。又引盧文弨説，謂‘十’下‘一’字衍，《算術》無。今據删。”可從。

［65］【今注】案，吕，紹興本、大德本、殿本作“宫”，是。

［66］【今注】案，八十八，中華本改作“八十七”，並出校勘記：“《集解》引錢大昕説，謂當云‘八十七’。又引盧文弨説，謂‘八’譌，《算術》‘七’。今據改。”不從，應作“八十六”。

［67］【今注】案，半强，應作“半弱”。

［68］【今注】案，八十一，中華本改作“七十一”，並出校勘記：“按：各本作‘八十一’，今據算理改。”不從，應作“六十一”。

［69］【今注】案，五十六，應作“五十七”。

［70］【今注】案，官，紹興本、大德本、殿本作“宫”，是。

［71］【今注】案，曰，紹興本、大德本、殿本作“日”，是。

［72］【今注】案，少强，中華本删作“强”，並出校勘記：“《集解》引盧文弨説，謂《算術》作‘微强’，案止當作‘强’。今據删。”可從。

［73］【今注】案，微，大德本誤作“徵”。

［74］【今注】案，四千八十七，中華本改作“四千一百七”並出校勘記：“按：各本作‘四千八十七’，今據算理改。”可從。

［75］【今注】案，行，大德本誤作“時”。

［76］【今注】案，八十，應作“八十一”。

［77］【今注】案，三十三，應作“四十三”。

［78］【今注】案，七十五，應作“七十六”。

［79］【今注】案，微强，應作“强”。

［80］【今注】案，六十六，應作“七十六”。

［81］【今注】案，未，紹興本、大德本誤作“末”。

［82］【今注】案，微强，中華本改作“半强”，並出校勘記：“《集解》引盧文弨説，謂《算術》作‘半强’，是。今據改。”可從。

［83］【今注】案，微强，應作“强”。

［84］【今注】案，一十七，中華本改作“一十六”，並出校勘記：“《集解》引錢大昕説，謂當作‘一十六’。又引盧文弨説，謂《算術》作‘六’。今據改。”不從，應取“一十七”。

［85］【今注】無徵：當爲“無商”之誤。樂律的相生規律，總是宫生徵、徵生商、商生羽、羽生角。分烏既生南事，則南事自然是分烏的徵聲。衹因南事不再生，故分烏無商，更無羽角。

［86］【今注】案，五十九，應作“六十九”。

［87］【今注】案，少强，應作“强”。

［88］【今注】案，官，紹興本、大德本、殿本作“宫”，是。

［89］【今注】案，以上色育、謙待、未知、執始、去滅、時息、丙盛、安度、屈齊、分動、歸嘉、隨期、質未、否與、形晉、分否、解形、開時、凌陰、去南、族嘉、少出、分積、争南、白吕、南授、結躬、變虞、歸期、路時、未卯、形始、夷汗、依行、閉掩、南中、鄰齊、内負、期保、物應、分烏、南事、遲内、盛變、未育、離宫、遲時、制時 48 個律名、加上十二律名，計 60 律名，各自制約和對應。

京房依照三分損益法，將原有之十二律繼續往下推，由中吕上生執始，執始下生去滅，去滅上生時息，又下生結躬等，而至南事，共六十律。京房之所以如此推演，他以爲，應像由八卦推得六十四卦那樣，從十二律推至六十律。再如同用卦爻配日那樣，也將聲律來配一年的日子。但聲律配日不是平均分配，如以上原文所示，而是黄鍾等七律各配一日，共七日；形始、謙待等四律各配五日，共二十日；色育、執始等二十一律各配六日，共一百二十六日；依行、南中等十一律各配七日，共七十七日；大吕、分否等十七律各配八日，共一百三十六日。以上六十律，共配三百六十日。自黄鍾開始，再至黄鍾，提出了一種聲律與日周期相應的原則。參見“京房六十律與十二支對應圖”。

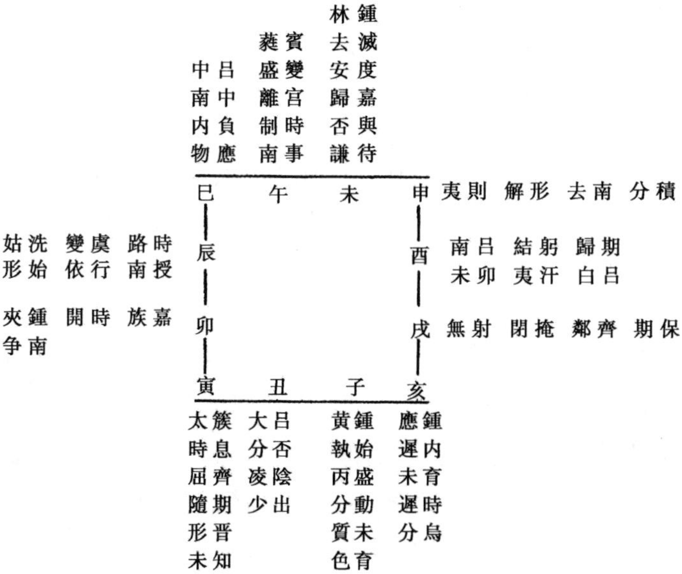

京房六十律與十二支對應圖

（圖中十二地支，各對應於一個十二律名，但對應的其他律名個數三至五各不相等。十二支對應十二月）

截管爲律，吹以考聲，列以物氣，道之本也。[1]術家以其聲微而體難知，其分數不明，故作準以代之。[2]準之聲，明暢易達，分寸又粗。然弦以緩急清濁，非管無以正也。均其中弦，令與黃鍾相得，案畫以求諸律，無不如數而應者矣。

[1]【劉昭注】《前書》注曰："章帝時，零陵文學奚景於泠道縣舜祠下得白玉琯（下，大德本誤作'不'）。古以玉爲琯（大德本'琯'下有'也'字）。"【今注】管：指竹管，古代以竹

管爲音律的標準器。但據考古發現，上古時或以玉爲律管。東漢章帝時曾有人於泠道縣舜祠中發現了白玉琯，它應當就是早先的律管。　案，列以物氣，中華本校勘記："《集解》引惠棟説，謂《晉志》'物'作'效'。今按：作'效'似合。"

［2］【今注】"截管爲律"至"作準以代之"：言以管爲律也有其音細微的缺點，所以京房以準代替。準的聲音雖然暢達，但也需與管校正配合。

音聲精微，綜之者解。元和元年，待詔候鍾律殷肜上言：[1]"官無曉六十律以準調音者。故待詔嚴崇具以準法教子男宣，[2]宣通習。願召宣補學官，主調樂器。"詔曰："崇子學審曉律，別其族、協其聲者，審試。不得依託父學，以聾爲聰。聲微妙，獨非莫知，獨是莫曉。以律錯吹，能知命十二律不失一，方爲能傳崇學耳。"[3]太史丞弘試十二律，[4]其二中，其四不中，其六不知何律，宣遂罷。自此律家莫能爲準施弦，候部莫知復見。[5]熹平六年，[6]東觀召典律者太子舍人張光等問準意。[7]光等不知，歸閲舊藏，乃得其器，[8]形制如房書，猶不能定其弦緩急，音不可書以時人，[9]知之者欲教而無從，心達者體知而無師，故史官能辨清濁者遂絶。其可以相傳者，唯大推常數及候氣而已。[10]

［1］【今注】待詔：官名。掌應皇帝徵召隨時待命，以備咨詢顧問。凡待詔，皆有一技之長。　殷肜：東漢時人，章帝元和中，爲待詔，候鍾律。

［2］【今注】嚴崇：東漢章帝時人，以曉音律著稱。　子男：兒子。　宣：嚴宣，東漢章帝時人。以殷肜推薦，補學官，主調樂器。

[3]【今注】案，方，紹興本誤作“力”。

[4]【今注】太史丞：官名。太史令之副，協助太史掌管天文律曆事。

[5]【劉昭注】《薛瑩書》曰，上以太常樂丞鮑鄴等上樂事，下車騎將軍馬防。防奏言：“建初二年七月（二，紹興本作‘一’），鄴上言：‘王者飲食，必道須四時五味，故有食舉之樂，所以順天地、養神明、求福應也。移風易俗，莫善於樂。樂者，天地之和，不可久廢。今官樂但有太蔟，皆不應日律（日，殿本作“月”，是）。可作十二月均，各應其月氣，乃能感天地和氣宜應（感，紹興本作“順”）。明帝始令靈臺六律候，而未設其門。《樂經》曰十二月行之，所以宣氣豐物也。月開斗建之門，而奏歌其律。誠宜施行。願與待詔嚴崇及能作樂器者共作治（待，紹興本、大德本誤作“侍”），考工給所當。’詔下太常。太常上言：‘作樂器直錢百四十六萬，請太僕作成上。’奏寢。今明詔下臣防，臣輒問鄴及待詔知音律者，皆言聖人作樂，所以宣氣致和，順陰陽也。臣愚以爲可順上天之明時（時，底本斷板不清，紹興本、大德本、殿本作‘待’，中華本校勘記據《隋書·音樂志》下引‘待’作‘時’，遂改作‘時’，今從），因歲首令正，發太蔟之律，奏雅頌之音，以立太平，以迎和氣。其條貫甚備（其，底本斷板不清，據紹興本、大德本、殿本補）。”詔書以防言下三公。

[6]【今注】熹平：東漢靈帝劉宏年號（172—178）。

[7]【今注】東觀：在都城洛陽南宫。東漢時爲聚藏圖書之處，先後有一些著名學者於此著述。　案，典，大德本誤作“興”。者，底本斷板不清，據紹興本、大德本、殿本補。　太子舍人：官名。東宫屬官，隸太子少傅，太子闕位則隸少府。掌文章書記。另一説，王文耀指出，靈帝在世時並未立過太子，不可能設太子舍人之官。又據《百官志》注可知，太史令所屬靈臺之下，也有舍人一官，靈臺正是候部，故這裏的太子舍人，很可能是太史舍人之誤。

(參見章惠康、易孟醇主編《後漢書今注今譯》之《律曆志》部分，岳麓書社 1998 年版)

［8］【今注】案，乃，底本斷板不清，據紹興本、大德本、殿本補。

［9］【今注】案，時，中華本改作“曉”，並出校勘記：“王先謙謂《晉志》作‘音不可書以曉’，《宋志》作‘音不可以書曉’，蓋‘書以’誤倒，明‘時’字誤。按：王氏以‘曉’字爲句，‘人’字連下讀。今依《晉志》改‘時’爲‘曉’，而以‘人’字屬上讀。”可從。

［10］【今注】大摧（què）：大略。

夫五音生於陰陽，分爲十二律，轉生六十，皆所以紀斗氣，[1]效物類也。[2]天效以景，[3]地效以響，即律也。陰陽和則景至，律氣應則灰除。[4]是故天子常以日冬夏至御前殿，合八能之士，[5]陳八音，[6]聽樂均，度晷景，候鍾律，權土灰，[7]放陰陽。[8]冬至陽氣應，則樂均清，景長極，黄鍾通，土灰輕而衡仰。夏至陰氣應，則樂均濁，景短極，蕤賓通，土灰重而衡低。[9]進退於先後五日之中，八能各以候狀聞，太史封上。效則和，否則占。[10]候氣之法，爲室三重，户閉，塗釁必周，密布緹縵。[11]室中以木爲案，每律各一，内庳外高，[12]從其方位，加律其上，以葭莩灰抑其内端，[13]案曆而候之。氣至者灰去。[14]其爲氣所動者其灰散，人及風所動者其灰聚。殿中候，用玉律十二。惟二至乃候靈臺，[15]用竹律六十。候日如其曆。[16]

［1］【今注】斗氣：中國古代有以北斗斗柄指向定節氣的方

法，所定二十四節氣稱爲斗氣。

［2］【今注】效：應驗。

［3］【今注】景：即日影。

［4］【今注】灰除：即葭莩灰消除。蘆葦裏的薄膜稱葭莩，古人將其燒成灰，置律管内用以占候。

［5］【今注】八能之士：指擅長鐘、鼓、磬、琴瑟、籥管、笙竽、壎、柷敔八種樂器的演湊及樂理的人。西漢樂府有八能之選，王莽時廢。東漢臨時設置，不常設。八能士爲宫廷祭祀奏樂，演奏時歸太史令調度。

［6］【今注】陳八音：演奏八種樂器的音樂。八音，八種樂器的聲音。八種樂器，指用金、石、竹、匏、土、革、絲、木八種不同材質所製樂器。

［7］【今注】案，土灰，中華本改作“土炭”，並出校勘記：“《集解》引惠棟説，謂晉灼引蔡邕《律曆記》作‘土炭’，《漢書·律曆志》亦云‘懸土炭’。今據改。”可從。下文“土灰輕”“土灰重”兩處“土灰”同。

［8］【今注】案，放，中華本改作“效”，並出校勘記：“《集解》引惠棟説，謂‘放’一作‘效’，《晉志》作‘效’。今據改。”可從。

［9］【劉昭注】《淮南子》曰：“水勝故夏至濕，火勝故冬至燥。燥故灰輕（灰，中華本改作‘炭’，理由同上。本注下同），濕故灰重。”

［10］【劉昭注】《易緯》曰：“冬至人主不出宫，寢兵，從樂五日，擊黄鍾之磬。公卿大夫列士之意得，則陰陽之晷如度數。夏至之日，如冬至之禮。冬至之日，樹八尺之表，日中視其晷。晷如度者其歲美，人民和順。晷不如度者則歲惡，人民多譌言，政令爲之不平。晷進則水，晷退則旱。進一尺則日食，退一尺則月食。月食則正臣下之行，日食則正人主之道。”

［11］【今注】密布緹縵：用橘紅色帷幕遮擋。

［12］【今注】内庳外高：指案兀内低外高。庳，同“卑”。

［13］【劉昭注】葭莩出河内。

［14］【今注】案，去，殿本作“動”，下文有“其爲氣所動者其灰散”語，據之作“動”是。

［15］【今注】靈臺：即觀象臺。參見“河南洛陽漢魏故城東漢靈臺遺址圖”。

河南洛陽漢魏故城東漢靈臺遺址圖

（這是東漢張衡等天文學家從事天文觀測和研究的地方）

［16］【劉昭注】《月令章句》曰：“古之爲鍾律者（‘句曰古’三字，底本墨丁，據紹興本、大德本、殿本補），以耳齊其聲。後不能，則假數以正其度，度數正則音亦正矣。鍾以斤兩尺寸中所容受升斗之數爲法（之，底本墨丁，據紹興本、大德本、殿本補），律亦以寸分長短爲度。故曰黄鍾之管長九寸，徑三分（徑，指孔徑，中華本據《太平御覽》卷一六補‘孔’字），圍九分，其餘皆稍短（稍，中華本改作‘漸’，並出校勘記：‘《集解》引

惠棟説，謂李氏本“補”作“漸”。今據改。’可從），雖大小圍數無增減（雖，中華本改作‘惟’，並出校勘記：‘《集解》引惠棟説，謂李氏本“雖”作“惟”。今據改。’可從）。以度量者可以文載口傳（者，底本漫漶不清，據紹興本、大德本、殿本補），與衆共知，然不如耳決之明也。”【今注】候日如其曆：根據京房的設想，竹律管所候之日，即前載黄鍾“一日”、色育“六日”之類，具體來説，黄鍾專管候冬至日，色育管候冬至後第二日至第七日。其餘依次順延。

後漢書　志第二

律曆中

賈逵論曆　永元論曆　延光論曆　漢安論曆　熹平論曆　論月食

自太初元年始用《三統曆》,[1]施行百有餘年，曆稍後天,[2]朔先曆朔，或在晦，月見。[3]考其行，日有退無進,[4]月有進無退。[5]建武八年中,[6]太僕朱浮、太中大夫許淑等數上書,[7]言曆不正,[8]宜當改更。時分度覺差尚微，上以天下初定，未遑考正。至永平五年,[9]官曆署七月十六日食。[10]待詔楊岑見時月食多先曆,[11]即縮用筭上爲日,[12]上言“月當十五日食，官曆不中”。詔書令岑普與官課。[13]起七月，盡十一月，弦望凡五，宫曆皆失,[14]岑皆中。庚寅，詔令岑署弦望月食官，復令待詔張盛、景防、鮑鄴等以四分法與岑課。歲餘，盛等所中多岑六事。十二年十一月丙子，詔書令盛、防代岑署弦望月食加時。四分之術，始頗施行。是時盛、防等未能分明曆元，綜校分度，故但用其弦望而已。[15]

［1］【今注】太初元年始用三統曆：這句話説得不够準確，應該説：太初元年始用《太初曆》，使用至西漢末年，劉歆據《太初曆》作《三統曆》。《三統曆》是中國歷史上第一部記載完整的曆法，它規定孟春正月爲每年第一個月，一年有二十四個節氣，中氣、節氣各十二個，以無中氣之月爲閏月。

［2］【今注】曆稍後天：曆法推步結果，比實際天象落後。具體主要是指推算使用的朔日，落後於實際合朔時刻。

［3］【今注】朔先曆朔或在晦月見：朔先曆，朔日早於曆法推算之日。案，此句中華本補作"朔先於曆"，並出校勘記："《集解》引盧文弨説，謂'先'下脱'於'字，依《御覽》補。今據補。"月見，中華本補作"月或朔見"。又整句，章惠康、易孟醇主編《後漢書今注今譯》之《律曆志》王文耀注標點爲："朔先於曆朔，或在晦月見。"這兩種補改、標點都是改動較大且有害文意的，應維持原文並標點爲"朔先曆朔，或在晦，月見"，意爲："真朔"如果先於"曆朔"，或"真朔"在"晦日"，這兩種情形都可能發生"曆朔日"清晨"月見東方"或傍晚"月見西方"的現象。

［4］【今注】日有退無進：指太陽冬至點的位置，每年在黄道上退行，這是由歲差所致。

［5］【今注】月有進無退：指下文所記載的李梵、蘇統所發現的"率一月移故所疾處三度"，即月亮近地點進動，每月前進三度。

［6］【今注】建武：東漢光武帝劉秀年號（25—56）。

［7］【今注】太僕：官名。掌供皇帝專用車馬，兼掌兵器製作、織綬等。　朱浮：字叔元，沛國蕭（今江蘇蕭縣）人。東漢光武帝時任太僕，官至大司空。傳見本書卷三三。　太中大夫：官名。掌侍從皇帝左右、參謀顧問及奉詔出使。

［8］【今注】案，言曆不正，中華本補作"言曆朔不正"，並

出校勘記："《集解》引盧文弨説，謂'言'下脱'朔'字，依《御覽》補。今據補。"可從。

［9］【今注】永平：東漢明帝劉莊年號（58—75）。

［10］【今注】食：此指月食。中華本於"食"上補"月"字，並出校勘記："《集解》引盧文弨説，謂'日'下脱'月'字，依《御覽》補。王先謙謂以下文證之，當有'月'字。今據補。按：印影宋本《御覽》'月'譌'日'。"可從。

［11］【今注】待詔：官名。掌應皇帝徵召隨時待命，以備咨詢顧問。凡待詔，皆有一技之長。

［12］【今注】縮用筭上爲日：曆家推算干支順序，有算上、算外兩種表示方式。據推算得數，取同序數干支，稱爲算上，取下一干支，稱爲算外。曆月中的日序，原本都用算外規則來推定，楊岑推算月食改用算上，實即將推定月食的日期提前一天。

［13］【今注】案，令岑普與官課，中華本補作"令岑普候與官曆課"，並出校勘記："《集解》引盧文弨説，謂'普'下脱'候'字，'官'下脱'曆'字，《御覽》有。今據補。"可從。

［14］【今注】按，宫，紹興本、大德本、殿本作"官"，是。

［15］【今注】"待詔楊岑見時月食多先曆"至"用其弦望而已"：這段文字比較晦澀，專業術語多，今先譯述，而後再作名詞解釋。這裏記載了東漢這一時期改進推算月食方法的過程。永平年間（58—75），待詔楊岑認識到當時的曆法已經稍爲後天，而據交食的原理，月食當發生在望日，而曆官預報的月食又多在十六日。因此楊岑認爲這不合於月食發生的科學原理，於是便上書説：月亮將在十五日發生食。官方預報的不對。皇帝下詔書命令楊岑等候與官曆觀測驗證比較。從七月起到十一月爲止。凡五個月的弦和望，官曆都失誤不合，而楊岑推算的弦望都與實際相合。該月庚寅那一天，皇帝下詔命令楊岑擔任推算弦望月食的官。另外，又命令待詔張盛、景防、鮑鄴等人，用四分法與楊岑的方法進行比較，又經過一年多的對比，得到四分法所推，比楊岑算法多合天象六次。於

是，明帝又於永平十二年十一月丙子日頒詔，命令張盛、景防代楊岑擔任推算弦望月食的官。所以，這時四分之術已經開始實行。衹是這時張盛、景防尚未確定曆元，統一校定分度，僅用其推算弦望而已。其中，課作驗證、比較解；日月相合爲朔，相對爲望，介於朔望之間稱爲弦，故弦有上弦和下弦；四分法就是指歲實爲365 $\frac{1}{4}$日、月長爲29 $\frac{499}{940}$日、歲的餘分四年一復的曆術，後來以之形成《四分曆》，在公元85年頒行，具體算法載在《律曆志》下；加時指天象發生的時刻；曆元指曆法中推算各種天象的統一起算點。

先是，九年，[1]太史待詔董萌上言曆不正，[2]事下三公、太常知曆者雜議，[3]訖十年四月，無能分明據者。至元和二年，[4]《太初》失天益遠，日、月宿度相覺浸多，而候者皆知冬至之日日在斗二十一度，未至牽牛五度，[5]而以爲牽牛中星，從天四分日之三，[6]晦朔弦望差天一日，[7]宿差五度。[8]章帝知其謬錯，以問史官，雖知不合，而不能易，故召治曆編訢、李梵等綜校其狀。[9]二月甲寅，遂下詔曰：

[1]【今注】九年：這裏指東漢明帝永平九年（66）。

[2]【今注】太史待詔：官名。待詔中一種，屬太史令。掌觀測天文、推測曆法。　董萌：東漢靈帝時曾任黄門令，後被誣下獄死。

[3]【今注】三公：係對太尉、司徒、司空的合稱，爲東漢時最高的行政長官。　太常：官名。九卿之一，掌禮儀祭祀。太史令及諸博士官均爲其屬下。

[4]【今注】元和：東漢章帝劉炟年號（84—87）。

[5]【今注】未至牽牛五度：斗宿是牛宿西面的一宿，斗宿計二十五度，今冬至日在斗二十一度，則距牽牛初度計爲五度。

[6]【今注】從天四分日之三：從天，中華本改作“後天”，並出校勘記：“《集解》引李鋭説，謂‘後天’誤‘從天’，當改。今據改。”可從。後天四分日之三，即是説節氣後天四分之三日。

[7]【今注】晦朔弦望差天一日：即推算合朔結果後天象一日。

[8]【今注】宿差五度：即歲差所生。

[9]【劉昭注】蔡邕議云：“梵，清河人。”【今注】治曆：官名。爲太史令所屬待詔的職任之一。　編訢：東漢章帝時任治曆，因《太初曆》頒行已久，長期累積誤差明顯，受命與李梵編校曆法，成《四分曆》。　李梵：清河（今山東臨清市）人，東漢章帝時任治曆，受命與編訢校曆，成《四分曆》。

朕聞古先聖王，先天而天不違，後天而奉天時。《河圖》曰：[1]“赤九會昌，十世以光，十一以興。”[2]又曰：“九名之世，帝行德，封刻政。”朕以不德，奉承大業，夙夜祗畏，不敢荒寧。予末小子，託在於數終，曷以續興，崇弘祖宗，拯濟元元？《尚書琁璣鈐》曰：“述堯世，放唐文。”《帝命驗》曰：“堯考德，顧期立象。”[3]且三、五步驟，[4]優劣殊軌，況乎頑陋，無以克堪，雖欲從之，末由也已。每見圖書，中心恧焉。[5]間者以來，政治不得，陰陽不和，災異不息，癘疫之氣，流傷於牛，[6]農本不播。夫庶徵休咎，[7]五事之應，[8]咸在朕躬，信有闕矣，將何以補之？《書》曰：“惟先假王正厥事。”又曰：“歲二月，東巡狩，至岱宗，柴，望秩于山川。遂覲東后，叶時月正日。”祖堯岱宗，同律度量，考在機衡，[9]以正曆象，[10]庶乎有益。《春秋保乾圖》曰：“三百年斗曆改憲。”[11]史官用太初鄧平術，[12]有餘分一，[13]在三百年之域，行度轉差，浸以謬錯。璇璣不正，[14]文象不稽。冬至之日，日在斗二十二度，[15]而曆以爲牽牛中星。先立春一日，則《四分》數之立春日也。以折獄斷大刑，於氣已迂；[16]用望平和曆時之義，[17]蓋亦遠矣。今改行《四分》，以遵於堯，以順孔聖奉天之文。冀百君子越有民，同心敬授，獲咸喜，[18]以明予祖之遺功。

[1]【今注】河圖：古緯書書名。以下《尚書琁璣鈐》《帝命驗》《春秋保乾圖》均爲緯書書名。緯書又稱圖讖，流行於東漢時，爲巫師和方士制作的隱語或預言，大都隱澀難解。

[2]【今注】赤九會昌十世以光十一以興：據五德終始的觀念，有一派認爲漢得火德，色尚赤，故漢高祖劉邦爲“赤帝子”。光武帝劉秀爲九世孫，故稱“赤九”。下文“九名之世”也指光武帝。十世、十一世，則分別是指明帝和章帝。

[3]【今注】案，堯考德顧期立象，中華本改補作“順堯考德，題期立象”，並出校勘記：“《集解》引惠棟説，謂‘顧’一作‘題’。又引盧文弨説，謂緯書所載作‘順堯考德，題期立象’。按：《曹褒傳》作‘順堯考德，題期立象’，今據以補改。”可從。

[4]【今注】三五步驟：語出緯書《孝經鉤命决》：“三皇步，五帝驟，三王馳。”言歷史演變的步伐越來越快。

[5]【今注】中心恧（nù）焉：心中慚愧。

［6］【今注】案，大德本闕“牛”字。

［7］【今注】庶徵休咎：民衆災殃。

［8］【今注】五事之應：五行的應驗。

［9］【今注】考在機衡：用天文儀器測量。機衡，天文儀器。亦可指天機星與玉衡星，用以代指北斗，並延喻爲機要的官署。機，大德本、殿本作“璣”。

［10］【今注】以正曆象：用以正確推定各種天象。

［11］【今注】三百年斗曆改憲：三百年就要改革一次曆法。

［12］【今注】鄧平：西漢武帝時任曆官，以造《太初曆》任太史丞。

［13］【今注】有餘分一：《太初曆》的歲實長度，於《四分曆》來説，積四年得一千五百三十九分之一日。這就是所謂“餘分一”。朔策即月平均日數也有類似的餘分。

［14］【今注】璇璣：天文測量儀器。

［15］【今注】案，二十二度，中華本改作“二十一度”，並出校勘記：“據《集解》引盧文弨説改。”可從。

［16］【今注】案，迂，紹興本、大德本、殿本作“迕”，是。

［17］【今注】案，平，大德本誤作“正”。　案，曆，紹興本作“隨”，是。取“用望平和隨時之義”，文意更長。

［18］【今注】案，獲咸喜，中華本改補作“儻獲咸熙”，並出校勘記：“《集解》引惠棟説，謂‘獲’上一有‘儻’字，‘喜’作‘熙’，《宋志》同。又引盧文弨説，謂南宋本有‘儻’字。今據以補改。”可從。

於是《四分》施行。[1]而訢、梵猶以爲元首十一月當先大，[2]欲以合耦弦望，命有常日，而十九歲不得七閏，晦朔失實。行之未期，章帝後發聖思，[3]考之經讖，[4]使左中郎將賈逵問治曆者衛承、李崇、大尉屬梁鮪、司徒嚴昺、太子舍人徐震、鉅鹿公乘蘇統及訢、梵等十人。[5]以爲月當先小，據《春秋經》書朔不書晦者，朔必有明晦，不朔必在其月也。[6]即先大，則一月再朔，後月無朔，是明不可必。[7]梵等以爲當先大，無文正驗，取欲諧耦十六日，[8]月朓昏，晦當滅而已。又晦與合同時，不得異日。又上知訢、梵穴見，[9]勑毋拘曆已班，天元始起之月當小。[10]定，後年曆數遂正。永元中，[11]復令史官以《九道法》候弦望，[12]驗有無差跌。[13]逵論集狀，[14]後之議者，用得折衷，故詳録焉。[15]

[1]【今注】四分施行：據上文可知，後漢《四分曆》正式施行於章帝元和二年（85）。

[2]【今注】訢梵：即編訢、李梵。

[3]【今注】案，後，紹興本、殿本作“復”，是；大德本作“不”。思，大德本誤作“惠”。

[4]【今注】考之經讖：依據儒家六經即《詩》《書》《禮》《易》《春秋》《樂》和緯書來考查。東漢統治者因緯書有利自己的統治而大加提倡。以上章帝所頒詔書，引用緯書就多達四種。

[5]【今注】左中郎將：官名。西漢置，掌宫殿宿衛。東漢領左署中郎、侍郎、郎中，職掌訓練、管理、考核後備官員，出居外朝。　賈逵：字景伯，扶風平陵（今陝西咸陽市西北）人。東漢經學家。傳父學《左氏春秋》，弱冠能誦《左傳》及《五經》本文。除擅長古文學外，亦通今文學之《穀梁傳》。在太學求學時好問事，身又高，人稱“問事不休賈長頭”。作《左傳解詁》三十篇、《國語解詁》二十一篇。拜爲郎，與班固並校秘書，應對左右。章帝即位，召入講北宫白虎觀。並作《周官解詁》。和帝永元三年（91），

爲左中郎將，八年爲侍中，領騎都尉。著經傳義詁及論難百餘萬字。學者宗之，稱爲通儒。賈逵對天文學也很有研究，關心章帝元和年間的曆法改革。永元四年，賈逵發表了自己對當時改曆的意見，這就是本志所引載的賈逵論曆。　大尉屬：大，紹興本、大德本、殿本作“太”，是。太尉屬，官名。漢代太尉等公府分曹辦公，總理一曹事務的正職稱“掾”，副職稱“屬”。　司徒：官名。東漢時與太尉、司空並稱三公，分掌宰相職能。開府辟僚屬，有長史、諸曹掾屬、令史等屬官。中華本於“司徒”下補“掾”字，並出校勘記：“《集解》引錢大昕説，謂此嚴勗亦司徒之掾屬，非司徒也，史脱文。今據補。”可從。　太子舍人：官名。東宫屬官，隸太子少傅，太子闕位則隸少府。掌文章書記。　鉅鹿：郡名。治廮陶縣（今河北寧晉縣西南）。　公乘：爵名。秦漢二十級爵的第八級，意即可乘公家之車。東漢明帝時規定，賜民爵不得超過公乘。實爲民虚爵名，没有待遇。

［6］【今注】案，朔必有明晦不朔必在其月也，有學者認爲此句有誤並提出了不同的修正意見，中華本校勘記曰：“《集解》引盧文弨説，謂‘明’字衍，‘不朔’當作‘朔不’。”實際上原文可通，大意是對上文《春秋》“書朔”及“不書朔”的進一步闡釋、發揮。朔，對“書朔”；不説，對“不書朔”。

［7］【今注】案，是明不可必，中華本校勘記：“按：《集解》引盧文弨説，謂唐一行《大衍曆議》引‘明’作‘朔’。”

［8］【今注】案，十六日，中華本補作“十六日望”，並出校勘記：“各本俱無‘望’字，今依曆理及文義補。”可從。

［9］【今注】上知訢梵穴見：皇上知道編訢、李梵的意見是偏見。

［10］【今注】案，當，紹興本、大德本誤作“常”。

［11］【今注】永元：東漢和帝劉肇年號（89—105）。

［12］【今注】令史官以九道法候弦望：永元年間，和帝又命令史官以《九道法》推算月行的弦望。《九道法》是推算月行遲速

的新方法，下面接着就有論述。

［13］【今注】案，有無，紹興本、大德本、殿本乙作“無有”，是。

［14］【今注】案，逵，大德本誤作“達”，下文“逵論曰”同。

［15］【今注】案，以上是東漢曆法改革的綜合論述。

逵論曰：

《太初曆》冬至日在牽牛初者，牽牛中星也。古黄帝、夏、殷、周、魯冬至日在建星，建星即今斗星也。[1]《太初曆》斗二十六度三百八十五分，牽牛八度。[2]案行事史官注，[3]冬、夏至日常不及《太初曆》五度，冬至日在斗二十一度四分度之一。[4]石氏《星經》曰：“黄道規牽牛初直斗二十度，去極二十五度。”[5]於赤道，斗二十一度也。《四分法》與行事候注天度相應。《尚書考靈曜》“斗二十二度，無餘分。冬至在牽牛所起”。又編訢等據今日所在牽牛中星五度，[6]於斗二十一度四分一，與《考靈曜》相近，即以明事。元和二年八月，詔書曰“石不可離”，[7]令兩候，上得筭多者。太史令玄等候元和二年至永元元年，[8]五歲中課日行及冬夏至斗一十一度四分一，[9]合古曆建星《考靈曜》日所起，其星間距度，皆如石氏故事。他術以爲冬至日在牽牛初者，自此遂黜也。[10]

［1］【今注】古黄帝夏殷周魯冬至日在建星建星即令斗星也：令，紹興本、大德本、殿本作“今”，是。《步天歌》所述星官分布，建星與斗宿爲相鄰的兩個不同星座，斗六星在西南，建六星在東北。即其所曰：“斗六星其狀似北斗，魁上建星六相聚。”

［2］【今注】太初曆斗二十六度三百八十五分牽牛八度：這句話爲《四分曆》黄道斗宿、牛宿距度（見《律曆志》下），在此上下文不相接，擬“八”爲“初”字之誤。

［3］【今注】行事史官注：辦事史官所作的觀測記録。

［4］【今注】案，二，紹興本誤作“一”。

［5］【今注】案，二十五度，應作“二百十五度”。

［6］【今注】案，日所在牽牛中星五度，中華本補作“日所在未至牽牛中星五度”，並出校勘記：“《集解》引盧文弨説，謂‘在’下當脱‘未至’二字。今據補。”可從。

［7］【今注】詔書曰石不可離：即不要背離《石氏星表》。故下文還有“其星間距度，皆如石氏故事”。

［8］【今注】太史令：官名。隸太常，掌天文曆法、祥瑞災異。屬官有丞、靈臺丞、中郎、待詔、監候郎、候部史等。

［9］【今注】案，五歲中課日行及冬夏至斗一十一度四分一，中華本去“夏”字，改“一十一”爲“二十一”，並出校勘記：“《集解》引惠棟説，謂李本‘一十’作‘二十’。按：上屢見冬至日在斗二十一度，明作‘一十’者譌，今據改。又按文義‘夏’字當衍，今删。”可從。

［10］【今注】冬至日在牽牛者自此遂黜：從此以後，編撰曆法的人，就不再説冬至日在牽牛了。

逵論曰：

以《太初曆》考漢元盡太初元年日朔二十三事，[1]其十七得朔，四得晦，二得二日；新曆七得朔，十四得晦，二得三日。[2]以《太初曆》考太初元年盡更始二年二十四事，十得晦；以新曆十六得朔，七得二日，一得晦。以《太初曆》考建武元年盡永元元年二十三事，五得朔，十八得晦；以新曆十七得朔，三得晦，[3]三得二日。又以新曆上考《春秋》中有日朔者二十四事，失不中者二十三事。天道參差不齊，必有餘，餘又有長短，不可以等齊。治曆者方以七十六歲斷之，則餘分稍長，[4]稍得一日。故《易》金火相革之卦《象》曰："君子以治曆明時。"又曰："湯、武革命，順乎天應乎人。"言聖人必曆象日月星辰，明數不可貫數千萬歲，其間必改更，[5]先距求度數，取合日月星辰所在而已。故求度數，取合日月星辰，有異世之術。《太初曆》不能下通於今，新曆不能上得漢元。[6]一家曆法必在三百年之間。故讖文曰："三百年斗曆改憲"。漢興，當用《太初》而不改，下至太初元年百二歲乃改。故其前有先晦一日合朔，下至成、哀，以二日爲朔，故合朔多在晦，此其明效也。[7]

[1]【今注】以太初曆考漢元盡太初元年：以《太初曆》法研究推算從西漢初年到太初元年期間的日食日期。　案，朔，中華本改作"食"，並出校勘記："據《集解》引盧文弨説改。"可從。

[2]【今注】案，三日，中華本改作"二日"，並出校勘記："各本並作'三日'，於曆理爲舛，今改正。"可從。

[3]【今注】案，得，大德本、殿本誤作"日"。

[4]【今注】案，稍，中華本改作“消”，並出校勘記：“《集解》引惠棟説，謂‘稍’李本作‘消’。今按：依文義作‘消’是，各本作‘稍’，蓋涉下‘稍’字而誤，今據改。”可從。

[5]【今注】明數不可貫數千萬歲其間必改更：知道一部曆法不能長期使用數千萬年，期間必須作出更改。

[6]【今注】太初曆不能下通於今新曆不能上得漢元：西漢制定的《太初曆》雖然與西漢時期天象相合，但使用到今天就不合了。而新的曆法雖密合於今天天象，但又不合於西漢初年天象。

[7]【今注】“故其前”至“此其明效也”：言曆法剛始用時所推之朔在晦日，久了之後所在合朔，便在二日，這是曆法家明確地認識到所用朔望月的長度太大所致，於是爲之後編造新曆減小朔策作好準備。

逵論曰：

臣前上傅安等用黄道度日月弦望多近。[1]史官一以赤道度之，[2]不與日月同，於今曆弦望至差一日以上，[3]輒奏以爲變，至以爲日却縮退行。於黄道，[4]自得行度，不爲變。[5]願請太史官日月宿簿及星度課，與待詔星象考校。奏可。臣謹案：前對言冬至日去極一百一十五度，夏至日去極六十七度，春秋分日去極九十一度。《洪範》“日月之行，則有冬夏”。《五紀論》“日月循黄道，南至牽牛，北至東井，[6]率日日行一度，月行十三度十九分度七”也。今史官一以赤道爲度，不與日月行同，其斗、牽牛、輿鬼，[7]赤道得十五，而黄道得十三度半；行東壁、奎、婁、軫、角、亢，[8]赤道十度，[9]黄道八度；[10]或月行多而日月相去反少，謂之日却。案黄道值牽牛，出赤道南二十五度，其直東井、輿鬼，出赤道北五度。赤道者爲中天，去極俱九十度，[11]非日月道，而以遥準度日月，失其實行故也。[12]以今太史官候注考元和二年九月已來月行牽牛、東井四十九事，無行十一度者；行婁、角三十七事，無行十五六度者，如安言。問典星待詔姚崇、井畢等十二人，[13]皆曰“星圖有規法，[14]日月實從黄道，官無其器，不知施行”。案甘露二年大司農中丞耿壽昌奏，[15]以圖儀度日月行，[16]考驗天運狀，日月行至牽牛、東井，日過度，[17]月行十五度，至婁、角，日行一度，月行十三度，赤道使然，此前世所共知也。如言黄道有驗，合天，日無前却，弦望不差一日，比用赤道密近，宜施用。上中多臣校。[18]

[1]【今注】傅安等用黄道度：傅安，東漢時的天文學家，具體事迹不明。曾用黄道度量日月的行度，發現其測量的結果多密近。陳美東《中國科學技術史·天文學卷》認爲《石氏星表》就有黄道度的記録（科學出版社 2003 年版），可見在東漢製造黄道銅儀之前就有黄道儀，否則《石氏星表》和傅安等人就得不到黄道度的數據。

[2]【今注】赤道：即現代天文學中的天赤道，古代以其爲基本圈建立相應的天文參考坐標。

[3]【今注】案，大德本闕“望”字。

[4]【今注】黄道：太陽周年視運動在恒星間的軌迹。

[5]【今注】自得行度不爲變：這是賈逵在奏書中批判史官錯誤觀念的一句話。言太陽、月亮都沿着黄道運動，今依赤道度測

量，而曰弦望行度不同是不正確的。實際是不爲變的。

［6］【今注】南至牽牛北至東井：黄道與赤道斜交，日行黄道，冬至前後於斗、牛時偏赤道南二十五度，夏至前後於井、鬼時偏北二十五度。

［7］【今注】案，中華本於“牽牛”下補“東井”，並出校勘記：“《集解》引錢塘説，謂‘牽牛’下脱‘東井’二字。斗、牽牛冬至日所在，東井、輿鬼夏至日所在也。今據補。”可從。

［8］【今注】案，壁，大德本、殿本誤作“璧”。

［9］【今注】案，十，中華本改作“七”，並出校勘記：“《集解》引李光地説，謂‘十’當作‘七’。今按：壁、奎、婁、軫、亢間在黄道斜交赤道之附近，以赤道標準度之，則赤道得度多而黄道得度少，其大較爲七與八之比，李説是，今據改。”可從。

［10］【今注】“今史官一以赤道爲度”至“黄道八度”：月亮行至斗、牛、東井、輿鬼時黄赤道平行而差距小，行至壁、奎、婁、軫、角、亢時黄赤斜交角度大而差距亦大，故下文曰“日却”。

［11］【今注】“出赤道南二十五度”至“去極俱九十度”：“二十五度”，中華本謂應作“二十四度”；“五度”，補作“二十五度”；“九十度”，謂應作“九十一度”。並出校勘記：“《四分曆》以周天爲三百六十五度又四分一，赤道去極爲其四分之一，約爲九十一度。張衡《渾儀》謂‘赤道横帶渾天之腹，去極九十一度十六分之五，黄道斜帶其腹，出赤道表裏各二十四度，故夏至去極六十七度而强，冬至去極百一十五度亦强也’。上文亦言‘冬至日去極一百十五度，夏至日去極六十七度，春秋分日去極九十一度’。並足證當時以赤道去極爲九十一度，黄道於牽牛及東井各距赤道南北二十四度也。”可從。

［12］【今注】以遥準度日月失其實行故也：以相距遥遠加以測量日月的行度，得到的實際行度不準確。

［13］【今注】典星待詔：官名。太史令所屬諸待詔職任之一。

［14］【今注】星圖有規法：天上的恒星分布有星圖可以爲

依據。

[15]【今注】甘露：西漢宣帝劉詢年號（前53—前50）。大司農中丞：官名。大司農屬官，掌財用度支、均輸漕運等事。耿壽昌：西漢宣帝時任大司農中丞。封關内侯。精於理財、天文曆算。曾以圓儀測日月行度，得到月至牛、井與婁、角行度不同的結果。

[16]【今注】以圖儀度日月行：用圓儀測量日月的行度，圖儀即圓儀，早期的測天儀器。

[17]【今注】案，日過度，中華本補作“日過一度”，並出校勘記：“據殿本《考證》補。”可從。

[18]【今注】上中多臣校：上報給衆多大臣考校。

案逵論，永元四年也。[1]至十五年七月甲辰，詔書造太史黄道銅儀，[2]以角爲十三度，亢十，氐十六，房五，心五，尾十八，箕十，斗二十四四分度之一，牽牛七，須女十一，虚十，危十六，營室十八，東壁十，奎十七，婁十二，胃十五，昴十二，畢十六，觜三，參八，東井三十，輿鬼四，柳十四，星七，張十七，翼十九，軫十八，凡三百六十五度四分度之一。冬至日在斗十九度四分度之一。[3]史官以郭日月行，[4]參弦望，雖密近而不爲注日。[5]儀，黄道與度轉運，難以候，是以少循其事。[6]

[1]【今注】案逵論永元四年也：賈發表的以上議論，是在章帝永元四年（92）。

[2]【今注】至十五年七月甲辰詔書造太史黄道銅儀：永元十五年爲公元103年。賈逵的建議在十一年後纔得以批准。大概由太

史令監造，故曰太史黄道銅儀。學者研究認爲，所謂黄道銅儀，衹是在渾儀的赤道圈上附加一個黄道圈。

［3］【今注】“角爲十三度”至“十九度四分度之一”：以上爲以黄道儀測得的二十八宿黄道度值，附於《四分曆》中。

［4］【今注】案，郭，中華本改作“部”，並出校勘記：“《集解》引齊召南説，謂‘郭’當作‘部’。今據改。”可從。

［5］【今注】雖密近而不爲注日：候部的史官雖然認識到黄道儀測日月行密近，但仍然不使用其作實際觀測，用以注日。

［6］【今注】儀黄道與度轉運難以候是以少循其事：這架儀器，因黄道旋轉運算，難以使用，所以史官實際仍很少過問。

逵論曰：

又今史官惟合朔、弦、望、月食加時，[1]率多不中，在於不知月行遲疾意。[2]永平中，詔書令故太史待詔張隆以《四分法》署弦、望、月食加時。[3]隆言能用《易》九、六、七、八支知月行多少。[4]今案隆所署多失。臣使隆逆推前手所署，不應，或異日，不中天乃益遠，至十餘度。梵、統以史官候注考校，月行當有遲疾，不必在牽牛、東井、婁、角之間，又非所謂朓、側匿，[5]乃由月所行道有遠近出入所生，[6]率一月移故所疾處三度，九歲九道一復，[7]凡九章，百七十一歲，復十一月合朔日冬至，[8]合《春秋》《三統》九道終數，可以知合朔、弦、望、月食加時。據官注天度爲分率，以其術法上考建武以來月食凡三十八事，差密近，有益，宜課試上。[9]

[1]【今注】案，吏，紹興本、大德本、殿本作“史”，是；惟，紹興本、大德本、殿本作“推”，是。

[2]【今注】不知月行遲疾意：西漢以前，人們還不知道月亮的運行有遲有速，所以推算合朔、弦、望的時刻都不準確。

[3]【今注】張隆：本卷第一節有待詔張盛，亦於永平中奉詔“署弦、望、月食加時”，黄任軻認爲此二人當爲同一人。盛、隆字義相同，當一字爲名，另一字爲字。當然，也可能是兄弟二人。

[4]【今注】易九六七八支知月行多少：支，中華本改作“爻”，並出校勘記：“據《集解》引盧文弨説改。”可從。這句話的意思是：借用《易》九、六、七、八爻，來推算每月月亮行度的多少。由於出於附會，不合科學原理，故所署多不中，差至十餘度。

[5]【今注】朓側匿：食晦而月見西方謂之朓，食二日而月見東方謂之側匿。此爲晦朔日期推算不準纔出現的兩種現象，即本卷開頭所言“朔先曆朔，或在晦”兩種情形。

[6]【今注】案，行，殿本誤作“在”。

[7]【今注】率一月移故所疾處三度九歲九道一復：這是東漢人發現月行九道術的基本内容。月亮作周期性的遲速運動，它的最速點，並不固定，而是每月在黄道上前進三度多，經過九年，最速點又回到原處。

[8]【今注】合朔日冬至：案，日，紹興本、大德本、殿本作“旦”，是。朔旦，即每月的第一天。冬至爲歲首，朔旦冬至即指二者相合爲同一天。

[9]【今注】案，宜，紹興本、大德本、殿本誤作“宣”。

案史官舊有《九道術》，[1]廢而不修。[2]熹平中，[3]故治曆郎梁國宗整上《九道術》，[4]詔書下太史，以參舊術，相應。部太子舍人馮恂課校，[5]恂亦復作《九道術》，[6]增損其分，與整術並校，差爲近。太史令颺上以恂術，[7]參弦、望。然而加時猶復先後天，遠則十餘度。[8]

［1］【今注】史官舊有九道術：指《漢書·律曆志》所載日有九道。其曰："陽以九終故日有九道，陰兼而成之，故月有十九道。"有人以爲這就是月有九道，此處日有九道當爲月有九道之誤。然而，《河圖帝覽禧》曰："黄道一，青道二出黄道東，赤道二出黄道南，白道二出黄道西，黑道二出黄道北。日春東從青道，夏南從赤道，秋西從白道，冬北從黑道。"明確地説"日春東從青道""夏南從赤道"等，這個觀念，就衹可能是日行九道，而非月行九道。故西漢的日行九道與東漢的月行九道不是一個概念。

［2］【今注】案，不，紹興本誤作"下"。

［3］【今注】熹平：東漢靈帝劉宏年號（172—178）。

［4］【今注】梁國：治定陶縣（今山東菏澤市定陶區）。

［5］【今注】"熹平中"至"太子舍人馮恂"：一説熹平爲靈帝年號。靈帝未立太子，疑太子舍人爲太史舍人之誤。一説太子舍人不誤，時有太子，太子舍人隸太子少傅；太子闕位，則隸少府。考慮到前文曾有"太子舍人張光等"，當取不誤説。

［6］【今注】案，九，底本墨丁，據紹興本、大德本、殿本補。

［7］【今注】颺：單颺，字武宣，山陽湖陸（今山東魚臺縣東南）人。善天算、星占。東漢熹平末預言譙地五十年後當有王者興，後以魏代漢應。初舉孝廉，遷太史令、侍中，出爲漢中太守，後拜爲尚書，卒於官。傳見本書卷八二。

［8］【劉昭注】杜預《長曆》曰："《書》稱'朞三百六旬有六日，以閏月定四時成歲，允釐百工，庶績咸熙（熙，底本墨丁，據紹興本、大德本、殿本補）'。是以天子必置日官，諸侯必置日

御，世修其業，以考其術。舉全數而言，故曰六日，其實五日四分之一。日日行一度，而月日行十三度十九分度之有畸（中華本於‘之’下補‘七’字，並出校勘記：‘據《集解》引盧文弨説補。’可從）。日官當會集此之遲疾，以考成晦朔，錯綜以設閏月。閏月無中氣，而北斗邪指兩辰之間，所以異於他月也。積此以相通，四時八節無違，乃得成歲。其微密至矣。得其精微，以合天道，事叙而不悖。故傳曰：‘閏以正時，時以作事，事以厚生，生民之道，於是乎在（乎在，底本墨丁，據紹興本、大德本、殿本補）。’然陰陽之運，隨動而差，差而不已，遂與曆錯。故仲尼、丘明每放朔閏發文（放，紹興本、大德本、殿本作‘於’，是），蓋矯正得失（矯，底本墨丁，據紹興本、大德本、殿本補），因以宣明曆數也。桓十七年，日食得朔，而史闕其日（闕，紹興本、大德本、殿本作‘闕’，是），單書朔（單，底本墨丁，據紹興本、大德本、殿本補）。僖十五年，日食（中華本於‘日食’下補‘亦得朔’三字，並出校勘記：‘據《集解》引盧文弨説補。’可從），而史闕朔與日（闕，紹興本、大德本、殿本作‘闕’，是）。故傳因其得失，並起時史之謬，兼以明其餘日食，或曆失其正也。莊二十五年，經書‘六月辛未朔，日有食之，鼓用牲于社’。周之六月，夏之四月，所謂正陽之月也。而時曆誤，實是七月之朔，非六月。故傳云：‘非常也。唯正月之朔，慝未作（慝，底本墨丁，據紹興本、大德本、殿本補），日有食之，於是乎有用幣于社，伐鼓于朝。’此非用幣伐鼓常月（此，中華本補作‘明此食’，並出校勘記：‘據《集解》引盧文弨説補。’可從），因變而起，曆誤也。文十五年經文皆同，而更復發，傳曰‘非禮’。明前傳欲以審正陽六月（欲，底本墨丁，據紹興本、大德本、殿本補；六，紹興本、大德本、殿本作‘之’，是），後傳發例，欲以明諸侯之禮也。此乃聖賢之微旨（聖，底本墨丁，據紹興本、大德本、殿本補）、先儒所未喻也。昭十七年夏六月，日有食之，而平子言非正陽之月，以誣一朝，近於指鹿爲馬。故傳曰‘不君君（君君，殿本誤作“君矣”）’，且因以明此月爲得天正也。劉子駿造《三統曆》以修《春秋》。《春秋》日食實甲乙者三十四（實，紹興本、大德本、殿本作‘有’，是），而《三統曆》唯一食，曆術比諸家既最踈。又六千餘歲輒益一日。凡歲當累日爲次，而無故益之，此不可行之甚者。班因前代名儒（因，紹興本、大德本、殿本作‘固’，是），而謂之最密。非徒班固也，自古以來，諸諭《春秋》者（諭，紹興本、大德本、殿本作‘論’，是），多述謬誤，或造家術，或用黄帝以來諸曆，以推經傳朔日，皆不得諧合。日食於朔，此乃天驗，經傳又書其朔食，可謂得天，而劉、習諸儒説（習，紹興本、大德本、殿本作‘賈’，是），皆以爲月二日或三日，公違聖人明文。其蔽在放守一元（放，紹興本、大德本、殿本作‘於’，是），不與天消息也。余感《春秋》之事，嘗著《曆諭》（諭，紹興本、大德本、殿本作‘論’，是），極言曆之通理。其大指曰：天行不息，日月星辰，各運其舍，皆動物也。物動則不一，雖行度大量，可得而限。累日爲月（中華本於‘累日爲月’下補‘累月爲歲’四字，並出校勘記：‘據《集解》引盧文弨説補。’可從），以新故相序，不得不有毫毛之差，此自然埋也（埋，大德本、殿本作‘理’，是）。故《春秋》日有頻月而食者、曠年不食者，理不得一，而筭守從數（從，殿本作‘恒’，是），故曆無不有差失也。始失於毫毛，而尚未可覺，積而成多，以失弦望朔晦，刻不得不改憲以從之（刻，紹興本、大德本、殿本作‘則’，是；憲，底本墨丁，據紹興本、大德本、殿本補）。《書》所謂‘欽若昊天，曆象日月星辰’，《易》所謂‘治曆明時’，言當順天以耒合（耒，紹興本、大德本、殿本作‘求’，是），非爲合以驗天者也。推且論之（且，紹興本、大德本、殿本作‘此’，是），《春秋》二百餘年，其治曆變通多矣。雖數術絶滅，還勢經傳微旨（勢，紹興本、大德本、殿本作

‘尋’，是），大量可知。時之違謬，則經傳有驗。學者固當曲循經傳月日日食，以考朔晦也（以考朔晦也，底本作‘以者明晦出’，已不可讀，據紹興本、大德本、殿本改），以推時驗。而皆不然，各據其學以推《春秋》。此無異度己之跡，而欲削他人之足也。余爲《曆論》之後，至咸寧中，善筭李修、卜顯（卜，紹興本、大德本、殿本作‘夏’，未知孰是），依論體爲術，名《乾度曆》，表上朝廷。其術合日行四分之數，而微增月行。用三百歲改憲之意，二元相推，七十餘歲，承以强弱，强弱之差蓋少，而適足以遠通盈宿（宿，紹興本、大德本、殿本作‘縮’，是）。時尚書及史官以《乾度》與《太始曆》（始，殿本誤作‘史’）參校古今記注，《乾度曆》殊勝（中華本據《晉志》於‘殊勝’下補‘《泰始曆》，上勝官曆四十五事’十一字，不從），今其術具存（紹興本闕‘其’字）。時又并考古今十曆，以驗《春秋》，知《三統曆》之最疎也。今具列其時得失之數，又據經傳微旨證據及失閏旨（中華本據《集解》引盧文弨説删‘證據及失閏旨’六字，文意更長），考日辰朔晦，以相發明，爲經傳長曆。諸經傳證據，及失閏時，文字謬誤，皆甄發之。雖未必其得天，蓋《春秋》當時文曆也（文，殿本作‘之’，是）。學者覽焉。”

永元十四年，待詔太史霍融上言：[1]“官漏刻率九日增减一刻，[2]不與天相應，或時差至二刻半，不如夏曆密。”[3]詔書下太常，令史官與融以儀校天，[4]課度遠近。太史令舒、承、梵等對：“案官所施漏法《令甲》第六《常符漏品》，孝宣皇帝三年十二月乙酉下，建武十年二月壬午詔書施行。漏刻以日長短爲數，率日南北二度四分而增减一刻。一氣俱十五日，日去極各有多少。今官漏率九日移一刻，不隨日進退。夏曆漏隨日南北爲長短，密近於官漏，分明可施行。”其年十一月甲寅，詔曰：“告司徒、司空：[5]漏所以節時分，定昏明。昏明長短，起於日去極遠近，日道周，[6]不可以計率分，當據儀度，下參晷景。今官漏以計率分昏明，九日增減一刻，違失其實，至爲疏數以耦法。太史待詔霍融上言，不與天相應。太常史官運儀下水，官漏失天者至三刻。以晷景爲刻，[7]少所違失，密近有驗。今下晷景漏刻四十八箭，[8]立成斧官府當用者，計吏到，班予四十八箭。”文多，[9]故魁取二十四氣日所在，并黄道去極、晷景、漏刻、昏明中星刻于下。

[1]【今注】案，待詔太史，應作“太史待詔”。

[2]【今注】漏刻率九日增減一刻：這種漏刻制度規定每隔九日增減一刻，一歲三百六十五日計四十支箭。

[3]【今注】或時差至二刻半不如夏曆密：古代以一晝夜爲100刻，1刻爲14.4秒。“二刻半”則當半小時多，故曰不如夏曆密。夏曆爲古六曆之一，亦屬四分術。

[4]【今注】以儀校天：以漏刻兩種制度，與實際天象加以校對。

[5]【今注】司空：官名。與太尉、司徒並爲三公，分掌宰相職能。開府辟僚屬，有長史、諸曹掾屬、令史等屬官。

[6]【今注】周：周圜。

[7]【今注】以晷景爲刻：即以晷影長短定漏刻制度，也就是以太陽南北移動二度四分增減一刻，即换一箭。冬夏至南北相距48度餘，當合24箭，於是一歲48箭。

[8]【今注】漏刻四十八箭：日每差二度四分换一箭，一歲爲四十八箭。

［9］【今注】文多：言文字較多，故僅取二十四氣日所在等刻於下。

昔《太初曆》之興也，發謀於元封，[1]啓定於天鳳，[2]積百三十年，是非乃審。[3]及用《四分》，亦於建武，施於元和，[4]訖於永元，七十餘年，然後儀式備立，司候有準。天事幽微，若此其難也。中興以來，[5]圖讖漏泄，而《考靈曜》《命曆序》皆有甲寅元。[6]其所起在四分庚申元後百一十四歲，朔差却二日。學士修之於草澤，信向以爲得正。及《太初曆》以後大爲疾，[7]而修之者云“百四十四歲而太歲超一表，[8]百七十一歲當棄朔餘六十三，中餘千一百九十七，乃可常行”。[9]自太初元年至永平十一年，百七十一，當去分而不去，故令益有疏闊。此二家常挾其術，庶幾施行，[10]每有訟者，百寮會議，群儒騁思，論之有方，益於多聞識之，故詳録焉。

［1］【今注】發謀於元封：是説漢武帝於元封年間發動改曆。元封，西漢武帝劉徹年號（前110—前105）。

［2］【今注】啓定於天鳳：案，天鳳應作“元鳳”，西漢昭帝劉弗陵年號（前80—前75）。這句話指元鳳年間因張壽王上書而課諸曆疏密，是非乃定。

［3］【今注】案，積百三十年是非乃審，中華本删“百”字，並出校勘記：“《集解》引李鋭説，謂《前志》云‘自漢曆初起，至元鳳六年，而是非堅定’。案自太初元年至元鳳六年，正得三十年，此文‘天鳳’當作‘元鳳’，‘百’字衍。今據改。按：依《前書》則‘啓’當作‘堅’。”可從。且據此上文“元封”應爲

“太初”。

［4］【今注】案，亦於建武施於元和，中華本校勘記：“《集解》引張文虎説，謂‘亦’下疑脱‘一’字，謂始於建武，而施行於元和也。”可從。

［5］【今注】中興：指劉秀建立東漢政權。

［6］【今注】甲寅元：即古六曆中的《殷曆》。因其上元干支爲甲寅，故名。

［7］【今注】案，大，中華本改作“天”，並出校勘記：“據《集解》引李鋭説改。”可從。

［8］【今注】修之者云百四十四歲而太歲超一表：案，表，中華本改作“辰”，並出校勘記：“據《集解》引錢大昕説改。”可從。這句話即説劉歆提出的太歲超辰記歲法，東漢時實際並未使用。此處“修之者”就是指劉歆。《太初曆》的歲星恒星周期爲十二年，則 144 年應行 12 周整。但劉歆實際觀測得知，144 歲當行 12 $\frac{1}{12}$周，即歲星在 144 歲中實際行十二周還超過一辰。

［9］【今注】百七十一歲當棄朔餘六十三中餘千一百九十七乃可常行：《太初曆》頒行百年之後，劉歆發現節氣、合朔均出現後天現象，這是因爲他發現《太初曆》使用的回歸年、朔望月和歲星紀年的周期都偏大了，必須作出修正，修正的辦法是：

《太初曆》的回歸年長 365 $\frac{385}{1539}$，經 171 年。應棄去$\frac{1197}{1539}$，也就是每年應棄去$\frac{1197}{1597\times171}$日，由此可得修正後的回歸年長爲 365 $\frac{385}{1597}-\frac{1197}{1597\times171}=365.24614$ 日。

《太初曆》的朔望月長爲 29 $\frac{43}{81}$日，經 171 歲，應棄去$\frac{63}{81}$日，也就是每個朔望月應棄去$\frac{63}{81\times2115}$日，（171 歲有 2115 個月），即修正

後的朔望月長爲 $29\frac{43}{81}-\frac{63}{81\times2115}=29.530496$ 日。

即劉歆指出，每經 171 年，節氣當棄去$\frac{1197}{1539}$日（約合 0.8 日），合朔當棄去$\frac{63}{81}$日（約合 0.8 日），曆法仍可繼續行用。

［10］【今注】二家常挾其術庶幾施行：指前面提到的張隆和李梵、蘇統二家，都據劉歆的方法，各自略作變動，提出施行。

安帝延光二年，[1]中謁者亶誦言當用甲寅元，[2]河南梁豐言當復用《太初》。[3]尚書郎張衡、周興皆能曆，[4]數難誦、豐，或不對，[5]或言失誤。衡、興参案儀注者，[6]考往校今，以爲《九道法》最密。詔書下公卿詳議。太尉愷等上侍中施延等議：[7]"《太初》過天，日一度，[8]弦望失正，[9]月以晦見西方，食不與天相應；元和改從《四分》，《四分》雖密於《太初》，[10]復不正，皆不可用。甲寅元與天相應，合圖讖，可施行。"博士黄廣、大行令任僉議，[11]如《九道》。河南尹祉、太子舍人李泓等四十人議：[12]"即用甲寅元，當除《元命苞》天地開闢獲麟中百一十四歲，推閏月六直其日，[13]或朔、晦、弦、望，二十四氣宿度不相應者非一。用《九道》爲朔，月有比三大二小，皆疏遠。元和變曆，以應《保乾圖》'三百歲斗曆改憲'之文。《四分曆》本起圖讖，最得其正，不宜易。"愷等八十四人議，宜從《太初》。尚書令忠上奏：[14]"諸從《太初》者，皆無他效驗，徒以世宗攘夷廓境，[15]享國久長爲辭。或云孝章改《四分》，灾異卒甚，[16]未有善應。臣伏惟聖王興起，各異正朔，以通三統。漢祖受命，因秦之紀，十月爲年首，閏常在歲後。不稽先代，違於帝典。太宗遵修，[17]三階以平，黄龍以至，刑犴以錯，五是以備。[18]哀平之際，同承《太初》，而妖孽累仍，痾禍非一。議者不以成數相參，考真求實，而汎采妄説，歸福《太初》，致咎《四分》。《太初曆》衆賢所立，是非已定，永平不審，復革其弦望。《四分》有謬，不可施行。元和鳳鳥不當應曆而翔集。遠嘉前造，則喪其休；[19]近譏後改，則隱其福。漏見曲論，未可爲是。臣輒復重難衡、興，以爲《五紀論》推步行度，[20]當時比諸術爲近，然猶未稽於古。及向子歆欲以合《春秋》，横斷年數，損夏益周，考之表紀，差謬數百。兩曆相課，六千一百五十六歲，而《太初》多一日。冬至日直斗，而云在牽牛。迂闊不可復用，昭然如此。史官所共見，非獨衡、興。前以爲《九道》密近，今議者以爲有闕，及甲寅元復多違失，皆未可取正。昔仲尼順假馬之名，以崇君之義。況天之曆數，不可任疑從虚，以非易是。”上納其言，遂改曆事。[21]

[1]【今注】延光：東漢安帝劉祜年號（122—125）。案，延光二年中謁者亶誦上言當用甲寅元事，曹金華考證：“《宋書·律曆志》作‘安帝延光三年，中謁者亶誦上書言當用甲寅元’，又引蔡邕《曆數議》作‘延光中’，本志下文引蔡邕《曆數議》又作‘延光元年，中謁者亶誦亦非《四分》庚申，上言當用《命曆序》甲寅元’，三者各異。然據本志亶誦上書後‘太尉愷等上侍中施延等

議'‘尚書令忠上奏’，則不當在延光三年。《安帝紀》載太尉劉愷延光二年十月罷，《陳忠傳》載陳忠延光三年拜司隸校尉也。至於延光元年、二年，未詳孰是！”（曹金華：《後漢書稽疑》，中華書局2014年版，第1303頁）

［2］【今注】中謁者：官名。掌隨軍征伐、引見接待。

［3］【今注】河南：郡名。治洛陽縣（今河南洛陽市東北漢魏故城）。

［4］【今注】尚書郎：官名。隸尚書臺六曹尚書，分曹治事，掌啓封章奏、面奏皇帝、代擬詔令等。　張衡：字平子，南陽西鄂（今河南南召縣）人。少好學，游於三輔，入京師，觀太學，遂通五經，貫六藝，善機巧，尤致思於天文、陰陽、曆算，亦好玄學。東漢安帝聞衡善學術，公車特徵拜郎中，遷太史令，掌管天象觀測。他認爲，天和地的關係，就象蛋殼包蛋黄，天外地内。作《靈憲》，制渾天儀，已使用赤道、黄道、南北極等名詞。明確提出“宇之表無極，宙之端無窮”，認識到宇宙的無限性。第一次正確地解釋了月食的成因，指出月光是日光所照，月食是月亮進入地影遮住日光所致。他還設計製造了世界上第一架利用漏壺控制流水帶動旋轉的渾天儀。順帝初復任太史令時，又製造了候風地動儀，用以預測地震。曾上疏要求禁絶圖讖之學。文學作品有《二京賦》《歸田賦》等。史學上主張尊重客觀史實。經學也著有《周官訓詁》。傳見本書卷五九。　周興：廬江舒（今安徽廬江縣西南）人。少有名譽，東漢和帝時爲郎中。安帝永寧中，爲尚書陳忠薦舉，拜尚書郎。

［5］【今注】案，《宋書·律曆志》“不”下有“能”字，文意更明。

［6］【今注】衡興參案儀注者：張衡、周興考校儀注。此處“案”作考校解。案，中華本删“者”字並出校勘記：“《集解》引惠棟説，謂‘者’字衍，從《宋志》删。今據删。”可從。

［7］【今注】太尉：官名。與司徒、司空並爲三公，分掌宰相

職能。開府辟僚屬，設長史等屬僚，置諸曹分管各種行政事務。　愷：劉愷，字伯豫，漢宗室。東漢和帝時爲宗正，安帝時歷任司空、司徒、太尉等職。傳見本書卷三九。　侍中：官名。侍從皇帝左右，掌贊導衆事、顧問應對、諫諍糾察。　施延：字君子，沛國蘄（今安徽宿州市南）人。明五經，通星官風角。東漢安帝時拜侍中，順帝時官至太尉。

［8］【今注】太初過天日一度：《太初曆》推算的節氣，超過實際天象一天。

［9］【今注】案，王，紹興本、大德本、殿本作“正”，是。

［10］【今注】案，太，殿本誤作“大”。

［11］【今注】博士：官名。漢代掌參與議政、制禮、教授經學、奉命出使等。　大行令：官名。大鴻臚的屬官，掌重大交際禮儀事務。

［12］【今注】河南尹：官名。京都洛陽所在河南郡長官。案，泓，殿本作“弘”。

［13］【今注】推閏月六直其日：此乃迷信曆注。六直即六耀。

［14］【今注】尚書令：官名。東漢爲尚書臺長官，兼具宫官、朝官職能，掌決策出令、綜理政務，秩位雖低，實際上總領朝政，無所不統。

［15］【今注】世宗：即漢武帝。

［16］【今注】案，卒，大德本、殿本誤作“率”。

［17］【今注】太宗：即漢文帝。

［18］【劉昭注】《洪範》：“庶徵，曰雨，曰陽（陽，紹興本作‘暘’；大德本、殿本作‘暘’，是），曰燠，曰寒，曰風。五者來備，各以其敘。”【今注】案，是，殿本作“者”，是。

［19］【今注】案，喪，中華本改作“表”，並出校勘記：“《集解》引盧文弨説，謂錢氏改‘喪’爲‘表’。按：詳文義當作‘表’，表與喪形近，今據改。”可從。

［20］【今注】五紀論：《漢書·律曆志》説：“至孝成世，劉向總六曆，列是非，作《五紀論》。”什麽叫“五紀”？據孟康注：“歲、月、日、星、辰，是謂五紀也。”《漢書·律曆志》又説：“六物者，歲時日月星辰也。辰者，日月之會而建所指也。”因此，《五紀論》主要整理研究古六曆，討論六曆的是非，並且進一步研究與曆法有關的年月日的安排，研究用以確定季節的斗建所指十二辰方位，也研究五星的運動。由此可知，它是研究西漢以前各種曆法的綜合性著作，是十分重要的科學文獻。可惜没有能够流傳下來。儘管如此，在其他文獻中，還能看到引述《五紀論》的内容。

［21］【今注】案，遂改曆事，中華本補作“遂寝改曆事”，並出校勘記：“《集解》引錢大昕説，謂詳文義，是安帝納尚書令忠言，仍用《四分》，不復議改。《宋志》亦云‘亶等遂寝’。此文‘遂’下當有‘罷’字，或是‘寝’字。今據錢説並参《宋志》，補一‘寝’字。”可從。又案，以上記載了安帝延光二年（123）由東漢朝廷組織的曆法改革論證會的實録，張衡、周興建議改用《九道術》，施延建議改用甲寅元，尹祉等四十人議仍用《四分》，愷等八十四人議從《太初曆》，衹有尚書令忠總結説不可任疑從虚，待等實測鑒定後再定。於是改曆的建議遂停止了。

順帝漢安二年，[1]尚書侍郎邊韶上言：[2]

世微於數虧，道盛於得常。數虧則物衰，得常則國昌。孝武皇帝攄發聖思，因元封七年十一月甲子朔旦冬至，乃詔太史令司馬遷、治曆鄧平等更建《太初》，[3]改元易朔，行夏之正，《乾鑿度》八十分之四十三爲日法。[4]設清臺之候，[5]驗六異、課效觕密，[6]《太初》爲最。其後劉歆研機極深，[7]驗之《春秋》，参以《易》道，以《河圖帝覽嬉》《雒書甄曜度》推廣《九道》,[8]百七十一歲進退六十三分，百四十四歲一超次，與天相應，少有闕謬。從太初至永平十一年，百七十歲,[9]進退餘分六十三，治曆者不知處之。推得十二度弦望不效，挾廢術者得竄其説。至永和二年,[10]小終之數寖過，餘分稍增，月不用晦朔而先見。[11]孝章皇帝以《保乾圖》“三百年斗曆改憲”，就用《四分》。以太白復樞甲子爲癸亥，引天從筭，耦之目前。更以庚申爲元，既無明文；託之於獲麟之歲，又不與《感精符》單閼之歲同。[12]史官相代，因成習疑,[13]少能鉤深致遠；案弦望足以知之。

詔書下三公、百官雜議。

[1]【今注】漢安：東漢順帝劉保年號（142—144）。

[2]【今注】尚書侍郎：官名。隸尚書臺六曹尚書，分曹治事，掌啓封章奏、面奏皇帝、代擬詔令等。初入臺稱尚書郎（郎中），任職滿三年（一説滿一年）者稱尚書侍郎。　邊韶：字孝先，陳留浚儀（今河南開封市）人。東漢桓帝時官至尚書令。以文章知名。傳見本書卷八〇上。

[3]【今注】司馬遷：字子長，左馮翊夏陽（今陝西韓城市）人。西漢武帝太初元年（前104）與唐都、落下閎、鄧平等共同制訂《太初曆》。修成中國第一部紀傳體通史《史記》。傳見《漢書》卷六二。

[4]【今注】案，八十分，中華本補作“八十一分”，並出校勘記：“據《集解》引錢大昕説補。”可從。

[5]【今注】清臺：西漢觀象臺，在上林苑中。

[6]【今注】驗六異：檢驗上注所述六種不同天象。　效觕(cū)密：判別疏密。

[7]【今注】研機：窮究精微之理。案，機，殿本作“幾”，二者皆可。

[8]【今注】案，甄，殿本作“乾”，是。

[9]【今注】案，百七十歲，中華本補作“百七十一歲”，並出校勘記：“據《集解》引錢大昕説補。”可從。

[10]【今注】案，永和，應爲“元和”，中華本亦據《集解》引錢大昕説改爲“元和”。

[11]【今注】月不用晦朔而先見：月亮未到晦朔日就見到新月。案，先，大德本誤作“光”。

[12]【今注】單閼之歲：即卯年。這裏的單閼爲太歲紀年中的歲名，它與十二地支相對應。

[13]【今注】史官相代因成習疑：史官一個代替一個，積習成疑。

太史令虞恭、治曆宗訢等議：[1]

建曆之本，必先立元，元正然後定日法，法定然後度周天以定分至。三者有程，則曆可成也。《四分曆》仲紀之元，起於孝文皇帝後元三年，[2]歲在庚辰。上四十五歲，歲在乙未，則漢興元年也。[3]又上二百七十五歲，歲在庚申，則孔子獲麟。二百七十六萬歲，尋之上行，復得庚申。歲歲相承，從下尋上，其執不誤。此《四分曆》元明文圖讖所著也。[4]

[1]【今注】虞恭：東漢陳國武平（今河南鹿邑縣）人。有俊

才，曾官至上黨太守。

［2］【今注】孝文皇帝後元三年：即公元前161年。

［3］【今注】漢興元年：指劉邦稱帝建立漢朝之公元前206年。

［4］【今注】“四分曆仲紀之元”至“圖讖所著”：這一段文字交待後漢《四分曆》之仲紀之元。

太初元年歲在丁丑，上極其元，當在庚戌，而曰丙子，言百四十四歲超一辰，凡九百九十三超，歲有空行八十二周有奇，乃得丙子。案歲所超，於天元十一月甲子朔旦冬至，日月俱超。日行一度，積三百六十五度四分度一而周天一帀，[1]名曰歲。歲從一辰，日不得空周天，則歲無由超辰。案百七十歲二蔀一章，[2]小餘六十三，自然之數也。

［1］【今注】帀（zā）：同“匝”。

［2］【今注】案，百七十歲，中華本補作“百七十一歲”，並出校勘記：“據《集解》引錢大昕説補。”可從。2蔀1章正是171歲。　蔀：古代曆法計算單位。76年爲1蔀。　章：古代曆法計算單位。19年爲1章。4章爲1蔀。

夫數出於杪曶，[1]以成毫氂，毫氂積累，以成分寸。兩儀既定，日月始離。初行生分，積分成度。日行一度，一歲而周，故爲術者，各生度法，或以九百四十，或以八十一。法有細觕，以生兩科，其歸一也。[2]日法者，日之所行分也。日垂令明，行有常節，日法所該，通遠無已，損益毫氂，差以千里。自此言之，數無緣得有虧棄之意也。今欲飾平之失，斷法垂分，恐傷大道。[3]以步日月行度，終數不同，四章更不得朔餘一。雖言《九道》去課進退，恐不足以補其闕。且課曆之法，晦朔變弦，以月食天驗，昭著莫大焉。今以去六十三分之法爲曆，驗章和元年以來日變二十事，[4]月食二十八事，與《四分曆》更失，定課相除，《四分》尚得多，而又便近。[5]孝章皇帝曆度審正，圖儀晷漏，與天相應，不可復尚。

[1]【今注】杪（miǎo）曶（hū）：同“秒忽”，極小的量度單位，形容極其微小。案，杪，大德本、殿本誤作“抄”。

[2]【今注】“日行一度”至“其歸一也”：以上言《太初曆》超辰之法。

[3]【今注】“自此言之”至“恐傷大道”：曆數本身是没有虧棄之義的，現今有人要掩飾鄧平八十一分律曆理論粗疏的缺點，損法棄分，恐怕要破壞科學的規律了。

[4]【劉昭注】案《五行志》，章和元年訖漢安二年日變二十三事，《古今注》又長一（大德本、殿本闕“一”字）。【今注】章和：東漢章帝劉炟年號（87—88）。

[5]【今注】案，便，大德本誤作“使”。

《文曜鉤》曰：“高辛受命，重黎説文。唐堯即位，羲和立禪。[1]夏后制德，昆吾列神。成周改號，萇弘分官。”《運斗樞》曰：“常占有經，[2]世史所明。”《洪範五紀論》曰：“民間亦有黄帝諸曆，不如史官記之明也。”自古及今，聖帝明王，莫不取言於羲和、常占之官，定精微於晷儀，正衆疑，[3]祕藏中書，改行《四分》之原。及光武皇帝數下詔書，草創其端，孝明皇帝課校其實，孝章皇帝宣行其法。君更三聖，年歷數十，信而徵之，舉而行之。其元則上統開闢，其數則復古《四分》。宜如甲寅詔書故事。[4]

奏可。

[1]【今注】案，禪，中華本改作“渾”，並出校勘記：“《集解》引盧文弨説，謂‘禪’乃‘渾’之譌，渾謂渾儀，與韻協。今據改。”可從。

[2]【今注】常占有經：常儀占月有經書在。

[3]【今注】正衆疑：糾正大衆疑惑之處。

[4]【今注】宜如甲寅詔書故事：宜從安帝甲寅年（元初元年，即公元 114 年）所頒詔書旨意行事。

靈帝熹平四年，五官郎中馮光、沛相上計掾陳晃言：[1]“曆元不正，故妖民叛寇益州，[2]盜賊相續爲。[3]曆用甲寅爲元而用庚申，[4]圖緯無以庚爲元者。[5]近秦所用代周之元。太史治曆郎中郭香、劉固意造妄説，乞與本庚申元經緯有明，[6]受虚欺重誅。”[7]乙卯，詔書下三府，與儒林明道者詳議，務得道真。以群臣會司徒府議。[8]議郎蔡邕議，以爲：[9]

[1]【今注】五官郎中：官名。隸五官中郎將，掌宿衛宫殿、

出充車騎，亦爲後備官員。　沛：郡國名。治相縣（今安徽淮北市西北）。　相：縣名。見“沛”注。　上計掾：郡、縣派赴上級機關或京師呈遞計簿的屬吏。

［2］【今注】益州：治雒縣（今四川廣漢市北），中平中移治綿竹縣（今四川德陽市東北），初平中復移治雒縣，興平中移治成都縣（今四川成都市）。

［3］【今注】案，中華本於“爲”下補“害”字，並出校勘記：“王先謙謂‘爲’下疑有‘害’字。《宋志》作‘曆元不正，故盜賊爲害’。今據王説參《宋志》，補一‘害’字。”可從。

［4］【今注】案，曆用甲寅爲元而用庚申，中華本於“曆”下補“當”字，並出校勘記：“王先謙謂《宋志》作‘曆當以甲寅爲元，不用庚申’。今依《宋志》補一‘當’字。”可從。此處是説後漢《四分曆》以庚申爲曆元，馮光、陳晃上書説曆元不正，本該用甲寅而却用庚申，從而導致盜賊爲害。

［5］【今注】案，中華本於“庚”下補“申”字，並出校勘記：“據《集解》引盧文弨説補。”可從。

［6］【今注】案，乞與本庚申元經緯有明，中華本删補作“乞本庚申元經緯明文”，並出校勘記：“據《集解》引盧文弨説删補。”可從。

［7］【今注】受虚欺重誅：光、晃又説郭香、劉固意造後漢《四分曆》爲庚申元有明文記載，他們的欺詐行爲當受重誅。

［8］【劉昭注】《蔡邕集》載：“三月九日，百官會府公殿下，東面（面，殿本誤作‘南’），校尉南面，侍中、郎將、大夫、千石、六百石重行北面，議郎、博士西面。户曹令史當坐中而讀詔書，公議。蔡邕前坐侍中西北，近公卿，與光、晃相難問是非焉。”【今注】群臣會司徒府議：詔書下令，群臣聚集於司徒府開會討論光、晃的奏議。

［9］【今注】案，以下即是議郎蔡邕在司徒府會上的發言。蔡

邕，字伯喈，陳留圉（今河南杞縣）人。喜術數、天文、音律。東漢靈帝建寧三年（170）爲司徒屬官。召任郎中，校書東觀，遷爲議郎。熹平四年（175）奏正定六經文字，寫經於碑，立於太學門外，世稱熹平石經。後因議論朝政流放朔方。遇赦後，亡命十餘年。董卓專權，被迫任侍御史，遷尚書，從獻帝遷長安。董卓被誅，其下獄死。傳見本書卷六〇下。

曆數精微，去聖久遠，得失更迭，術術無常是。[1]以承秦，[2]曆用《顓頊》，元用乙卯。[3]百有二歲，孝武皇帝始改正朔，曆用《太初》，元用丁丑，行之百八十九歲。孝章皇帝改從《四分》，元用庚申。今光、晃各以庚申爲非，甲寅爲是。[4]案曆法，《黄帝》《顓頊》《夏》《殷》《周》《魯》，凡六家，各自有元。光、晃所據，則《殷曆》元也。[5]他元雖不明於圖讖，各家術皆當有效於其當時。[6]黄帝始用《太初》丁丑之元，[7]有六家紛錯，争訟是非。太史令張壽王挾甲寅元以非漢曆，雜候清臺，課在下第，卒以疏闊，連見劾奏，《太初》效驗，無所漏失。[8]是則雖非圖讖之元，而有效於前者也。及用《四分》以來，考之行度，密於《太初》，[9]是又新元效於今者也。延光元年，中謁者亶誦亦非《四分》庚申，上言當用《命曆序》甲寅元。公卿百寮參議正處，竟不施行。[10]

[1]【今注】案，術術無常是，中華本删一“術”字，並出校勘記：“據《集解》引惠棟説删。”可從。

［2］【今注】案，以承秦，中華本改作“漢興承秦”，並出校勘記：“《集解》引惠棟説，謂‘以’字誤，《宋志》作‘漢興承秦’。今據《宋志》改。”可從。

［3］【劉昭注】蔡邕命論曰（蔡邕命論，中華本改作“蔡邕《月令論》”，並出校勘記：“《集解》引惠棟説，謂‘命論’未詳。案邕《明堂月令論》有之，‘令’誤‘命’，落‘月’字也。今據改。”可從）：“《顓頊曆》術曰：‘天元正月己巳朔旦立春，俱以日月起於天廟營室五度。’今《月令》孟春之月，日在營室。”

［4］【今注】今光晃各以庚申爲非甲寅爲是：《四分曆》以庚申爲曆元。今光、晃以庚申元爲不好，以甲寅元爲好。

［5］【今注】光晃所據則殷曆元也：光、晃所説的甲寅元，就是古六曆中的《殷曆》曆元。

［6］【今注】各家術皆當有效於其當時：《太平御覽》卷一六引作“各自一家之説，皆當有效於當時”，文意甚明。

［7］【今注】案，黄帝始用太初丁丑之元，黄帝應爲“武帝”。

［8］【今注】“太史令張壽王”至“無所漏失”：這個甲寅元，就是張壽王據以批評《太初曆》的甲寅元。當時已經過測驗評比，確定《太初曆》合天，壽王曆疏。

［9］【今注】案，太，大德本誤作“大”。

［10］【今注】“是又新元”至“竟不施行”：現今行用《四分曆》，證實《四分曆》比《太初曆》精密，但在延光年間亶誦又言當用甲寅元。經百僚會商以後没有行用。

且三光之行，遲速進退，不必若一。術家以筭追而求之，取合於當時而已。故有古今之術。今之不能上通於古，亦猶古術之不能下通於今也。《元命苞》《乾鑿度》皆以爲開闢至獲麟二百七十六萬歲；[1]及《命曆序》積獲麟至漢，起庚子蔀之二十三歲，[2]竟己酉、戊子及丁卯蔀六十九歲，合爲二百七十五歲。漢元年歲在乙未，上至獲麟則歲在庚申。推此以上，上極開闢，則不在庚申。[3]讖雖無文，其數見存。而光、晃以爲開闢至獲麟二百七十五萬九千八百八十六歲，獲麟至漢百六十二歲，[4]轉差少一百一十四歲。[5]云當滿足，則上違《乾鑿度》《元命苞》，中使獲麟不得在哀公十四年，下不及《命曆序》獲麟漢相去四蔀年數，[6]與奏記譜注不相應。

[1]【今注】獲麟：獲得麒麟。傳説中麒麟爲仁獸，爲聖王之嘉瑞。歷史上之“獲麟”有兩次，一在哀公十四年（前481），二爲漢武帝太始二年（前95）。此處所述當爲前者。

[2]【今注】案，庚子，中華本改作“庚午”，並出校勘記：“據《集解》引錢大昕説改。”可從。

[3]【今注】案，則不在庚申，中華本改“不”作“元”，並出校勘記：“《集解》引錢大昕説，謂自獲麟至開闢二百七十六萬歲，以六十除之，恰盡獲麟之歲，既是庚申，則開闢之始亦必庚申矣。當云‘元在庚申’，‘不’乃‘元’字之譌。又引李鋭説，謂上文云二百七十六萬歲，尋之上行，復得庚申，‘不’當作‘復’。按：錢、李兩家之説並是，今從錢説改‘不’字爲‘元’字。”可從。

[4]【今注】案，百六十二，中華本改作“百六十一”，並出校勘記：“《集解》引李鋭説，謂邕於甲寅元開闢至漢元年數内減去庚申元開闢至獲麟年數，餘一百六十一爲獲麟至漢元年數，因謂光、晃差少一百一十四歲。今按：甲寅元開闢至獲麟積年二百七十

五萬九千八百八十歲，獲麟至漢二百七十五歲，共二百七十六萬一百六十一歲，邕以庚申元開闢至獲麟積年二百七十六萬歲減之，則獲麟至漢爲百六十一歲，明‘百六十二歲’之‘二’字當作‘一’，今據改。”可從。

[5]【今注】案，少，大德本誤作“以”。

[6]【今注】案，獲麟漢相去，中華本補作“獲麟至漢相去”，並出校勘記：“據《集解》引盧文弨説補。”可從。

當今曆正月癸亥朔，光、晃以爲乙丑朔。乙丑之與癸亥，無題勒款識可與衆共别者，須以弦望晦朔光魄虧滿可得而見者，考其符驗。而光、晃曆以《考靈曜》，[1]二十八宿度數及冬至日所在，與今史官甘、石舊文錯異，不可考校；以今渾天圖儀檢天文，亦不合於《考靈曜》。光、晃誠能自依其術，更造望儀，以追天度，遠有驗於圖書，近有效於三光，可以易奪甘、石，窮服諸術者，實宜用之。難問光、晃，但言圖讖，所言不服。

[1]【今注】案，中華本於“考靈曜”下補“爲本”二字，並出校勘記：“《集解》引惠棟説，謂‘曜’下《宋志》有‘爲本’二字。今據補。”可從。

元和二年二月甲寅制書曰：“朕聞古先聖王，[1]先天而天不違，後天而奉天時。史官用太初鄧平術，冬至之日，日在斗二十二度，[2]而曆以爲牽牛中星，先立春一日，則四分數之立春也，而以折獄斷大刑，於氣已迕，用望平和，蓋亦遠矣。今改行《四分》，以遵於堯，以順孔聖奉天之文。”是始用《四分曆》庚申元之詔也。[3]深引《河》《雒》圖讖以爲符驗，非史官私意獨所興構。而光、晃以爲固意造妄説，[4]違反經文，謬之甚者。昔堯命羲和曆象日月星辰，舜叶時月正日，湯、武革命，治曆明時，可謂正矣，且猶遇水遭旱，戒以“蠻夷猾夏，寇賊奸宄”。而光、晃以爲陰陽不和，奸臣盜賊，皆元之咎，誠非其理。[5]元和二年，乃用庚申，至今九十二歲，而光、晃言奏所用代周之元，[6]不知從秦來，漢三易元，不常庚申。光、晃區區信用所學，亦妄虚無造欺語之愆。至於改朔易元，往者壽王之術已課不效，亶誦之議不用，元和詔書文備義著，非群臣議者所能變易。[7]

[1]【今注】案，古，殿本誤作“占”。

[2]【今注】案，二十二，中華本改作“二十一”，理同上文。可從。

[3]【今注】“元和二年”至“庚申元之詔”：以上爲引用頒行《四分曆》庚申元的詔書，是爲肯定庚申元得天命，用以批評説用甲寅元能使社會安定的言論。

[4]【今注】案，以爲固意造妄説，中華本補作“以爲香、固意造妄説”，並出校勘記：“據《集解》引盧文弨説補。”可從。即上文之“太史治曆郎中郭香、劉固”。

［5］【今注】誠非其理：光、晃以爲陰陽不和，奸臣盜賊，皆元之咎，這是無理的。

［6］【今注】案，奏，紹興本、大德本、殿本作“秦”，是。

［7］【今注】非群臣議者所能變易：不是在群臣會議上用虚泛之辭所能改變客觀事實的。

太尉耽、司徒隗、司空訓以邕議劾光、晃不敬，正鬼薪法。[1]詔書勿治罪。[2]

［1］【今注】“太尉耽”至“正鬼薪法”：太尉、司徒、司空都以蔡邕的言論爲據，提出光、晃要受到處罰，讓其在宗廟服采伐柴薪的苦役，刑期三年。

［2］【劉昭注】臣昭曰：不有君子，其能國乎？觀蔡邕之議，可以言天機矣。賢明在朝，弘益遠哉！公卿結正，足懲淺妄之徒，詔書勿治，亦深“盍各”之致。

《太初曆》推月食多失。《四分》因《太初》法，以河平癸巳爲元，[1]施行五年。永元元年，天以七月後閏食，術以八月。[2]其十二年正月十二日，[3]蒙公乘宗紺上書言：[4]“今月十六日月當食，而曆以二月。”至期如紺言。太史令巡上紺有益官用，除待詔。甲辰，詔書以紺法署。施行五十六歲。至本初元年，[5]天以十二月食，曆以後年正月，於是始差。到熹平三年，二十九年之中，先曆食者十六事。常山長史劉洪上作《七曜術》。[6]甲辰詔屬太史部郎中劉固、舍人馮恂等課效，[7]復作《八元術》，[8]固等作《月食術》，並已相參。固術與《七曜術》同。月食所失，皆以歲在己未當食四月，悔術以三月，官曆以五月。太史上課，到時施行中者。丁巳，詔書報可。

［1］【今注】以河平癸巳爲元：《四分曆》的月食法，以西漢成帝河平癸巳（前 28）爲曆元。河平，西漢成帝劉驁年號（前 28—前 25）。

［2］【今注】天以七月後閏食術以八月：據曆法推算，永元元年（89）當八月月食，但天象實際發生在閏七月，曆法比實際晚了一個月。

［3］【今注】案，十二年，中華本删“十”作“二年”，並出校勘記：“《集解》引李鋭説，謂‘十二年’當作‘二年’，與下‘十二日’相涉，誤衍‘十’字。案下文云‘以紺法署施行五十六歲’，自永元二年至本初元年，正得五十六年，故知‘十’字衍也。今據删。”可從。

［4］【今注】蒙：縣名。治所在今河南商丘市東北。　宗紺：梁國蒙（今河南商丘市東北）人。爵至公乘。通曆法。東漢和帝永元二年，上書預報月食時間，到期如其言。除待詔。其後詔書以紺法署，施行達五十六年。

［5］【今注】本初：東漢質帝劉纘年號（146）。

［6］【今注】常山：郡國名。治元氏縣（今河北元氏縣西北）。長史：官名。掌參謀顧問，東漢公府、軍府、王國、邊郡、屬國皆置。　劉洪：字元卓，泰山蒙陰（今山東蒙陰縣西南）人。桓帝時以校尉應太史徵召爲郎中，其後積極參加天文工作，以公元 173 年參與測定二十四節氣日所在宿度、晷漏長度和昏旦中星度等爲最重要。著有《七曜術》《乾象曆》。　七曜術：推算七曜行度的曆法。今佚。

［7］【今注】甲辰：即東漢桓帝延熹七年（164）。　舍人：此指太子舍人。

[8]【今注】復作八元術：劉洪繼作《八元曆》。案，復，殿本作“後”。

其四年，紺孫誠上書言：“受紺法術，當復改，今年十二月當食，而官曆以後年正月。”到期如言，拜誠爲舍人。丙申，詔書聽行誠法。[1]

[1]【今注】詔書聽行誠法：下詔頒行宗誠修訂的月食法。

光和二年歲在己未，[1]三月、五月皆陰，[2]太史令修、部舍人張恂等推計行度，[3]以爲三月近，四月遠。誠以四月。奏廢誠術，施用恂術。[4]其三年，誠兄整前後上書言：“去年三月不食，當以四月。史官廢誠正術，用恂不正術。”[5]整所上三屬太史，[6]太史主者終不自言三月近，四月遠。食當以見爲正，無遠近。[7]詔書下太常：“其詳案注記，平議術之要，效驗虛實。”太常就耽上選侍中韓説、博士蔡較、穀城門候劉洪、右郎中陳調於太常府，[8]覆校注記，平議難問。[9]恂、誠各對。恂術以五千六百四十日有九百六十一食爲法，而除成分，[10]空加縣法，推建武以來，俱得三百二十七食，其十五食錯。案其官素注，天見食九十八，與兩術相應，其錯辟二千一百。誠術以百三十五月二十三食爲法，[11]乘除成月，從建康以上減四十一，[12]建康以來減三十五，以其俱不食。[13]恂術改易舊法，誠術中復減損，論其長短，無以相踰。[14]各引書緯自證，文無義要，取追天而已。[15]夫日月之術，日循黄道，月從九道。以赤道儀，日冬至去極俱一百一十五度。其入宿也，赤道在斗二十一，而黄道在斗十九。兩儀相參，日月之行，曲直有差，以生進退。故月行井、牛，十四度以上；其在角、婁，十二度以上。皆不應率不行。

［1］【今注】光和：東漢靈帝劉宏年號（178—184）。　歲在己未：太歲在己未年，由太歲紀年法發展而來，可簡單理解爲己未年。光和年間，是月食預報理論争論激烈的時代。

［2］【今注】陰：指陰天，看不到月食情況。

［3］【今注】張恂：案，應作“馮恂”，即上文之“（太史）部太子舍人馮恂”。中華本校勘記亦曰：“‘張恂’疑當作‘馮恂’。上文言‘熹平中，故治曆郎梁國宗整上《九道術》，詔書下太史，以參舊術，相應。部太子舍人馮恂課校，恂亦復作《九道術》，增損其分，與整術並校，差爲近。太史令颺上以恂術參朔望’。此處雖言課校恂、誠二術，整爲誠兄，且先後上書爲誠術辨，則所謂整術、誠術實同爲一事，而參與推計行度者爲馮恂也。”

［4］【今注】奏廢誠術施用恂術：在東漢靈帝光和二年以前，太史以宗誠法預報月食，這時由修任太史令，馮恂任部舍人，用其推計行度。對該年月食，恂以爲四月遠，三月近。而誠預報月食發生在四月。於是太史令奏報要求廢除誠術，改用恂術。

［5］【今注】用恂不正術：據以上記載，光和二年三月、五月都是陰天，故未能看到三月是否有月食，而馮恂術預報三月是有月食的，故宗誠兄宗整上書説“廢誠正術，用恂不正術”。即没有得到證實的方法。據用現代方法推算，光和二年三、四月均無月食。

［6］【今注】案，三，紹興本、大德本、殿本作“五”。中華本校勘記又認爲“五屬太史”不可解，遂據汲古閣本改爲“正”。實“三”或“五”合文意，義爲三次或五次批屬太史。

［7］【今注】無遠近：正是由於三次批屬太史，太史仍然不明説自己三月近、四月遠之意。但實際上，交食以看到爲正，由於三、四月均未看到月食，故没有遠近之分。

［8］【今注】就耽：曹金華《後漢書稽疑》認爲："'就耽'乃'陳耽'之訛。《靈帝紀》載此時太常爲'陳耽'，《劉陶傳》、《陳寔傳》、《後漢紀》卷二四皆作'陳耽'。"（第1307頁）陳耽，字漢公，東漢東海（今山東郯城縣）人。歷位三司，爲官忠正，因耿直上陳，被宦官誣陷下獄死。　韓説：字叔儒，會稽山陰（今浙江紹興市）人。通五經、擅圖緯。東漢靈帝時任侍中，光和元年十月，云其月晦日日必食，果如所言。傳見本書卷八二下。　穀城：縣名。治所在今河南洛陽市西北。　門候：官名。掌按時開閉城門。

［9］【今注】平議難問：聖旨批復下太常校議，太常選侍中韓説、劉洪等於太常府校議。

［10］【今注】案，日，中華本改作"月"，並出校勘記："據《集解》引錢大昕説改。"可從。推月食法，《三統曆》舊法，以135月有23交。而馮恂創新法，據此可推得一食年爲：$2\times5640\times29\frac{499}{940}\div961=346.6264$日。較理論值大10分鐘，照之《三統曆》有很大進步。

［11］【今注】案，二十三，底本作"十七三"，已不可讀。據紹興本、大德本、殿本改。　案，爲法，底本、紹興本作"爲注"，已不可讀，據大德本、殿本改。

［12］【今注】建康：東漢順帝劉保年號（144）。

［13］【今注】"誠術以"至"其俱不食"：宗誠術以135月23食爲法，乘除成月，從建康以上減41，建康以來減35，這顯然是對自《三統曆》頒布以來所作實際觀測作出修正嘗試。即以公元144年爲界，其交食年爲：$2\times135\times29\frac{499}{940}\div23-\frac{41}{940}=346.6229$日，2

$\times 135 \times 29\frac{499}{940} \div 23 - \frac{35}{940} = 346.6293$ 日。此二值較理論值偏大 5 分和 14 分，準確度比《三統曆》亦大大提高。

［14］【今注】無以相踰：各有長處，没有超越。

［15］【今注】各引書緯自證文無義要取追天而已：兩家各引圖讖爲證，這些文字並不重要，還是以合天爲是。

以是言之，則術不差不改，不驗不用。天道精微，度數難定，術法多端，曆紀非一，未驗無以知其是，未差無以知其失。失然後改之，是然後用之，此謂允執其中。[1]今誠術未有差錯之謬，恂術未有獨中之異，[2]以無驗改未失，是以檢將來爲是者也。誠術百三十五月月二十三食，[3]其文在書籍，學者所修，施行日久，宫守其業，[4]經緯日月，厚而未愆，信於天文，述而不作。[5]恂久在候部，許心善意，[6]能揆儀度，[7]定立術數，推前校往，亦與見食相應。[8]然協曆正紀，欽若昊天，宜率舊章，如甲辰、丙申詔書，以見食爲比。今宜施用誠術，[9]棄放恂術，史官課之，後有效驗，乃行其法，以審術數，以順改易。[10]耽以説等議奏聞，詔書可。

［1］【今注】"以是言之"至"允執其中"：謂曆不差不改、不驗不用，這是執掌要害的道理。案，允，底本作"尢"，已不可讀，據紹興本、大德本、殿本改。

［2］【今注】"今誠術"至"獨中之異"：依據以上原則，誠術未有差錯，恂術未有獨中。

［3］【今注】案，月二十三食，月，殿本作"有"。

[4]【今注】案，宮，紹興本、大德本、殿本作“官”，是。

[5]【今注】“文在書籍”至“述而不作”：以上是對誠術的評價，主要是文在書籍，施行日久，傳自家學，厚而未錯。

[6]【今注】案，許，紹興本、大德本、殿本作“詳”，是。

[7]【今注】案，揆，底本作“揍”，已不可讀，據紹興本、大德本、殿本改。

[8]【今注】“恂久在候部”至“見食相應”：以上是對恂術的評價，主要是久在候部，詳心善意，定立術數，推前校注亦與見食相應。可見太常陳耽等人對恂、誠二人的工作作了充分肯定。

[9]【今注】案，令，紹興本、大德本、殿本作“今”，是。

[10]【今注】“然協曆”至“以順改易”：對以上評判作一小結，仍用誠術，後有效驗，再作改易。

恂、整、誠各復上書，恂言不當施誠術，整言不當復棄恂術。[1]爲洪議所侵，事下永安臺覆實，皆不如恂、誠等言。劾奏謾欺。詔書報，恂、誠各以二月奉贖罪，[2]整嫡作左校二月。[3]遂用洪等，施行誠術。

[1]【今注】整言不當復棄恂術：案，中華本去“棄”字，並出校勘記：“整、恂各挾己術相攻訐，恂言不當施誠術，整言不當復恂術，‘棄’字當涉上‘棄放恂術’而譌衍，今删。”可從。宗整、宗誠兄弟與馮恂各持己術，相互攻擊。

[2]【今注】奉：同“俸”。

[3]【今注】整嫡作左校二月：罰宗整到左校作兩個月勞役。案，嫡，紹興本作“適”，大德本闕字，殿本作“輸”。嫡同“適”。左校，官署名。負責製造兵器。

光和二年，萬年公乘王漢上《月食注》。[1]自章和元年到今年凡九十三歲，合百九十六食；與官曆河平元年月錯，以己巳爲元。[2]事下太史令修，上言“漢所作注不與見食相應者二事，以同爲異者二十九事”。尚書召穀城門候劉洪。[3]勑曰：“前郎中馮光、司徒掾陳晃各訟曆，故議郎蔡邕共補續其志。今洪其詣修，與漢相參，推元謂分，[4]考校月食。審己巳元密近，有師法，洪便從漢受；不能，對。”[5]洪上言：“推元漢己巳元，[6]則《考靈曜》旃蒙之歲乙卯元也，與光、晃甲寅元相經緯。於以追天作曆，校三光之步，[7]今爲疏闊。[8]孔子緯一事見二端者，明曆興廢，隨天爲節。甲寅曆於孔子時效；己巳《顓頊》秦所施用，漢興草創，因而不易，至元封中，迂闊不審，[9]更用《太初》，應期三百改憲之節。甲寅、己巳讖雖有文，略其年數，是以學人各傳所聞，至於課校，罔得厥正。夫甲寅元天正正月甲子朔旦冬至，[10]七曜之起，始於牛初。[11]乙卯之元人正己巳朔旦立春，[12]三光聚天廟五度。[13]課兩元端，閏餘差自五十分二之三，[14]朔三百四，中節之餘二十九。以效信難聚，漢不解說，但言先人有書而已。[15]以漢成注參官施行，術不同二十九事，不中見食二事。案漢習書，見己巳元，謂朝不聞，不知聖人獨有興廢之義，史官有附天密術。[16]甲寅、己巳，前已施行，[17]效後格而已不用。[18]河平疏闊，史官已廢之，而漢以去事分争，殆非其意。雖有師法，與無同。課又不近密。[19]其説蔀數，術家所共知，無所采取。”[20]遣漢歸鄉里。[21]

［1］【今注】萬年：縣名。治所在今陝西西安市東北。漢高祖葬太上皇於櫟陽（今陝西富平縣東南）北原，陵號萬年。因分櫟陽置萬年縣，以奉陵邑。 月食注：王漢著。今佚。

［2］【今注】“章和元年”到“己巳爲元”：王漢認爲，交食周期應爲：93 年 196 食，亦即 21855 朔望月有 3724 食，則得一食年長爲：$\frac{2\times21855}{3724}\times29\frac{499}{940}=346.1648$ 日。較理論值偏小 7 分鐘。這在當時是很精確的數據。精度與馮恂、宗誠同屬一個量級。王漢以此交食周期爲基本數據，以己巳爲曆元，推算前代月食，成《月食注》獻上。

［3］【今注】尚書召穀城門候劉洪：事下尚書，找劉洪處理應對。

［4］【今注】案，謂，中華本改作“課”，並出校勘記：“據《集解》引盧文弨説改。”可從。

［5］【今注】不能對：意謂讓劉洪跟從王漢推元課分，如果不行，要上報答話給皇帝。

［6］【今注】案，推元漢己巳元，中華本刪第一個“元”字並出校勘記：“《集解》引盧文弨説，謂‘推’下‘元’字衍，漢即王漢。今據刪。”可從。

［7］【今注】案，三，大德本誤作“二”。

［8］【今注】今爲疏闊：劉洪上言説，己巳元就是乙卯元，它與馮光、陳晃的甲寅元相對應，於今都較爲疏闊。

［9］【今注】“孔子緯”至“不審”：言甲寅元效於孔子時，己巳即秦曆，也僅合於秦時。孔子緯，疑指《孔子河洛讖》。

［10］【今注】甲寅元天正正月甲子朔旦冬至：這是以周正爲曆元的曆法。

［11］【今注】始於牛初：這個冬至點，大致推測於戰國。

［12］【今注】人正己巳朔旦立春：人正立春爲元，合於夏正。

［13］【今注】三光聚天廟五度：曆元時日月星聚於營室五度，

這是《顓頊曆》的曆元。天廟爲營室的異名，立春日在營室，經前人考證，以古度推算，正合冬至在牽牛初度。

［14］【今注】案，閏餘差自五十分二之三，中華本改補作“閏餘差百五十二分之三”，並出校勘記：“《集解》盧文弨説，謂‘自’當作‘百’，又引李鋭説，謂當作‘百五十二分之三’。今據改。”可從。

［15］【今注】但言先人有書而已：甲寅元與乙卯元的節氣和合朔時刻及閏餘都有差，王漢不作解釋，但説先人有書，説明未作實際檢驗是否合於當時天象。

［16］【今注】史官有附天密術：意謂王漢注書説當朝不知己巳元，實不知聖人作了興廢的變革，史實隨時在作合天的實測。

［17］【今注】案，已，大德本作“以”。

［18］【今注】效後格而已不用：意謂王漢不知道甲寅元、己巳元以前都已用過，並被發現與天象出現差距後纔廢棄不用的。案，中華本删“已”字，並出校勘記：“據《集解》引盧文弨説删。”可從。

［19］【今注】“而漢以去事分争”至“課又不近密”：王漢以過去舊曆進行分争，這是没有意思的。其曆雖有師法，却與無師相同。加以測驗，又不精密。

［20］【今注】無所采取：其所説蔀紀之數是衆人所共知，没有什麽可以采用之處。

［21］【劉昭注】《袁山松書》曰：“劉洪字元卓，泰山蒙陰人也（大德本無‘也’字）。魯王之宗室也。延熹中，以校尉應太史徵，拜郎中，遷常山長史，以父憂去官。後爲上計掾，拜郎中，檢東觀著作《律曆記》，遷謁者、穀城門候、會稽東部都尉。徵還，未至，領山陽太守，卒官。洪善筭，當世無偶，作《七曜術》。及在東觀，與蔡邕共述《律曆記》，考驗天官。及造《乾象術》，十餘年，考驗日月，與象相應，皆傳于世。”《博物記》曰：

“洪篤信好學，觀乎六藝群書意，以爲天文數術，探賾索隱（索，大德本作‘素’），鉤深致遠，遂專心鋭思。爲曲城侯相，政教清均，吏民畏而愛之，爲州郡之所禮異。”【今注】遣漢歸鄉里：靈帝明白了具體情況，作出讓王漢回到鄉里的决定。即不采用他的月食方法。

後漢書　志第三

律曆下

曆法

昔者聖人之作曆也，觀琁璣之運，[1]三光之行，道之發斂，景之長短，斗剛之建，[2]青龍所躔，[3]參伍以變，錯綜其數，而制術焉。

［1］【今注】琁璣之運：北斗魁的第一星至第四星，泛指北斗星。

［2］【今注】案，斗剛之建，中華本改作“斗綱所建”，並出校勘記：“《集解》引盧文弨説，謂‘之’《御覽》作‘所’。按：與下‘青龍所纏’相對成文，作‘所’是，今據改。又按：‘綱’原譌‘剛’，逕改正。”可從。斗，指北斗星。古代以北斗星斗柄指向定時節。

［3］【今注】青龍所躔：指日躔青龍。青龍即蒼龍，二十八宿中的東方七宿。

天之動也，一晝一夜而運過周，星從天而西，日違天而東。日之所行與運周，在天成度，在曆成日。居以列宿，終于四七，[1]受以甲乙，[2]終于六旬。[3]日月相推，日舒月速，當其同，[4]謂之合朔。舒先速後，近一遠三，謂之弦。相與爲衡，分天之中，謂之望。以速及舒，光盡體伏，謂之晦。晦朔合離，斗建移辰，謂之月。[5]日月之術，[6]則有冬有夏；冬夏之間，則有春有秋。是故日行北陸謂之冬，西陸謂之春，南陸謂之夏，東陸謂之秋。[7]日道發南，去極彌遠，其景彌長，遠長乃極，冬乃至焉。日道斂北，去極彌近，其景彌短，近短乃極，夏乃至焉。二至之中，道齊景正，春秋分焉。

[1]【今注】終于四七：運行於二十八宿。二十八宿分爲四方，對應於四季，每方七宿，故稱四七。

[2]【今注】受以甲乙：開始於甲乙。甲乙，指天干十日。

[3]【今注】終于六旬：以六旬來計數。六旬，指六十干支。

[4]【今注】案，當其同，中華本補作“當其同所”，並出校勘記：“《集解》引盧文弨説，謂‘同’下脱‘所’字，《御覽》有。今據補。”可從。

[5]【今注】案，謂之月，各本無“月”字，不可讀，中華本補，並出校勘記：“據《集解》引李鋭説補。”今從補。

[6]【今注】案，術，大德本、殿本作“行”，是。

[7]【今注】“是故日行北陸謂之冬”至“東陸謂之秋”：指太陽運行到黄道上的北方七宿時稱爲冬季，運行到西方七宿時稱爲春，運行到南方、東方時爲夏、秋。

日周于天，一寒一暑，四時備成，萬物畢改，攝提遷次，[1]青龍移辰，[2]謂之歲。歲首至也，月首朔也。[3]至朔同日謂之章，同在日首謂之蔀，蔀終六旬謂之紀，歲朔又復謂之元。[4]是故日以實之，月以閏之，時以分之，歲以周之，章以明之，蔀以部之，紀以記之，元以原之。[5]然後雖有變化萬殊，贏朒無方，[6]莫不結系于此而稟正焉。

[1]【今注】攝提遷次：攝提，在大角星兩旁，有左攝提、右攝提。它與古代以北斗星斗柄及其延長綫上的大角星指示時節有關。五大行星中的木星，也可稱爲攝提。次，即星次。爲黄道帶用以分判十二月的十二個恒星區間。分别以星紀、玄枵、娵訾等命名。由於木星大致每年在黄道帶移動一個星次，十二年移動一周，故稱爲歲星，並用以紀年。這就是所謂攝提躔次或攝提遷次。

[2]【今注】青龍移辰：青龍即蒼龍，指東方七宿。黄道帶的星座十二星次對應於十二辰，即辰節農曆十二個月中日月十二個交會點，所以青龍移辰也即歲星移動星次。

[3]【今注】歲首至也月首朔也：一歲之首在冬至，一月之首在朔日。然而中國古代習慣於以氣朔相遇作爲曆元。演變成冬至所在月的朔日爲歲首。

[4]【今注】“至朔同日謂之章”至“歲朔又復謂之元”：章、蔀、紀、元的關係，以冬至合朔回到同一天的周期稱爲章，19 年一章；至朔同在每天開始之時稱爲蔀，四章即 76 年爲一蔀；紀日干支又回復原處稱爲紀，二十蔀即 1520 年爲一紀；紀年干支也回到原處稱爲元，三紀即 4560 年爲一元。因此，經過一元，紀年干支和那年中的節氣、朔日干支，都可以被六十除盡，可以周而復始。蔀終六旬謂之紀，這裏介紹《四分曆》章、蔀、紀、元的關係，二十蔀爲一紀。經過一紀，氣朔紀日干支回到原處。

[5]【今注】案，以上是對日、月、時、歲、章、蔀、紀、元

八個字含義的解釋，大意是同音字的借用。

[6]【今注】贏朒：多少。

極建其中，道營于外，[1]琁衡追日，以察斂，[2]光道生焉。[3]孔壺爲漏，浮箭爲刻，下漏數刻，以考中星，昏明生焉。日有光道，月有九行，九行出入而交生焉。[4]朔會望衡，鄰於所交，虧薄生焉。月有晦朔，星有合見，月有弦望，星有留逆，其歸一也，步術生焉。金水承陽，先後日下，速則先日，遲而後留，留而後逆，逆與日違，違而後速，速與日競，競又先日，遲速順逆，晨夕生焉。日、月、五緯各有終原，而七元生焉。見伏有日，留行有度，而率數生焉。參差齊之，多少均之，會終生焉。引而伸之，觸而長之，探賾索隱，鉤深致遠，無幽辟潛伏，而不以其精者然。故陰陽有分，寒暑有節，天地貞觀，日月貞明。

[1]【今注】道營于外：天體運行的軌道，在北極的外面。

[2]【今注】案，以察斂，中華本補作“以察發斂”，並出校勘記：“據《集解》引錢大昕説補。”可從。以察發斂，用儀器追踪觀測太陽，以此確定日行多少。

[3]【今注】光道：漢代人稱黄道爲光道。

[4]【今注】九行出入而交生焉：由月行九道，可以産生黄道與月道交叉的關係。

若夫祐術開業，淳燿天光，重黎其上也。[1]承聖帝之命若昊天，典曆象三辰，以授民事，立閏定時，以成歲功，羲和其隆也。[2]取象金火，革命創制，治曆明時，應天順民，湯、武其盛也。[3]及王德之衰也，[4]無道之君亂之於上，頑愚之史失之於下。夏后之時，羲和淫湎，廢時亂日，胤乃征之。紂作淫虐，喪其甲子，武王誅之。夫能貞而明之者，其興也勃焉；回而敗之者，其亡也忽焉。巍巍乎若道天地之綱紀，帝王之壯事，是以聖人寶焉，君子勤之。

[1]【劉昭注】顓頊曰重黎。【今注】重黎：顓頊時的天文官，相傳顓頊命南正重以司天，北正黎以司地。

[2]【劉昭注】唐、虞、夏、商曰羲和。【今注】羲和：堯帝、夏時的天文官。帝堯命其觀測曆象日月星辰，以閏月定四時成歲，以授民時。

[3]【劉昭注】《月令章句》曰："帝舜叶時月正日，湯、武革命，治曆明時。言承平者叶之，承亂者革之。"

[4]【今注】案，王，殿本作"至"。

夫曆有聖人之德六焉：以本氣者尚其體，以綜數者尚其文，以考類者尚其象，以作事者尚其時，以占往者尚其源，以知來者尚其流。[1]大業載之，吉凶生焉，是以君子將有興焉，咨焉而以從事，受命而莫之違也。若夫用天因地，揆時施教，頒諸明堂，以爲民極者，莫大乎月令。帝王之大司備矣，天下之能事畢矣。過此而往，群忌苟禁，君子未之或知也。

[1]【今注】"夫曆有聖人之德六焉"至"以知來者尚其流"：

以上言製曆人的六大聖德：以天體氣温的變化定節氣，創製曆算加以推算，考察天象以定其行，以行事來定其時，以考察歷史來探其源，以預言將來而確定其發展。

斗之二十一度，去極至遠也，日在焉而冬至，[1]群物於是乎生。故律首黄鍾，曆始冬至，月先建子，時平夜半。當漢高皇帝受命四十有五歲，陽在上章，陰在執徐，[2]冬十有一月甲子夜半朔旦冬至，日月閏積之數皆自此始，立元正朔，謂之《漢曆》。[3]又上兩元，而月食五星之元，並發端焉。[4]

[1]【今注】"斗之二十一度"至"日在焉而冬至"：這是改用後漢《四分曆》時而測定的冬至時太陽所在位置。《太初曆》在牽牛初度，相差五度，這是歲差形成的變化。

[2]【今注】執徐：干支紀年中，太歲在辰爲執徐。案，徐，殿本誤作"除"。

[3]【今注】"冬十有一月甲子夜半朔旦冬至"至"謂之漢曆"：漢高皇帝受命時四十有五歲，即後漢《四分曆》以文帝後元三年庚辰（前161）"冬十有一月甲子夜半朔旦冬至"爲曆元，稱爲《漢曆》。這樣，就校正了《太初曆》施行一百多年以後所發生的後天現象。上章爲庚，執徐爲辰，故此年爲庚辰年。據《開元占經》甘德歲星紀年有歲名與太歲的對應關係如下：攝提格寅，單閼卯，執徐辰，大荒落巳，敦牂午，協洽未，涒灘申，作鄂酉，閹茂戌，大淵獻亥，困敦子，赤奮若丑。又據《爾雅·釋天》記載："太歲在甲曰閼逢，在乙曰旃蒙，在丙曰柔兆，在丁曰强圉，在戊曰著雍，在己曰屠維，在庚曰上章，在辛曰重光，在壬曰玄黓，在癸曰昭陽。"由此干支與太歲異名紀年可一一對應。

[4]【今注】"又上兩元"至"並發端焉"：從庚辰年上推兩元

$4560 \times 2 = 9120$ 年，即公元前 9281 年，作爲日月食和五星循環周期的開始。

曆數之生也，乃立儀、表，[1]以校日景。景長則日遠，天度之端也。[2]日發其端，周而爲歲，然其景不復，四周千四百六十一日，而景復初，是則日行之終。[3]以周除日，得三百六十五四分度之一，爲歲之日數。日日行一度，亦爲天度。察日月俱發度端，[4]日行十九周，月行二百五十四周，復會于端，是則月行之終也。以日周除月周，得一歲周天之數。[5]以日一周減之，餘十二十九分之七，則月行過周及日行之數也，爲一歲之月。[6]以除一歲日，爲一月之數。[7]月之餘分積滿其法，得一月，月成則其歲。月大四時推移，[8]故置十二中以定月位。有朔而無中者爲閏月。[9]中之始日節，[10]與中爲二十四氣。以除一歲日，爲一氣之日數也。其分積而成日爲没，并歲氣之分，如法爲一歲没。没分于終中，中終于冬至，冬至之分積如其法得一日，四歲而終。[11]月分成閏，閏七而盡，其歲十九，名之曰章。章首分盡，四之俱終，名之曰蔀。以一歲日乘之，爲蔀之日數也。[12]以甲子命之，二十而復其初，是以二十蔀爲紀。紀歲青龍未終，三終歲後復青龍爲元。[13]

[1]【今注】儀：渾儀。　表：圭表。

[2]【今注】景長則日遠天度之端也：日影長，則太陽遠離北極，是對天體進行測量的開始。

［3］【今注】四周千四百六十一日而景復初是則日行之終：太陽每歲行 1 周 $365\frac{1}{4}$日，行 4 周得 $365\frac{1}{4}$日×4＝1461 日，此時日影又回到初始狀態。

［4］【劉昭注】即是起舍合朔。

［5］【今注】“日行十九周”至“得一歲周天之數”：254÷19＝$13\frac{7}{19}$，即 $13\frac{7}{19}$恒星月相當於一年。

［6］【今注】以日一周減之餘十二十九分之七則月行過周及日行之數也爲一歲之月：這説明，一歲爲 $12\frac{7}{19}$朔望月，可得 $365\frac{1}{4}\div(13\frac{7}{19}-1)=29\frac{499}{940}$日。

［7］【今注】一月之數：即一月之日數。

［8］【今注】案，月成則其歲月大四時推移，中華本改作“月成則其歲大。月四時推移”，並出校勘記：“《集解》引張文虎説，謂’月大‘二字譌倒，‘大’字絶句，‘月’字當屬下。此謂有閏之年爲大歲也。歲之餘分滿月法而置閏謂之大歲，與月之餘分滿日法而成日謂之大月正同。然閏月四時推移或有進退，故置中氣以定之。今據改。”可從。

［9］【今注】有朔而無中者爲閏月：這便是以無中氣之月爲閏月的道理所在。

［10］【今注】案，日，中華本改作“曰”，並出校勘記：“據《集解》本改。”可從。

［11］【今注】“中之始日節”至“四歲而終”：這説明，$365\frac{1}{4}\div24=15\frac{7}{32}$日，是爲 1 氣的日數，即從節到中，或從中到節的日數。其剩餘$\frac{7}{32}$，重複數次，至比 1 大時，把 1 加進日數，則每

32 次，氣的日數就没有剩餘，又從開始，經過 4 年，則氣的日數和歲的日數都没有剩餘。

［12］【今注】案，之日，大德本誤倒作“日之”。

［13］【今注】“以甲子命之”至“三終歲後復青龍爲元”：這裏以六十年爲青龍周期，按六十甲子來計算，76×20 = 1520，還不能恢復原來甲子，1520×3 = 4560，才是六十的倍數，恢復原來甲子稱爲一元。

元法，四千五百六十。[1]

紀法，千五百二十。[2]

紀月，萬八千八百。

蔀法，七十六。[3]

蔀月，九百四十。

章法，十九。[4]

章月，二百三十五。[5]

周天，千四百六十一。[6]

日法，四。[7]

蔀日，二萬七千七百五十九。[8]

没數，二十一。爲章閏。[9]

通法，四百八十七。

没法，七，因爲章閏。

日餘，百六十八。

中法，四十二。[10]

大周，三十四萬三千三百三十五。[11]

月周，千一十六。[12]

［1］【劉昭注】《樂叶圖徵》曰："天元以甲子朔旦冬至，日月起於牽牛之初，右行二十八宿，以考王者終始。或盡一，其曆數或不能盡一，以四千五百六十爲紀，甲寅窮。"宋均曰："紀即元也。四千五百六十者，五行相代，一終之大數也。王者即位，或遇其統，或不盡其數，故一共以四千五百六十爲甲寅之終也（共，中華本據汲古閣本改爲'元'，可從）。王者起，必易元，故不復沿前而終言之也。"韓子曰："四千五百六十歲爲一元，元中有厄，故聖人有九歲之畜以備之也。"

［2］【劉昭注】《月令章句》曰："紀，還復故曆。"

［3］【劉昭注】《月令章句》曰："七十六歲爲蔀首。"

［4］【今注】"元法"至"章法"：元法、紀法、蔀法、章法，分別爲一元、一紀、一蔀、一章的歲數。

［5］【劉昭注】《月令章句》曰："十九歲七閏月爲一章。"【今注】章月：一章的月數。以上紀月、蔀月、章月分別爲一紀、一蔀、一章的月數。

［6］【今注】周天：爲天球大圓一周的分數，其值與四歲總日數相同。

［7］【今注】日法：一歲日餘即回歸年奇零部分的分母。《四分曆》一歲日餘的分母爲4，其曆名也由此而得。

［8］【今注】蔀日：一蔀的日數。

由以上基本數據，我們可以推導出它們之間的相互關係：

$$1\text{歲}=12\frac{7}{19}\text{月}=\frac{235}{19}\text{朔望月}=365\frac{1}{4}\text{日}=\frac{1461}{4}\text{日}=365.25\text{日}。$$

相鄰兩個冬至間的日數叫做歲實，爲現今的平太陽年。其中日數有奇零，故今年冬至正午的日影，和去年冬至正午的日影，不能相合，古人連測四年，發現冬至正午日影又恢復原處，於是知道四年即1461日的日影又恢復原狀，以四除之，得一年爲365.25日。

由於19年計1461日中，共有235個月，可推得一個月的日數：

$1\text{月} = 19 \times 365\frac{1}{4} \div 235\text{日} = 29\frac{499}{940} = \frac{27759}{940}\text{日}$。

這裏的 940 就稱爲蔀月，按通常叫法，也可稱爲朔日法。27759 就稱爲蔀日，$29\frac{499}{940}$日爲朔策。

1 章 = 19 年+7 閏月 = 12×19+7 月 = 235 月 = 6939.75 日。

在這個周期中，朔日冬至又回到同一天。冬至是歲首，是每年的開始。朔日是每月的開始。若今年冬至在朔日，則下一年的冬至就不能在朔日，古人經過測算，知道每經十九次冬至日數，與 235 個月朔日數相等，遂把冬至和朔日同在一天的周期稱爲章。

1 蔀 = 4 章 = 76 年 = 940 朔望月 = 27759 日。

在這個周期，朔日冬至復在同一天的夜半。一章以後，冬至朔日雖然又回到同一天，但不在同時。以此古人以四章爲一蔀，凡 940 月，27759 日，冬至合朔又在同一天的夜半。

一紀 = 20 蔀 = 1520 年 = 555180 日。

經過這個周期，日月又回復到甲子日那天的朔旦冬至。因爲一蔀的日數不是六十的整數倍，故一蔀之後的朔旦冬至日不能回到甲子。古人把二十蔀叫作一紀，凡 555180 日，這樣朔旦冬至夜半那一天又回到甲子日。古人又以三紀爲一元，凡 4560 年，稱爲曆元。凡經一元，歲名干支又回到原處。

［9］【今注】案，中華本删“爲章閏”三字，並出校勘記：“據《集解》引李鋭説删。”可從。

［10］【今注】中法四十二：案，四十二，中華本改作“三十二”，並出校勘記：“據《集解》引錢大昕説改。”可從。從每個回歸年中，除去 6 個甲子 360 日，餘 $5\frac{1}{4}\text{日} = \frac{21}{4}\text{日}$，稱 21 爲没數，三分没數得 7 爲没法。也可這樣理解：每年 24 節氣，每氣爲 $365\frac{1}{4}\text{日} \div 24 = 15\frac{7}{32}$，其中零分 7 爲没法，分母 32 爲中法。合 24 氣没法

$7\times21=168$ 爲日餘。日餘除以中法 32，可得没數：$168\div32=5\frac{1}{4}=\frac{21}{4}$日。

［11］【今注】大周三十四萬三千三百三十五：一周天 1461，三分周天 $1461\div3=487$ 爲通法，用章月 235 乘周天：$1461\times235=343335$，名爲大周。

［12］【今注】月周千一十六：每章 235 月，月與日會 235 周，其間日繞地轉 19 周，得月實行 $235+17=254$ 周，得每周天數爲 $\frac{1461}{4}\times19\div254=\frac{27759}{1016}=27.3218$ 日，爲近點月。其中 1016 爲月周。是月行 1 周的分母。

月食數之生也，乃記月食之既者。率二十三食而復既，其月食百三十五，[1]率之相除，得五百二十三之二十而一食。[2]以除一歲之月，得歲有再食五百一十三分之五十也。[3]分終其法，因以與蔀相約，得四與二十七，互之，[4]會二千五十二，二十而與元會。

［1］【今注】其月食百三十五：案，中華本去“食”字，並出校勘記：“據《集解》引錢大昕説删。”可從。這就是兩漢時所行用的 135 月中 23 次月食的交食周期。

［2］【今注】得五百二十三之二十而一食：案，百，中華本改作“月”，並出校勘記：“據《集解》引錢大昕説改。”可從。五月二十三之二十而一食，這便是《四分曆》半個交食年的周期。

［3］【今注】案，五十，中華本補作“五十五”並出校勘記：“據《集解》引錢大昕説補。”可從。

［4］【今注】互之：即互乘之。4 爲 76 約數，以乘 513，得

2052；27 爲 513 約數，以乘 76，亦得 2052，爲蔀會。互，殿本誤作“五”。

元會，四萬一千四十。
蔀會，三千五十三。[1]
歲數，五百一十三。
食數，千八十一。[2]
月數，百二十五。[3]
食法，二十二。[4]

［1］【今注】蔀會三千五十三：案，三千五十三，中華本改作“二千五十二”，並出校勘記：“據《集解》引錢大昕説改。”可從。求歲數 513 與元法 4560 的公倍數，得 41040，爲交食大周期，名爲元會。每過元會之年，不僅交食重複出現，出現的年名日名也都相同。同樣求得歲數 513 與蔀法 76 的公倍數，得 2052，爲蔀會。每過蔀會之年，不僅交食重複出現，年月日齊同，而且交食名對應相同。

［2］【今注】食數千八十一：年每有$\frac{235}{19}$月，交食的次數是：$\frac{235}{19}\div\frac{135}{23}=\frac{5405}{2565}=\frac{1081}{513}=2\frac{55}{513}$次。其中 1081 爲食數，513 爲歲數。可以理解爲每 513 年交會 1081 次。

［3］【今注】案，百二十五，中華本改作“百三十五”，並出校勘記：“據《集解》引錢大昕説改。”可從。算法詳見下條注。

［4］【今注】案，二十二，中華本改作“二十三”，並出校勘記：“據《集解》引錢大昕説改。”可從。交食周期是 $5\frac{20}{23}=\frac{135}{23}$月，即每 135 月有 23 次月食。23 名爲食法，135 名爲月數。

推入蔀術曰：以元法除去上元，[1]其餘以紀法除之，所得數從天紀，筭外則所入紀也。不滿紀法者，入紀年數也。以蔀法除之，所得數從甲子蔀起，筭外，所入紀歲名命之，筭上，即所求年太歲所在。[2]

［1］【今注】推入蔀術曰以元法除去上元：推入蔀術，就是推入蔀年。就要首先算出上元以來到所求年之間的年數。《四分曆》以漢文帝後文三年（前161）庚辰，爲入元之年。頭年十一月甲子日夜半，爲朔旦冬至，是計算曆日的起點。要計算所求年的年名，先要算出此點，到所求年之間的年數，即距上元的年數，從此點再上推二元（4560×2＝9120），爲月食、五星之元，日、月、五星運行都自此開始。

［2］【今注】筭外所入紀歲名命之筭上即所求年太歲所在：案，中華本校勘記曰："《集解》引李鋭説，謂'筭外'下有脱文，當云'筭外，所入蔀也。不滿蔀法者，入蔀年數也，各以所入紀歲名命之，筭上，即所求年太歲所在'。按：如李説，則'筭外'下當補'所入蔀也不滿蔀法者入蔀年數也各以'十六字。"可從。補後文意甚明，講清楚了"算上"與"算外"的區別。以距上元歲數，除以元法，得入元歲數。以入元歲數，除以紀法，得入紀歲數。因入元歲數小於元法，而一元分爲天紀、地紀、人紀3紀，得數0爲天紀，1爲地紀，2爲人紀。又入紀年數，除以紀法，爲入蔀歲數。因一紀爲20蔀，得數從0至19，對應20蔀中每一蔀歲名，如天紀第1蔀庚辰歲等。《四分曆》把1紀20蔀中的首日干支推出，作爲該蔀名稱。如第一蔀蔀首日名甲子，該蔀就叫甲子蔀等。《四分曆》以算上爲所求年，而説"所求年太歲所在"，含義亦相同。

推月食所入蔀會年，以元會除去上元，其餘以蔀會除之，所得以七十二乘之，[1]滿六十除去之，餘以二十除所得數，從天紀，筭之起外，所以入紀，[2]不滿二十者，數從甲子蔀起，筭外，所入蔀會也。其初不滿蔀會者，入蔀會年數也，各以不入紀歲名命之，[3]筭上，即所求年蔀。[4]

[1]【今注】案，七十二，中華本改作“二十七”並出校勘記：“據《集解》引李鋭説改。”可從。

[2]【今注】案，筭之起外所以入紀，中華本删作“筭外，所入紀”，並出校勘記：“《集解》引錢大昕説，謂‘之’‘起’‘以’三字皆衍文。今據删。”可從。

[3]【今注】案，不，中華本改作“所”，並出校勘記：“據《集解》引錢大昕説改。”可從。

[4]【今注】筭上即所求年蔀：案，蔀，中華本改作“太歲所在”，並出校勘記：“據《集解》引李鋭説删補。”可從。另推月食入蔀會年，其法與推入蔀術類似，不再重複作注。

天紀歲名	地紀歲名	人紀歲名	蔀首[1]
庚辰	庚子	庚申	甲子一
丙申	丙辰	丙子	癸卯二
壬子	壬申	壬辰	壬午三
戊辰	戊子	戊申	辛酉四
甲申	甲辰	甲子	庚子五
庚子	庚申	庚辰	己卯六
丙辰	丙子	丙申	戊午七
壬申	壬辰	壬子	丁酉八

戊子	戊申	戊辰	丙子九
甲辰	甲子	甲申	乙卯十
庚申	庚辰	庚子	甲午十一
丙子	丙申	丙辰	癸酉十二
壬辰	壬午[2]	壬申	壬子十三
戊申	戊辰	戊子	辛卯十四
甲子	甲申	甲辰	庚午十五
庚辰	庚子	庚申	乙酉十六[3]
丙申	丙辰	丙子	戊子十七
壬子	壬申	壬辰	丁卯十八
戊辰	戊子	戊申	丙午十九
甲申	甲辰	甲子	乙酉二十[4]

[1]【今注】案，這是一份《四分曆》的蔀首歲名、日名表，由於編曆者未加表名，也未交待相應的實際求入蔀法，初習者難以理解。表中共列出一元三紀共六十個蔀首的歲名，並列出相應之歲的朔旦冬至日名干支。其使用方法前注中已作了介紹。另，底本、紹興本、大德本、殿本對此表的排列方法是，“天紀歲名”對應“甲子”，“地紀歲名”對應“庚辰”，“人歲紀名”對應“庚子”，“蔀首”對應“庚申一”，以下類推。中華本校勘記曰：“張文虎《舒藝室隨筆》云：‘案此表首行序題，各本誤以“天紀歲名”對蔀名“甲子”“癸卯”爲第一列，“地紀歲名”對“庚辰”“丙申”爲第二列，“人紀歲名”對“庚子”“丙辰”爲第三列，“蔀首”二字對“庚申一”“丙子二”爲第四列。李尚之《四分術注》依錢少詹説更正，以天、地、人三紀序題各降一列，而以“蔀首”二字獨對一、二、三、四數目，今局中新刊本從之。其實蔀名“甲子”“癸卯”一列當移末列，與數目字相屬，王氏《太歲考》改如此。

或移蔀首數目爲第一列，與蔀名相屬，庶爲明白。’今依張説移正。”是，今表從改。

［2］【今注】案，壬午，中華本改作“壬子”，並出校勘記：“據《集解》引盧文弨説改。”可從。

［3］【今注】案，乙酉，中華本改作“己酉”，並出校勘記：“據《集解》引盧文弨説改。”可從。

［4］【今注】案，此表的編制方法，由於每紀 1520 歲，除去 25 個干支周 1500 歲以後，餘 20 歲，所以，自上紀後推 20 歲，算外第 21 年，爲下紀首年年名，如天紀首年庚辰，後推第 21 位庚子，爲地紀首年年名。庚子後第 21 位庚申，爲人紀年名。又每蔀 76 年，除去 1 甲子 60 年，餘 16 年，因此，自上蔀首年名後推第 17 位，爲下蔀首年名。如天紀甲子蔀首年名庚辰，後數第 17 位丙申，爲天紀癸卯蔀首年名，等等。

推蔀首日名法相同：由於 1 蔀日數 27759，除去 426 甲子 27720 日後，餘 39 日，自上一蔀首日日名後推 39 日，算外第 40 日，爲第二蔀首首日日名。如此類推，可得各蔀首日名。

推天正術，置入蔀年減一，以章月乘之，滿章法得一，名爲積月，不滿爲閏餘，十二以上，其歲有閏。[1]

［1］【今注】“推天正術”至“其歲有閏”：推天正術就是推天正月，即所求年十一月的位置。算法是：（入蔀年−1）×章月÷章法$=$積月$\frac{閏餘}{章法}$。前面已介紹了入蔀年的求法。減 1 是由於入蔀年中包含了所求年，去掉 1 年，才能求出此年前的積月數，得整月數名積月，奇零爲閏餘。閏餘入下月，積滿 19 分置爲閏月。由於每年自有閏餘 7 分，則頭年滿 12 分，加本年 7 分，就能置爲閏月。所以此

處説閏餘“十二以上，其歲有閏”。

推天正朔日，置入蔀積月，以蔀日乘之，滿蔀月得一，名爲積日，不滿爲小餘，積日以六十除去之，其餘爲大餘，以所入蔀名命之，筭盡之外，則前年天正十一月朔日也。小餘四百四十一以上，其月大。求後月朔，加大餘二十九，小餘四百九十，[1]小餘滿蔀月得一，上加大餘，命之如前。[2]

［1］【今注】案，九十，中華本補作“九十九”，並出校勘記：“據《集解》引錢大昕、李鋭説補。”可從。

［2］【今注】“推天正朔日”至“命之如前”：推天正朔日即推所求年天正月朔日的日名。由天正朔日以前的積月數求積日，再由所入蔀首日名和積日數，就能推出朔日日名。入蔀積月×蔀日÷蔀月$=$積日$\frac{\text{小餘}}{\text{蔀月}}$。其中蔀日/蔀月，爲每月日數，乘以入蔀積月，得入蔀積日數。由所入蔀首日名，大餘算外，就是所求年天正月朔日名。

一術，以大周乘年，周天乘減之，餘滿蔀日，[1]則天正朔日也。

［1］【今注】案，周天乘減之餘滿蔀日，中華本補改作“周天乘閏餘減之，餘滿蔀月”，並出校勘記：“據《集解》引錢大昕説補改。”可從。

推二十四氣術曰：置入蔀年減一，以月餘乘之，[1]滿中法得一，名曰大餘，不滿爲小餘，大餘滿六十除去之，[2]其餘以蔀名命之，筭盡之外，則前年冬至之日也。[3]

［1］【今注】案，月，中華本改作"日"，並出校勘記："據《集解》引錢大昕説改。"可從。

［2］【今注】案，大德本闕"大餘"二字。

［3］【今注】"推二十四氣"至"冬至之日也"：推二十四氣先推冬至日名，以一年去除6甲子，餘$5\frac{1}{4}$日$=\frac{21}{4}=\frac{\text{没數}}{\text{日法}}$，用（入蔀年-1）乘，得冬至積日，此處稱爲大餘。即（入蔀年-1）$\times\frac{\text{没數}}{\text{日法}}=$大餘$\frac{\text{小餘}}{\text{日法}}$。求下年冬至，加大餘5，小餘加1。小餘滿分母32則進入大餘，求其餘各氣，因每氣$15\frac{7}{32}$日，大餘加15，小餘加7，小餘滿32入大餘，得下氣。一直進行下去，得每氣。

求次氣，加大餘十五，小餘七，除命之如前，小寒日也。

推閏月所在，以閏餘減章法，餘以十二乘之，滿章閏數得一，滿四以上亦得一筭之數，從前年十一月起，筭盡之外，閏月也。或進退，以中氣定之。[1]

［1］【今注】"推閏月"至"以中氣定之"：以上已算得積月餘分爲$\frac{\text{閏餘}}{\text{章法}}$，又每年有月餘7分（分母爲章歲），均入12月，每月有$\frac{7}{12}$，即有$\frac{\text{章閏}}{12}$的餘分。閏餘與逐月餘分累加，積滿19分，該月後

有閏月。

推弦、望日，因其月朔大小餘之數，皆加大餘七，小餘三百五十九四分三，小餘滿蔀月得一，加大餘，大餘命如法，得上弦。又加得望，次下弦，又後月朔。[1]其弦、望小餘二百六十以下，每以百刻乘之，滿蔀月得一刻，不滿其數近節氣夜漏之半者，[2]以筭上爲日。[3]

［1］【今注】“推弦望日”至“又後月朔”：每月爲 $29\frac{499}{940}$ 日，半月爲 $14\frac{719\frac{1}{2}}{940}$ 日，四分之一月爲 $7\frac{359\frac{3}{4}}{940}$ 日，所以，求弦、望，可由月朔大小餘，加 $\frac{1}{4}$ 月，得上弦，再加 $\frac{1}{4}$ 月得望，加 $\frac{3}{4}$ 月得下弦，加全月得下月朔。

［2］【今注】案，數，中華本改作“所”，並出校勘記：“《集解》引李鋭説，謂‘數’當作‘所’，聲之譌。今據改。”可從。

［3］【今注】“其弦望小餘二百六十以下”至“以筭上爲日”：求弦、望發生的時刻，可由小餘推得。每日 940 分，分爲 100 刻，每刻爲 $\frac{940}{100}$ 分。小餘除以此數，爲弦、望時刻。即弦、望小餘 $\div\frac{940}{100}$ $=$ 弦望小餘 $\times 100\div$ 蔀月 $=$ 刻數 $\frac{\text{刻餘}}{\text{蔀月}}$。二十四節氣時刻仿此式各由其小餘求得。所得刻數小於所在節氣夜漏之半者，在頭日，大於夜漏之半在後日。這就是文中所述“不滿其所近節氣夜漏之半者，以算上爲日。”

推没滅術，置入蔀年減一，以没數乘之，滿日法得一，名爲積没，不盡爲没餘。以通法乘積没，滿没法得一，名爲大餘，不盡爲小餘。大餘滿六十除去之，其餘以蔀名命之，筭盡之外，前年冬至前没日也。求後没，加大餘六十九，小餘四，小餘滿没法，從大餘，命之如前，無分爲滅。[1]

[1]【今注】“推没滅術”至“無分爲滅”：没、滅都是計算冬子甲子日名的參數。前已述及21爲没數，7爲没法，是由於每年冬至日名，在甲子表中後退$\frac{21}{4}$位，4年1461日後退21位。每後退一位所需日數，可由$x=\frac{1461}{21}=69\frac{4}{7}$日求出。冬子甲子日名，後退一位叫一没，一没日數$\frac{1461}{21}$，可理解爲，每21没須經過1461日。所以把21叫作没數。1没$=69\frac{4}{7}$日$=\frac{487}{7}$日，487爲通數，除以7得没日，所以將7叫作没法。當没所含日數爲整數時叫作滅。可以看出，7没等於1滅，3滅=21没=4年。要計算某年冬至以前的没日，先要計算入蔀後至該年冬至之間（入蔀年-1）的没數。此没數的整數部分叫作積没，奇零部分的分子叫没餘。

一術，以爲五乘冬至小餘，[1]以減通法，餘滿没法得一，則天正後没也。

[1]【今注】案，爲，中華本改作“十”，並出校勘記：“據《集解》引錢大昕説改。”可從。

推合朔所在度，置入蔀積月以日乘之，[1]滿大周除去之，[2]其餘滿蔀月得一，名爲積度，不盡爲餘分。積度加斗二十一度，加二百三十五分。以宿次除之，不滿宿，則日月合朔所在星度也。[3]求後合朔，加度二十九，加分四百九十九，分滿蔀月得一度，經斗除二百三十五分。[4]

[1]【今注】案，置入蔀積月以日乘之，中華本改作“置入蔀積日以蔀月乘之”，並出校勘記：“據《集解》引錢大昕説改。”可從。

[2]【今注】案，滿大周除去之，應補作“並小餘，滿大周除去之”。算法詳見下注。此處及以下對原文的補正，主要依陳美東《歷代律曆志校正》引劉洪濤《古代曆法計算法》等推理爲據。

[3]【今注】“推合朔所在度”至“則日月合朔所在星度也”：推合朔所在度即推算任何一年天正之月合朔時刻的太陽所在天度。據以上所載計算步驟，可以算式表示爲：天度 = 21 度 235 分 + $\frac{\text{積日}\times\text{蔀月}-n\times\text{大周}}{\text{蔀月}}$，其中 n 爲自然數。計曆時的始起星度爲斗 21 度 235 分。故天度 = 21 度 235 分 + 日行總度 − n×周天度。日行總度應包括積日和小餘，不能衹計積日，因爲衹計積日爲夜半度。由此知此處原文中“蔀積月以日乘之”之後，當缺漏“並小餘”三字。因此當爲：天度 = 21 度 235 分 + 積日 + $\frac{\text{小餘}}{\text{蔀月}}$ − n × 周天度 = 21 度 235 分 + $\frac{\text{積日}\times\text{蔀月}+\text{小餘}-n\times\text{大周}}{\text{蔀月}}$。

[4]【今注】“求後合朔”至“經斗除二百三十五分”：求下一次合朔，衹需再加一月日數 $29\frac{499}{940}$ 即得。

一術，以閏餘乘周天，以減大周，餘滿蔀月得一，[1]合以斗二十一度四分一，則天正合朔日月所在度。

[1]【今注】案，以減大周餘滿蔀月得一，中華本標點爲"以減大周餘，滿蔀月得一"。如此標點文義不通，應補作"以減大周乘入蔀年減一，餘滿蔀月得一"。

推日所在度，置入蔀積日之數，以蔀法乘之，滿蔀日除去之，其餘滿蔀法得一，爲積度，不盡爲餘分。積度加斗二十一度，加十九分，以宿次除去之，則夜半日所在宿度也。[1]

[1]【今注】"推日所在度"至"則夜半日所在宿度也"：推日所在度即推算天正朔日夜半太陽所在星度。將入蔀積月化爲日，包括積日和小餘兩部分。由積日得合朔夜半星度，由小餘得合朔時刻。則夜半日星度=起始星度+（積日−n×周天度）=21度19分+（積日$-n\times365\frac{1}{4}$）=21度19分+（積日$-n\frac{\text{蔀日}}{\text{蔀法}}$）=21度19分+$\frac{\text{積日}\times\text{蔀法}-n\times\text{蔀日}}{\text{蔀法}}$。以後，加1日得次日夜半日度，加30度（大月）或29度（小月），得次月朔日夜半日度。

求次日，加一度。求次月，大加三十度，小加二十九度，經斗除十分。[1]

[1]【今注】案，十分，中華本補作"十九分"，並出校勘記："據《集解》引錢大昕説補。"可從。

一術，以朔小餘減合度分，[1]即日夜半所在。其分二百三十五約之，[2]十九乘之。

[1]【今注】案，中華本於“合”下補“朔”字，並出校勘記：“據《集解》引盧文弨説補。”可從。

[2]【今注】案，二百三十五，紹興本誤作“三百二十五”。

推月所在度，置入蔀積日之數，以月周乘之，滿蔀日除去之，其餘滿蔀法得一，爲積度，不盡爲餘分。積度加斗二十一十分，[1]除如上法，則所求之日夜半月所在宿度也。[2]

[1]【今注】案，二十一十分，中華本補作“二十一十九分”，並出校勘記：“據《集解》引錢大昕説補。”可從。

[2]【今注】“推月所在度”至“所在宿度也”：推月所在度即推算朔日夜半月亮所在星度。與求日在朔日夜半時的星度一樣，可由入蔀積日及積日小餘兩個途徑計算。星月初度+月行積度−n×周天度=朔夜半月度分。日每天行 1 度，月每天行 $13\frac{7}{19}$度，月行積度，應爲入蔀積日的 $13\frac{7}{19}$倍，所以，上式變爲：

$$\text{初度}+\text{入蔀積日}\times 13\frac{7}{19}-n\times\text{周天度}$$

$$=21\text{度}19\text{分}+\text{入蔀積日}\times\frac{254}{19}-n\times\text{周天度}$$

$$=21\text{度}19\text{分}+\text{入蔀積日}\times\frac{254\times 4}{19\times 4}-\frac{n\times\text{周天度}\times 4\times 19}{4\times 19}$$

$$=21\text{度}19\text{分}+\frac{\text{入蔀積日}\times\text{月周}-n\times\text{蔀日}}{\text{蔀法}}=\text{積度}\frac{\text{度餘}}{\text{蔀法}}\text{。}$$

求次日，加十三度二十八分。求次月，大加三十五度六十一分，月小二十二度三十三分，分滿法得一度，經斗除十九分。[1]其冬下旬月在張、心署之，謂盡漏分後，盡漏盡也。[2]

[1]【今注】“求次日”至“經斗除十九分”：求次日、次月方法：因月每日行 $13\frac{7}{19}$度，合 13 度 28 分（1 度爲 76 分），求次日夜半度分，衹須把上式求得的結果加 13 度 28 分，即得：頭日夜半月度分+13 度 28 分=次日夜半月度分。

求次月：大月 30 日，月行 13 度 28 分×30−365 度 19 分=35 度 61 分，小月 29 日，月行 35 度 61 分−13 度 28 分=22 度 33 分。

所求次月朔日夜半月度分，衹須由頭月朔日夜半月度分，加 35 度 61 分（大月），或 22 度 33 分（小月）。

這裏單位制都是 1 度=76 分，即以 76 爲度法。斗分$\frac{1}{4}$變成$\frac{19}{76}$，所以，此處説“分滿法得一度”。又説“經斗除十九分”，就是把月度分化爲宿度時，經斗宿，還要去掉$\frac{1}{4}$度，即 19 分。

下文計算步驟類似，不再一一以算式注出。

[2]【今注】案，其冬下旬月在張心署之謂盡漏分後盡漏盡也，中華本改“謂盡漏分後盡漏盡也”作“謂晝漏分後，盡漏盡也”，並出校勘記：“《集解》引李鋭説，謂‘謂盡漏’當作‘謂晝漏’。晝漏分後者，晝漏與夜漏分之後，謂自夜上水後至夜漏盡，月在張、心，則注於術。今據改。”應改作“謂晝漏分後，晝漏盡也”。這句文義是説，冬日下旬，月常在張宿、心宿之間，是指晝漏分以後，晝漏已盡之時。

一術，以蔀法除朔小餘，所得以減日半度也。[1]餘以減分，即月夜半所在度也。

[1]【今注】案，依陳美東《歷代律曆志校正》引劉洪濤《古代曆法計算法》等推理爲據，“日”下應補“夜”字。

推日明所入度分術曰：置其月節氣夜漏之數，以蔀法乘之，二百除之，得一分，即夜半到明所行分也。以增夜半日所在度分，爲明所在度分也。[1]

[1]【今注】“推日明所入度分術曰”至“爲明所在度分也”：推日明所入度分即推算朔日黎明時太陽所在度分。前已推得夜半時日所在度分，加上當日夜漏之半，便得黎明度分。夜漏數可從本卷下文相關數表中查得，將其化成度分。方法是，晝夜日行 1 度化爲 100 刻，每刻$\frac{1}{100}$度，夜漏之半$=\frac{1}{2}\times\frac{夜漏數}{100}$度$=\frac{夜漏數}{200}$度。故黎明日度分$=$夜半度分$+\frac{夜漏數\times蔀法}{200}$分。

求昏日所入度，以夜半到明日所行分分減蔀法，[1]其餘即夜半到昏所行分也。以加夜半所在度分，爲昏日所在度也。[2]

[1]【今注】案，分分，中華本删一“分”字，並出校勘記：“據《集解》引李鋭説删。”可從。

[2]【今注】“求昏日所入度”至“爲昏日所在度也”：求朔日昏時所在度分方法，由朔日夜半度分，加 1 度，得次日夜半度分，

減去$\frac{夜漏刻數}{2}$，即得。

推月明所入度分術曰：置其節氣夜半之數，[1]以月周乘之，以二百除之，爲積分。積分滿蔀法得一，以增夜半度，即明月所在度也。[2]

[1]【今注】案，半，中華本改作“漏”，並出校勘記：“據《集解》引錢大昕説改。”可從。

[2]【今注】“推月明所入度分術曰”至“即明月所在度也”：案，明月，中華本改作“月明”，並出校勘記：“據《集解》引盧文弨説改。”可從。推月明所入度分即推算朔日黎明月所在度分，將夜漏數化爲月行分，日夜半度分改爲月夜半度分計算即得。

求昏月所入度：以明積分減月周，其餘滿蔀法得一度，加夜半，則昏月所在度也。[1]

[1]【今注】“求昏月所入度”至“則昏月所在度也”：求昏月所入度即求朔日昏時月所在度分。如推日昏月度分，如“推日昏月度分圖”所示，A 爲朔日夜半度分，D 爲次日夜半度分，B 爲黎明月度分，C 爲日昏月度分，AB＝CD，由於 AD 等於 1 日内的月行度 $13\frac{7}{19}$度，化分爲 $13\frac{7}{19}$×蔀法＝月周，則日昏月度

＝朔日夜半月度分＋AC

＝朔日夜半月度分＋（AD－CD）

＝朔日夜半月度分＋（AD－AB）

＝朔日夜半月度分＋（月周－夜半到黎明月行分）

$$=\text{朔日夜半月行分}+\left(\text{月周}-\frac{\text{夜漏數}\times\text{月周}}{200}\right)\text{分}$$

式中 1 度 = 76 分，括號内所得，滿蔀法 76 化爲 1 度。

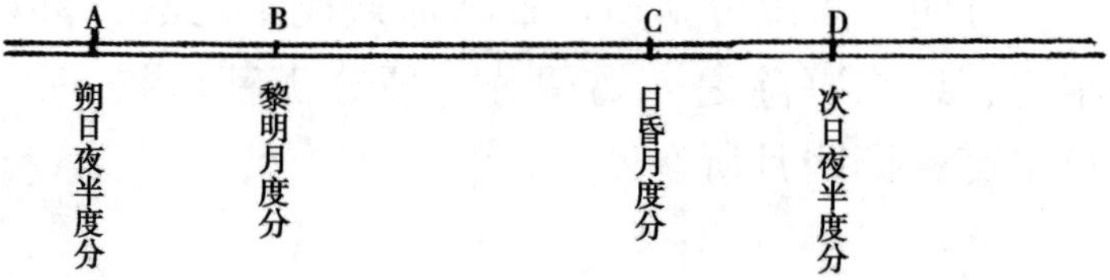

推日昏月度分圖

推弦、望日所入星度術曰：置合朔度分之數，加七度三百五十九分四分之三，[1] 宿次除之，[2] 即得上弦日所入宿度分也。[3]

[1]【今注】案，中華本删“之”字，並出校勘記：“據《集解》引盧文弨説删。”可從。

[2]【今注】案，宿次除之，中華本補作“以宿次除之”，並出校勘記：“據《集解》引盧文弨説補。”可從。

[3]【今注】“推弦望日所入星度術曰”至“即得上弦日所入宿度分也”：弦 $=\frac{1}{4}$ 月 $=7\,\frac{359\frac{3}{4}}{940}$ 日，以月朔星度加，得上弦星度。

求望、下弦，加除如前法，小分四從大分，滿蔀月從度。[1]

[1]【今注】“求望下弦”至“滿蔀月從度”：用上注所得上弦星度，以次相加，得望和下弦。案，小分四從大分，滿蔀月從度，

中華本補作“小分滿四從大分，大分滿蔀月從度”，並出校勘記：“據《集解》引李鋭説補。”可從。

推弦、望月所入星度術曰：置月合朔度分之數，加度九十八，加分六百五十三半，以宿次除之，即上弦月所入宿度分也。[1]

[1]【今注】“推弦望月所入星度術曰”至“即上弦月所入宿度分也”：弦時月行度=本月×月每日行度=$98\frac{653\frac{1}{2}}{940}$度，與合朔星度逐次相加可得上弦、望、下弦月星度。

求望、下弦，加除如前分，滿蔀月從度。

推月食術曰：置入蔀會年數，減一，以食數乘之，滿歲數得一，名曰積食，不滿爲食餘。以月數乘積，[1]滿食法得一，名爲積月，不滿爲月餘分。積月以章月除去之，其餘爲入章月數。當先除入章閏，乃以十二除去之，不滿者命以十一月，筭盡之外，則前年十一月前食月也。

[1]【今注】案，中華本於“積”下補“食”字，並出校勘記：“據《集解》引錢大昕説補。”可從。

求入章閏者，置入章月，以章閏乘之，滿章月得一，則入章閏數也。餘分滿二百二十四以上至二百三十一，爲食在閏月。閏或進退，以朔日定之。[1]求後食，加五百二十分，[2]滿法得一月數，命之如法，其分盡食筭上。[3]

[1]【今注】自上段“推月食術曰”至本段“以朔日定之”：劉洪濤推演算式分四步：(1) 求自蔀會，到所求年之間，共發生了幾次月食；(2) 求所求年前，與積日相應的總月數；(3) 求該月食入於第幾章第幾月；(4) 求末食發生在某年某月。

[2]【今注】案，百，中華本改作“月”，並出校勘記：“據《集解》引錢大昕説改。”可從。

[3]【今注】“求後食”至“盡食筭上”：求後食即求下一次月食。《四分曆》的食季爲 $5\frac{20}{23}$ 月。故求下食時，月數加 5，餘分加 20，滿 23 分化爲月，即得。

推月食朔日術曰：置食積月之數，以二十九乘之，爲積日。又以四百九十乘積月，[1]滿蔀月得一，以并積日，以六十除之，其餘以所會蔀名命之，筭盡之外，則前年天正前食月朔日也。[2]

[1]【今注】案，四百九十，中華本補作“四百九十九”，並出校勘記：“據《集解》引錢大昕説補。”可從。

[2]【今注】“推月食朔日術曰”至“則前年天正前食月朔日也”：推月食朔日即推算月食所在月的朔日日名。積月×每月日數=積月×$29\frac{499}{940}$日。推出朔日日名，便知道某月有月食發生。

求食日，加大餘十四，小餘七百一十九半，小餘滿蔀月爲大餘，大餘命如前，則食日也。[1]

[1]【今注】“求食日”至“則食日也”：求食日即推算月食發生的日期干支。衹需加半月日數即得。

求後食朔及日，皆加大餘二十七，小餘六百一十五。其月餘分不滿二十者，又加大餘二十九，小餘四百九十九。其食小餘者，當以漏刻課之，夜漏未盡，以箅上爲日。[1]

[1]【今注】“求後食朔及日”至“以箅上爲日”：求後食朔及日即計算下一次月食發生月的朔日干支和月食那天的干支名。如“求後食朔日圖”所示，已知頭食朔，每食 $5\frac{20}{23}$月，則後食距頭食至少 5 個月。所以，先在頭食朔大小餘上，加 5 個月日數，得到第 6 個月朔日大小餘。所以此處説求下食朔，先“加大餘二十七，小餘六百一十五”。圖中頭食 B 所在月的朔日在 A，自 A 點加 5 整月，得第 6 個月的月朔 A′。AB $\frac{除分}{食法}$。A′B′ = AB，那麼，AA′ = BB′ = 5 整月。由於 BC = $5\frac{20}{23}$月，則 B′C = $\frac{20}{23}$月 = $\frac{20}{食法}$月。則 A′C = $\frac{月餘分}{食法}$ < 1，A′便是後食 C 所在月的朔日干支。後食之日的干支求法，與頭

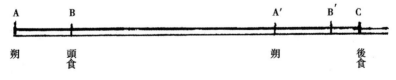

求後食朔日圖

食日求法相同。

一術，以歲數去上元，餘以爲積月，[1]以百一十二乘之，滿月數去之，餘滿食法得一，則天正後食。[2]

[1]【今注】以歲數去上元餘以爲積月：歲數和上元，單位都是年，二者相減，不可能是積月。中間必有缺漏。當補爲："以歲數去上元，餘以章法乘之，章法而一，爲積月。"

[2]【今注】天正後食：是指天正月開始，每年兩次交食中的後一次交食。

推諸加時，以十二乘小餘，先減如法之半，得一時，其餘乃以法除之，所得筭之數從夜半子起，筭盡之外，則所加時也。[1]

[1]【今注】"推諸加時"至"則所加時也"：推諸加時即推算月食發生的時刻。可由$\dfrac{\text{小餘}\times 12-\dfrac{1}{2}\times 940}{940}$求得。小餘即前已求得的積日餘分，分母是蔀月 940。表示大餘外，又經$\dfrac{\text{小餘}}{940}$日發生月食。1 日爲 12 時，小餘除 12，得數是月食所在辰。

推諸上水漏刻：以百乘其小餘，滿其法得一刻；不滿法法什之，[1]滿法得一分。積刻先減所入節氣夜漏之半，其餘爲晝上水之數。過晝漏去之，餘爲夜上水數。其刻不滿夜漏半者，乃減之，餘爲昨夜未晝，[2]其弦望其日。[3]

[1]【今注】案，法法，中華本删一“法”字，並出校勘記："據《集解》引錢大昕説删。”可從。

[2]【今注】案，晝，中華本改作“盡”，並出校勘記："據《集解》引李鋭説改。”可從。

[3]【今注】“推諸上水漏刻”至“其弦望其日”：推諸上水漏刻即推月食刻分。將求得的月食餘分化爲刻分即得。

五星數之生也，各記於日，與周天度相約而爲率。以章法乘周率爲用法，[1]章月乘日率，如月法，爲積月月餘。以月之月乘積，[2]爲朔大小餘。乘爲入月日餘。[3]以日法乘周率爲日度法，以率去日率，[4]餘以乘周天，[5]如日度法，爲度之餘也。[6]日率相約取之，得二千九百九十萬一千六百二十一億五十八萬二千三百，[7]而五星終，如蔀之數，與元通。[8]

[1]【今注】案，用法，中華本改作“月法”，並出校勘記："據《集解》引錢大昕説改。”可從。

[2]【今注】案，以月之月乘積，中華本改補作“以月之日乘積月”，並出校勘記："據《集解》引李鋭説改。”可從。

[3]【今注】案，乘爲入月日餘，中華本校勘記曰："《集解》引錢大昕説，謂此處有脱譌。今以算術求之，當以蔀日乘積月，如蔀月而一，爲積日，不盡爲小餘；積日滿六十去之，餘爲大餘也。又以蔀日乘月餘，以月法乘朔小餘，併之，以四千四百六十五約之，所得如日度法而一，爲入月日，不盡爲日餘也。又引李鋭説，謂以算求之，當以蔀日乘月餘，以月法乘朔小餘，從之，章法乘章

月，得數約之，如日度法，爲入月日、日餘。”

［4］【今注】案，以率去日率，中華本補作“以周率去日率”，並出校勘記：“據《集解》引錢大昕説補。”可從。

［5］【今注】案，天，大德本誤作“大”。

［6］【今注】案，爲度之餘也，中華本補改作“爲積度度餘也”，並出校勘記：“《集解》引錢大昕説，謂‘爲度之餘’當云‘爲積度度餘’。又引李鋭説，謂‘如日度法，爲度之餘也’，當云‘如日度法爲積度，不盡爲度之餘也’。今按：錢、李二氏之説皆合理，局本依錢説改，今從之。”可從。

［7］【今注】案，二千九百九十萬一千六百二十一億五十八萬二千三百，此數應改爲“二千九百九十九萬一千六百二十一億五千八百三萬六千三百”。

［8］【今注】案，這段術文講述五星日率、周率、日度法、大小餘與五星終和太極上元之間的關係，較爲難解。其中有關五星終會的年數的改正，就出自唐如川（參見唐如川《後漢〈四分曆〉中兩個龐大年數及有關資料的勘誤和補遺》，《自然科學史研究》1986年第1期）。此處還提及另一大數：如蔀之數與元通，當爲五星終會的76倍。據唐如川推得爲227936324009998800年，即通常所説的太極上元。由於這兩個大數衹有理論意義，没有實際用途，以後就不再提及這兩個數了。

木：

周率，四千三百二十七。

日率，四千七百二十五。

合積月，十三。

月餘，四萬一千六百六。

月法，八萬二千二百一十三。

大餘，二十三。

小餘，八百四十七。
虛分，九十三。
入月日，十五。
日餘，萬四千六百四十七。[1]
日度法，萬七千三百八。
積度，三十三。
度餘，萬三百一十四。

［1］【今注】案，四十七，中華本改作“四十一”，並出校勘記：“據《集解》引錢大昕説改。”可從。

火：
周率，八百七十九。
日率，千八百七十六。
合積月，二十六。
月餘，六千六百三十四。
月法，萬六千七百一。
大餘，四十七。
小餘，七百五十四。
虛分，一百八十六。
入月日，十一。[1]
日餘，千八百七十二。
日度法，三千五百一十六。
積度，四十九。
度餘，一百一十四。

［1］【今注】案，十一，中華本改作“十二”，並出校勘記：“據《集解》引錢大昕説改。”可從。

土：
周率，九千九十六。
日率，九千四百一十五。
合積月，十二。
月餘，十三萬八千六百三十七。
月法，十七萬二千八百二十四。
大餘，五十四。
小餘，三百四十八。
虚分，五百九十二。
入月日，二十三。[1]
日餘，二千一百六十三。
日度法，三萬六千三百八十四。
積度，十二。
度餘，二萬九千四百五十一。

［1］【今注】案，二十三，中華本改作“二十四”，並出校勘記：“據《集解》引錢大昕説改。”可從。

金：
周率，五千八百三十。
日率，四千六百六十一。
合積月，九。
月餘，九萬八千四百五。

月法，十一萬七百七十。[1]
大餘，二十五。
小餘，七百三十一。
虚分，二百九。
入月日，二十六。
日餘，二百八十一。
日度法，二萬三千三百二十。
積度，二百九十二。
度餘，二百八十一。

［1］【今注】案，十一萬七百七十，紹興本闕"一"。

水：
周率，萬一千九百八。
日率，千八百八十九。
合積月，一。
月餘，二十一萬七千六百六十。[1]
月法，二十二萬六千二百五十二。
大餘，二十九。
小餘，四百九十九。
虚分，四百四十九。[2]
入月日，二十七。[3]
日餘，四萬四千八百五。
日度法，四萬七千六百三十一。[4]
積度，五十七。

度餘，四萬四千八百五。

[1]【今注】案，六十，中華本補作“六十三”，並出校勘記：“據《集解》引錢大昕説補。”可從。

[2]【今注】案，四十九，中華本改作“四十一”，並出校勘記：“據《集解》引錢大昕説改。”可從。

[3]【今注】案，二十七，中華本改作“二十八”，並出校勘記：“據《集解》引錢大昕説改。”不從。

[4]【今注】案，三十一，中華本改作“三十二”，並出校勘記：“據《集解》引錢大昕説改。”可從。

推五星術，置上元以來，盡所求年，以周率乘之，滿日率得一，名爲積合；不盡名合餘。[1]餘以周率除之，[2]不得焉退歲；[3]無所得，星合其年，得一合前年，二合前二年。金、水積合奇爲晨，偶爲夕。其不滿周率者反減之，餘爲度分。[4]

[1]【今注】案，中華本於“名”下補“爲”字，並出校勘記：“《集解》引惠棟説，謂‘名’下《乾象曆》有‘爲’字，應增入。今據補。”可從。

[2]【今注】案，餘，中華本補作“合餘”，並出校勘記：“據《集解》引李鋭説補。”可從。

[3]【今注】案，不得焉退歲，應作“所得爲退歲”。算理見下注。

[4]【今注】“推五星術”至“餘爲度分”：推五星術即推算五星中任一星與太陽末次相合於何年。五星每見年數爲$\frac{日率}{周率}$，自上元以來到所求年之間的年數（上元積年）除以此數，得總合數，稱爲

積合。積合所得整數之餘數，稱爲合餘。是不足一合的餘分，也是末合到所求年末之間的時段。由於它是積年數乘周率後得到的數字餘分，再除以周率就恢復了年份：$\frac{合餘}{周率}=退歲\frac{餘數}{周率}$。這裏退歲得 1，距末合爲 1 年，退歲爲 2，在前 2 年。餘類推。故文中“不得焉退歲”當爲“所得爲退歲”之誤。

推星合月，以合積月乘積合爲小積，又以月餘乘積合，滿其月法得一，從小積爲月餘。[1] 積月滿紀月去之，餘爲入紀月。每以章閏乘之，滿章月得一爲閏；不盡爲閏餘。以閏減入紀月，其餘以十二去之，餘爲入歲月數，從天正十一月起，筭外，星合所在之月也。其閏滿二百二十四以上至二百三十一星合閏月。[2] 閏或進退，以朔制之。[3]

[1]【今注】案，從小積爲月餘，中華本補作“從小積爲積月，不盡爲月餘”，並出校勘記：“據《集解》引李鋭説補。”可從。

[2]【今注】案，閏滿，中華本補作“閏餘滿”，並出校勘記：“據《集解》引李鋭説補。”可從。

[3]【今注】“推星合月”至“以朔制之”：推星合月即推算五星末合所在月。演解算式從略。

推朔日，以蔀日乘之入紀月，[1] 滿蔀月得一爲積日，不盡爲小餘。積日滿六十去之，餘爲大餘，命以甲子，筭外，星合月朔日。[2]

[1]【今注】案，乘之，中華本删“之”字，並出校勘記：

“據《集解》引錢大昕説删。”可從。

［2］【今注】“推朔日”至“星合月朔日”：推朔日即推算五星合月的朔日干支。演解算式從略。

推入月日，以蔀日乘月餘，以其月法乘朔小餘，從之，以四千四百六十五約之，所得得滿日度法得一，[1]爲入月日，不盡爲日餘。以朔命入月日，筭外，星合日也。[2]

［1］【今注】案，得得，中華本删一“得”字，並出校勘記：“據《集解》引錢大昕説删。”可從。

［2］【今注】“推入月日”至“星合日也”：推入月日即推算五星合於該月的第幾天。演解算式從略。

推合度，以周天乘度分，滿日度法得一爲積度，不盡爲度餘。以斗二十一四分一命度，筭外，星合所在度也。[1]

［1］【今注】“推合度”至“星合所在度也”：推合度即推算太陽與五星末合時所在天度。演解算式從略。

一術，加退歲一，以減上元，滿八十除去之，餘以没數乘之，滿日法得一，爲大餘，不盡爲小餘。以甲子命大餘，則星合歲天正冬至日也。以周率小餘，[1]并度餘，餘滿日度法從度，[2]即正後星合日數也，[3]命以冬至。求後合月，加合積月於入歲月，加月餘於月餘，滿其月法得一，從入歲月。入歲月滿十二去之，有閏計焉，餘命如前，筭外，後合月也。餘一加晨得夕，[4]加夕得晨。

［1］【今注】案，以周率小餘，中華本補作“以周率乘小餘”，並出校勘記：“據《集解》引盧文弨説補。”可從。

［2］【今注】案，餘滿日度法從度，應删“餘”字。

［3］【今注】案，正，中華本改作“至”，並出校勘記：“據《集解》引李鋭説改。”可從。

［4］【今注】案，餘一加晨得夕，中華本改作“金、水加晨得夕”，並出校勘記：“據《集解》引錢大昕説改。”可從。

求朔日，以大小餘加今所得，其月餘得一月者，又餘二十九，小餘滿蔀月得一，[1]如大餘，[2]大餘命如前。[3]

［1］【今注】案，又餘二十九小餘滿蔀月得一，中華本補作“又加大餘二十九，小餘四百九十九，小餘滿蔀月得一”，並出校勘記：“《集解》引錢大昕説，謂‘又’下疑有脱文，當云‘加大餘二十九，小餘四百九十九’。今據補。按：此即上求後合月中所謂‘加月餘於月餘，滿其月法得一’也，故應再加大餘二十九，小餘四百九十九。”可從。

［2］【今注】案，如，中華本改作“加”，並出校勘記：“據《集解》引錢大昕説改。”可從。

［3］【今注】“求朔日”至“大餘命如前”：求朔日即推算再合所在月的朔日干支。演解算式從略。

求入月日，以入月日餘加今所得，[1]餘滿日度法得一，從日。其前合月朔小餘不滿其虚分者，[2]空加一日。日滿月先去二十九，其後合月朔小餘不滿四百九十九，又減一日，其餘命如前。[3]

[1]【今注】案，中華本於“日”下補“日”字，並出校勘記：“據《集解》引盧文弨説補。”可從。

[2]【今注】案，中華本删“不”字，並出校勘記：“據《集解》引李鋭説删。”可從。

[3]【今注】“求入月日”至“其餘命如前”：求入月日即推算再合入於該月第幾日及干支。演解算式從略。

求合度，以積度、度餘，加今所得，餘滿日度法得一，從度，命如前，經斗除如周率矣。[1]

[1]【今注】“求合度”至“經斗除如周率矣”：求合度即推算再合時所在星度。“積度、度餘”都是五星參數，是星每合運行的總度數減去周天（或周天的若干倍），剩餘的度數及餘分。“今所得”，爲末合以前的積度及餘分。兩者相加就是再合星度。由星度遞減每宿距度，自斗二十一度開始，至某宿不够減時，便爲入某宿度。

木，[1]晨伏，十六日七千二百三十分半，[2]行二度萬三千八百一十一分，在日後十三度有奇，而見東方。見順，日行五十八分度之十一，五十八日行十一度，微遲，日行九分，五十八日行九度。留不行，二十五日。旋逆，日行七分度之一，八十四日進十二度。[3]復留，二十五日。復順，五十八日行九度，又五十八日行十一度，在日前十三度有奇，而夕伏西方。除伏逆，一見三百六十六日，行二十八度。伏復十六日七千二百二十分半，[4]行二度萬三千八百一十一分，而與日合。[5]凡一終，三百九十八日有萬四千六百四十一分，行星三十二度與萬三百一十四分，[6]通率日行四千七百二十五分之三百九十八。[7]

[1]【今注】自此以下，分別詳細描述木、火、土、金、水五大行星相對於太陽位置變化的過程。但其前缺漏了求解這一行程的方法或名稱，故初讀之人不甚明白，《三統曆》將其稱爲五步，即推算五星相對於太陽各段位置的方法，本處亦當加上這個標題方爲醒目。下文給出了行星每合之中，運行變化的具體數據，包括伏、見、順行、留、逆行等每步的行度及時日。

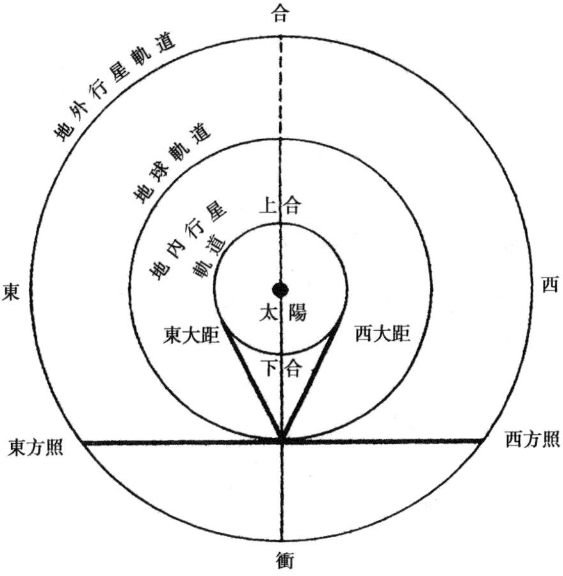

行星動態圖

行星朝東運動稱順行，朝西稱逆行，順逆間轉折點爲留。地球與行星和太陽連綫間的夾角稱爲距角。距角 0 度時爲合，星與太陽黄經相等，星光爲日光所掩。距角爲 90 度時稱方照。180 度時爲衝。連續兩次經過同一角距的時間爲會合周期。由於距日近，地内行星（金、水）的距角都不超過某值，但有兩次極大。外行星的距角可從 0—360 度變化，有一次上合，兩次方照。參見“行星動態圖”。

［2］【今注】案，二百三十分半，中華本改作“三百二十分半”，並出校勘記：“據《集解》引錢大昕説改。”可從。

［3］【今注】案，進，中華本改作“退”，並出校勘記：“據《集解》引錢大昕説改。”可從。

［4］【今注】案，七千二百二十分半，中華本改作“七千三百二十分半”，並出校勘記：“據《集解》引錢大昕説改。”可從。大德本、殿本誤作“七千二百二十二分半”。

［5］【今注】“木晨伏”至“與日合”：這一段介紹了木星自合至下次合的一周行程，今用現代算數分段概括如下：

晨伏，經 16 日 7320.5 分，行 2 度 13811 分，星在日後 13 度餘，見於東方。見後順行。

順行，每日行$\frac{11}{58}$度，經 58 日，行 11 度，轉遲行。

遲行，每日行$\frac{9}{58}$度，經 58 日，行 9 度，停留不行。

留，經 25 日，轉逆行。

逆行，每日行$\frac{1}{7}$度，經 84 日，退 12 度，復停留不行。

留，經 25 日，轉順行遲。

順行遲，經 58 日，行 9 度，轉疾行。

順行疾，經 58 日，行 11 度，在日前 13 度有奇，夕伏西方。

將以上各步相加，得 366 日（不包括晨伏），行 28 度。日星會合則星不見，稱爲伏。晨合稱爲晨伏，夕合稱爲夕伏。星合時日月同度，合後而離，但日星近，星仍不見，故木星晨伏後經 16 日 7320.5 分（以日度法 17308 爲分母），木星行 2 度 13811 分（分母也是日度法 17308），因日每天行 1 度，16 日餘行 16 度多，減木星行度，得 13 度餘，爲日星間相距度數。13 度餘接近半次，日光掩不住星光，此時星在日後，即日在東，星在西，每天早晨日出前，木星見於東方，稱爲晨見。

此後，由於日行疾，星行遲，日星之間愈來愈遠。經 366 日，日東行 366 度，星行 28 度，差 388 度，加上初始的 13 度餘，日星差 351 度餘。周天 365.25 度，差 13 度餘，日超過星一周天，即差 13 度餘，日從背後追及星。此時星在東日在西，相距 13 度餘。每天日落後星猶在天，但片刻即没，故曰夕伏。夕伏後，復經 16 日 7320.5 分，日比星多行 13 度餘，日追及星，再次會合。

［6］【今注】案，三十二度，中華本改作“三十三度”，並出校勘記：“據《集解》引錢大昕説改。”可從。

［7］【今注】“凡一終”至“通率日行四千七百二十五分之三百九十八”：前後二合之間，歷 398 日 14641 分，星行 33 度 10314 分，日行加一周天，平均每天行度算法：$13\frac{10314}{\text{日度法}}$度$\div 398\frac{14641}{\text{日度法}}$日$=\frac{398}{4725}$度/日。故此處説：“通率，日行四千七百二十五分之三百九十八。”

火，晨伏，七十一日二千六百九十四分，行五十五度二千二百五十四分半，在日後十六度有奇，而見東方。見順，日行二十三分度之十四，八十四日行一十二度。[1]微遲，日行十二分，九十二日行四十八度。留不行，十一日。旋逆，日行六十二分度之十七，六十二日退十七度。復留，十一日。復順，九十二日，行四十八度，又百八十四日行百一十二度，在日前十六度有奇，而夕伏西方。除伏逆，一見六百三十六日，行百三度。[2]伏復，七十一日二千六百九十四分，行五十五度二千二百五十四分半，而與日合。凡一終，七百七十九日有千八百七十二分，行星四百一十四度與九百九十三分。通率日行千八百七十六分之九百九十七。[3]

[1]【今注】案，八十四日行一十二度，中華本改作"百八十四日行百一十二度"，並出校勘記："據《集解》引錢大昕説補。"可從。

[2]【今注】案，百三度，中華本補作"三百三度"，並出校勘記："據《集解》引錢大昕説補。"可從。

[3]【今注】案，九十七，七，紹興本誤作"大"。

土，晨伏，十九日千八十一分半，行三度萬四千七百二十五分半，在日後十五度有奇，而見東方。見順，日行四十三分度之三，八十六日行六度。留不行，三十三日。旋逆，日行十七分度之一，百二日退六度。[1]復留，三十三日。復順，八十六日，行六度，在日前十五度有奇，而夕伏西方。除伏逆，見三百四十日，[2]行六度。伏復，十九日千八十一分半，行三度萬四千七百二十五分半，與日合。凡一終，三百七十八日有二千一百六十三分，行星十二度與二萬九千四百五十一分。通率日行九千四百一十五分之三百一十九。

[1]【今注】案，日行十七分度之一百二日退六度，中華本標點爲“日行十七分度之一百二，日退六度”，誤。

[2]【今注】案，中華本於“見”上補“一”字，並出校勘記：“據《集解》引盧文弨説補。”可從。

金，晨伏，五日，退四度，在日後九度，而見東方。見逆，日行五分度之三，十日，退六度。留不行，八日。順，[1]日行行四十六分度之三十三，[2]四十六日行三十三度。而日行一度九十分度之十五，[3]九十一日行百六度。益疾，日行一度二十二分，九十一日行百一十三度，在日後九度，而晨伏東方。除伏逆，一見二百四十六日，行二百四十六度。伏四十一日二百八十一分，行五十度二百八十一分，而與日合。一合二百九十二日百八十一分，[4]行星如之。

[1]【今注】案，順，中華本補作“旋順”，並出校勘記：“依文義當脱一‘旋’字，今補。”可從。

[2]【今注】案，日行行，中華本删一“行”字，並出校勘記：“據《集解》引錢大昕説删。”可從。

[3]【今注】案，而日行一度九十分度之十五，中華本補作“而疾，日行一度九十一分度之十五”，並出校勘記：“據《集解》引錢大昕説補。”可從。

[4]【今注】案，百八十一分，中華本補作“二百八十一分”，並出校勘記：“據《集解》引錢大昕説補。”可從。

金，夕伏，四十一日二百八十一分，行五十度二百八十一分，在日前九度，而見西方。見順，疾，日行一度九十一分度之二十二，九十一日行百一十三度。微遲，日行一度十五分，九十一日行百六度。而進，[1]日行四十六分度之三十三，四十六日行三十三度。留不行，八日。旋逆，日行五分度之三，十日退六度，在日前九度，而夕伏西方。除伏逆，一見二百四十六日，行二百四十六度，伏五日，退四度而後合。[2]凡三合一終，[3]五百八十四日有五百六十二分，行星如之。通率日行一度。

[1]【今注】案，而進，中華本改作“而遲”，並出校勘記：“據《集解》引錢大昕説改。”不從，應改作“而益遲”。

[2]【今注】案，後，中華本改作“復”，並出校勘記：“據《集解》引錢大昕説改。”可從。

[3]【今注】案，三，中華本改作“在”，並出校勘記：“據《集解》引錢大昕説改。”可從。

水，晨伏，九日，退七度，在日後十六度，而見東方。見逆，一日退一度。留不行，二日。旋順，日行九分度之八，九日行八度。而疾，日行一度四分度之一，二十日行二十五度，在日後十六度，而晨伏東方。除伏逆，一見，三十二日，行三十二度，伏十六日四萬四千八百五分，行三十二度四萬四千八百五分，而與日合。一合五十七日有四萬四千八百五分，行星如之。

水，夕伏，十六日四萬四千八百五分，行三十二度四萬四千八百五分，在日前十六度，而見西方。見順，疾，日行一度四分度之一，二十日行二十五度。

而遲，日行九分度之八，九日行八度。留不行，二日。逆，[1]一日退一度，在日前十六度，而夕伏西方。除伏逆，一見三十二日，行三十度，[2]伏九日，退七度而復合。凡再合一終，百一十五日有四萬一千九百七十八分，[3]行星如之。通率日行一度。[4]

[1]【今注】案，逆，中華本補作"旋逆"，並出校勘記："據《集解》引錢大昕説補。"可從。

[2]【今注】案，三十度，中華本補作"三十二度"，並出校勘記："據《集解》引錢大昕説補。"可從。

[3]【今注】案，百一十五日，一，大德本誤作"二"。

[4]【今注】案，我們已對木星相對於太陽的出没行度作了詳細介紹，之後火星、土星、金星、水星的行程相似，就不必再作介紹了。有了以上諸多數據，星在任何時日的位置就能確定了。

步術，以步法伏日度分，如星合日度餘，[1]命之如前，得星見日度也。術分母乘之分，如度法而一，[2]分不盡，如法半以上，[3]亦得一，而日加所行分，滿其母得一度。逆順母不同，以當行之母乘故分，如故母，如一也。留者承前，逆則減之，伏不書度。經斗除如行母，四分具一。其分有損益，前後相放。[4]其以赤道命度，進加退減之。其步以黃道。[5]

[1]【今注】案，如，中華本改作"加"，並出校勘記："據《集解》引錢大昕説改。"可從。

[2]【今注】案，術分母乘之分如度法而一，中華本改補並標點作"行分母乘之，分如日度法而一"，並出校勘記："據《集解》引

李鋭説改。”可從。但標點應作“行分母乘之分，如日度法而一”。

［3］【今注】案，法半，中華本改作“半法”，並出校勘記：“據《集解》引盧文弨説改。”可從。

［4］【今注】“步術”至“其步以黄道”：步術即計算五星行度的方法。前已介紹了五星在自合至合中，一個行程内各個段位的時日和行度。今要推算任何一年中任何月、日、五星的位置，可先算得最後一合之後，再由合向後推算。第一步，按以上所述，推出合時，星所在度分。自合時起算，所求時日距合時，若超過星伏時日（如木星超過16日餘），則星見。則星合時度分+伏時行度分=星見時度分。第二步，由星見度分，加見後星行度分，得星在度分。第三步，星見度分，與星順行度分相加，逆行相減，留無加減，加滿分母化分爲度。

此處説“行分母乘之分，如日度法而一。分不盡，如半法以上，亦得一”，其中“如半法以上，亦得一”，是四舍五入的意思。前後相放中的“放”當釋爲“仿”。

［5］【今注】“以赤道命度”至“步以黄道”：五步中的行星度，都是黄道度。若换算爲赤道度，可按所附黄赤道度變换表計算。文中所列赤道度後，注有進退度數，由赤道度進加退減便得到黄道度。反之亦然。

日名［1］

天正十一月	十二月	正月	二月	三月	四月	五月	六月	七月	八月	九月	十月
冬至	大寒	雨水	春分	穀雨	小滿	夏至	大暑	處暑	秋分	霜降	小雪［2］

［1］【今注】案，日名，中華本改作“月名”，並出校勘記：“據《集解》引李鋭説改。”可從。又，自此以下，主要爲東漢《四分曆》的四份附表。此爲第一表。表名缺漏，當名之爲“十二月中氣表”。表中十二月與十二節氣一一對應。此表作爲推算無中氣之月爲閏月使用。

［2］【劉昭注】《月令章句》：“孟春以立春爲節，驚蟄爲中。中必在其月，節不必在其月。據孟春之驚蟄在十六日以後，立春在正月；驚蟄在十五日以前，立春在往年十二月。”

斗二十六四分退二［1］
牛八
女十二進二［2］
虚十進三［3］
危十六進二［4］
室十六進二［5］
壁十進二［6］
北方九十八度四分一
奎十六
婁十二進一［7］
胃十四進二［8］
昴十一進二［9］
畢十六進三［10］
觜二退三［11］
參九退四
西方八十度

井三十三退三

鬼四

柳十五

星七進一

張十八進一

翼十八進一[12]

軫十七進一

南方百一十二度

角十二

亢九退一

氐十五退二

房五退三

心五退三

尾十八進三[13]

箕十一退三

東方七十五度

右赤道度周天三百六十五度四分一[14]

[1]【今注】案，四分退二，中華本補作“四分一退二”，並出校勘記：“據《集解》引李鋭説補。”可從。

[2]【今注】案，進二，中華本改作“進一”，並出校勘記：“據《集解》引李鋭説改。”可從。

[3]【今注】案，進三，中華本改作“進二”，並出校勘記：“據《集解》引李鋭説改。”可從。

[4]【今注】案，六，中華本改作“七”，並出校勘記：“據《集解》引李鋭説改。”可從。

［5］【今注】案，進二，中華本改作“進三”，並出校勘記：“據《集解》引李鋭説改。”可從。

［6］【今注】案，壁十，中華本改作“壁九”；進二，中華本所依底本紹興本作“進三”，中華本改作“進一”，並出校勘記：“汲本、殿本‘進三’作‘進二’。《集解》引李鋭説，謂‘壁十’當作‘壁九’，‘進二’作‘進一’。今據改。按：《集解》引李鋭説，謂案此赤道度即太初星距，見於《三統術》者是也。自漢以後相沿承用，至唐《大衍術》始改畢、觜、参、鬼四宿，後漢施行《四分》，未嘗改測，則二宿度數不得與《三統術》異。今本作‘危十六’‘壁十’者，與下文黄道度相涉而誤也。”可從。

［7］【今注】案，進一，中華本改成“退一”，並出校勘記：“《集解》引李鋭説，謂當作‘退一’。今據改。”可從。大德本、殿本誤作“進二”。

［8］【今注】案，進二，中華本改作“退一”，並出校勘記：“據《集解》引李鋭説改。”可從。

［9］【今注】案，進二，中華本改作“退二”，並出校勘記：“據《集解》引李鋭説改。”可從。

［10］【今注】案，進三，中華本改作“退三”，並出校勘記：“《集解》引李鋭説，謂當作‘退三’。今據改。”可從。大德本、殿本誤作“進二”。

［11］【今注】案，退三，大德本、殿本誤作“退二”。

［12］【今注】案，進一，中華本改作“進二”，並出校勘記：“據《集解》引李鋭説改。”可從。

［13］【今注】案，進三，中華本改作“退三”，並出校勘記：“據《集解》引李鋭説改。”可從。

［14］【今注】案，此表當定名爲“二十八宿赤道距度表”。表中所示進退度，是黄赤道度數之差。赤道積度多爲進，黄道積度多爲退。若注明進某度，減此度當爲黄道度；注明退某度，加此度爲黄道積度。赤道度下注明退 1，它表示的是，自牛前 5 度開始，到

婁宿之間的黄道累積度（94 度）比赤道累積度（93 度）多 1 度，因稱退 1。因此，計算入宿度時，不論入婁初還是婁末，都要把赤道度加 1 得黄道度。

斗二十四進一[1]
牛七
女十一
虚十
危十六
室十八
壁十
北方九十六度四分一
奎十七
婁十二
胃十五
昴十二
畢十六
觜三
參八
西方八十三度
井三十
鬼四
柳十四
星七
張十七
翼十九

軫十八
南方百九度
角十三
亢十
氐十六
房五
心五
尾十八
箕十
東方七十七度
右黄道度三百六十五四分一[2]

[1]【今注】案，進一，中華本改作“四分一”，並出校勘記：“據《集解》引李鋭説改。”可從。

[2]【今注】案，此表可名之爲“二十八宿黄道距度表”。由黄道度求赤道度，可反用前表進退數，故此表不再注進退數。

黄道去極，日景之生，據儀、表也。[1]漏刻之生，以去極遠近差乘節氣之差。如遠近而差一刻，以相增損。[2]昏明之生，以天度乘晝漏，夜漏減三百而一，[3]爲定度。以減天度，餘爲明；加定度一爲昏。[4]其餘四之，如法爲少。不盡，[5]三之，如法爲强，餘半法以上以成强。强三爲少，少四爲度，其强二爲少弱也。又以日度餘爲少强，而各加焉。[6]

[1]【今注】“黄道去極”至“表也”：黄道距北極的距離，是

用渾儀測量的，太陽的影長，是依據圭表測出的。

［2］【今注】“漏刻之生”至“以相增損”：按照李鋭説法：其文似應爲：“漏刻之生，以前後節氣去極遠近差，乘二至漏刻差，如二至去極遠近差而得一刻，以相增損。”以李氏所論此法推算，與表中所列晝夜漏刻之數無不相符。

［3］【今注】案，夜漏減三百而一，中華本改補作“夜漏減之，二百而一”，並出校勘記：“據《集解》引李鋭説改。”可從。

［4］【今注】“昏明之生”至“加定度一爲昏”：昏旦中星所在度的算法，以公式表示如下：

$$\text{旦中星度}=\text{周天度}-\frac{\text{周天度}\times\text{晝漏}-\text{夜漏}}{200}$$

$$\text{昏中星度}=\frac{\text{周天度}\times\text{晝漏}-\text{夜漏}}{200}+1$$

［5］【今注】案，不盡，中華本補作“二爲半，三爲太，不盡”，並出校勘記：“據《集解》引李鋭説補。”可從。

［6］【劉昭注】張衡《渾儀》曰：“赤道横帶渾天之腹，去極九十一度十分之五（十，中華本補作‘十六’，並出校勘記：‘“分”上原無“六”字；《占經》《御覽》作“十九分”，亦非是。今依算理補。’可從）。黄道斜帶其腹，出赤道表裏各二十四度。故夏至去極六十七度而强，冬至去極百一十五度亦强也。然則黄道斜截赤道者，則春分、秋分之去極也。今此春分去極九十少，秋分去極九十一少者，就夏曆景去極之法以爲率也。上頭横行第一行者，黄道進退之數也。本當以銅儀日月度之，則可知也。以儀一歲乃竟，而中間又有陰雨，難卒成也。是以作小渾，盡赤道黄道，乃各調賦三百六十五度四分之一，從冬至所在始起，令之相當值也。取北極及衡各鍼掾之爲軸（鍼，各本作‘誠’，不可讀，中華本改作‘鍼’，並出校勘記：‘據嚴可均輯《全後漢文》改。’今從改），取薄竹篾，穿其兩端，令兩穿中間與渾半等，以貫之，令察之與渾相切摩也。乃從減半起，以爲八十二度八分之

五（中華本‘八’上補‘百’字，並出校勘記：‘據《開元占經》補。’可從），盡衡減之半焉。又中分其篾，抝去其半，令其半之際正直，與兩端減半相直，令篾半之際從冬至起，一度一移之，視篾之半際多少黄赤道幾也（多少，各本作‘夕多’，不可讀，中華本改作‘多少’，並出校勘記：‘《集解》引盧文弨説，謂“夕”字衍。今按：“夕”乃“少”字之形譌，又顛倒其文耳。下云“其所多少”，可證也。《開元占經》引作“視篾半之際多少黄赤道幾何也”。’今從改）。其所多少，則進退之數也。從北極數之（北，紹興本誤作‘此’），則無極之度也（無，中華本改作‘去’，並出校勘記：‘據《開元占經》引改。’可從）。各分赤道黄道爲二十四氣，一氣相去十五度十六分之七，每一氣者，黄道進退一度焉。所以然者，黄道直時，去南北極近，其處地小，而横行與赤道且等，故以篾度之，於赤道多也。設一氣令十六日者，皆常率四日差少半也。令一氣十五日不能半耳，故使中道三日之中若少半也（若，中華本改作‘差’，並出校勘記：‘據《開元占經》改。’可從）。三氣一節，故四十六日而差今二度也（二，紹興本、大德本、殿本作‘三’，是）。至於差三之時，而五日同率者一，其實節之間不能四十六日也。今殘日居其策，故五日同率也。其率雖同（雖，大德本誤作‘居’），先之皆强，後之皆弱，不可勝計。取至於三而復有進退者，黄道稍斜，於横行不得度故也。春分、秋分所以退者，黄道始起更斜矣，於横行不得度故也。亦每一氣一度焉，三氣一節，亦差三度也。至三氣之後，稍遠而直，故横行得度而稍進也。立春、立秋横行稍退矣，而度猶云進者，以其所退減其所進，猶有盈餘，未盡故也。立夏、立冬横行稍進矣，而度猶退者，以其所進，增其所退，猶有不足，未畢故也。以此論之，日行非有進退，而以赤道量度黄道使之然也（量度，各本作‘重廣’，不可讀，中華本改作‘量度’，並出校勘記：‘據《開元占經》引改。’今從改）。本二十八宿相去度數，以赤道爲距耳（距，各本作‘强’，不可讀，中華本改作‘距’，並出校勘記：‘據《開元占經》引改。’今從改），故於黄道亦有進退也（有，各本無此字，不可讀，中華本補，並出校勘記：‘據《開元占經》補。’今從改）。冬至在斗二十一度少半，最遠時也，而此曆斗二十度，俱百一十五，强矣，冬至宜與之同率焉。夏至在井二十一度半强，最近時也，而此曆井二十三度，俱六十七度，强矣，夏至宜與之同率焉。”【今注】“其餘四之”至“而各加焉”：這是説以上求得的昏旦中星和日所在，精確到度，度以下分秒不具，衹用强弱等表示約數。分割方法是，如下圖所示：

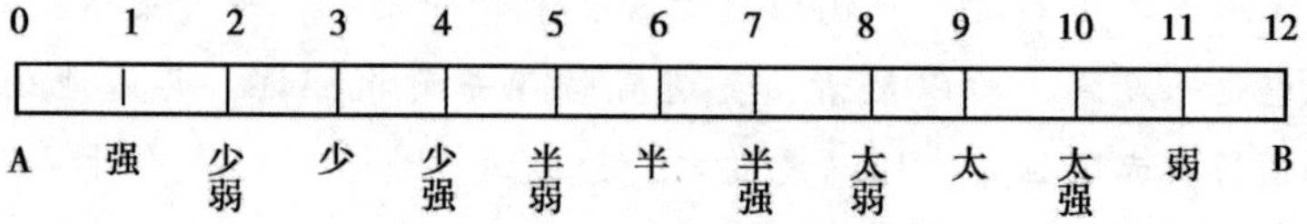

十二小分約數圖

以 AB 之長爲 1 度，劃分爲 12 份。具體劃分方法是先分成四份，以少、半、太名之。每份再分爲三小份，以强弱名之。

二十四氣	日所在[1]	黄道去極	晷景	晝漏刻	夜漏刻	昏中星[2]	旦中星
冬至[3]	斗二十度百一十分八分退二[4]	百一十五度	丈三尺	四十五	五十五	奎六弱	亢二少强退一
小寒	女二度七分進一[5]	百一十三强	丈二尺三寸[6]	四十五八分	五十四二分	婁六半强退一	氐七少弱退二

二十四氣	日所在	黄道去極	晷景	晝漏刻	夜漏刻	昬中星	旦中星
大寒	虛五度十四分進二	百一十一大弱[7]	丈一尺	四十六八分	五十三二分[8]	胃十一半强退一[9]	心半退三[10]
立春	危七度二十一分進二[11]	百六少弱[12]	九尺六寸	四十八六分	五十一四分	畢五少弱退三[13]	尾七半弱退三[14]
雨水	室八度二十八分退三[15]	百一强	七尺九寸五分	五十八分	四十九二分	參六半弱退四[16]	箕六大弱退三[17]
驚蟄	壁八度三分進一	九十五强	六尺五寸	五十三三分	四十六七分	井十七少弱退三	斗少退二[18]
春分	奎十四度十分	八十九少强[19]	五尺二寸五分	五十五八分	四十四二分	鬼四	斗十一强退二[20]
清明	胃一度十七分退二[21]	八十三少弱	四尺一寸五分	五十八三分	四十一七分	星四大進一[22]	斗二十一半退二[23]
穀雨	昴二度二十四分退二	七十七大强	三尺二寸	六十五分	三十九五分	張十七進一[24]	牛六半[25]
立夏	畢六度三十一分退三[26]	七十三少弱	二尺五寸二分	六十二四分	三十七六分	翼十七大進二[27]	女十少弱一[28]
小滿	參四度六分退四	六十九大弱	尺九寸八分	六十三九分	三十六一分	角六弱[29]	危大弱進二[30]

二十四氣	日所在	黄道去極	晷景	晝漏刻	夜漏刻	昬中星	旦中星
芒種	井十度十三分退三	六十七少弱	尺六寸八分	六十四九分	三十五一分[31]	亢五大退一	危十四强進二
夏至[32]	井二十五度二十分退三	六十七强	尺五寸	六十五	三十五	氐十二少弱退二	室十二少弱退三[33]
小暑	柳三度二十七分	六十七大强	尺七寸	六十四七分	三十五三分	尾一大强退三	奎二大强
大暑	星四度三分進二[34]	七十	二尺	六十三八分	三十六二分	尾十五半弱退三[35]	婁三大退一
立秋	張十二度九分進一	七十三半强	二尺五寸五分	六十二三分	三十七七分	箕九大强退三	胃九大弱退二[36]
處暑	翼九度十六分退二[37]	七十八半强	三尺三寸三分	六十二分	三十九八分[38]	斗十少退二[39]	畢三大退三
白露	軫六度二十三分退一[40]	八十四少强	四尺三寸五分	五十七八分	四十二二分	斗二十一强退一[41]	参五半弱退四[42]
秋分	角四度三十分	九十半强[43]	五尺五寸	五十五二分	四十四八分	牛五少	井十六少强退三[44]
寒露	亢八度五分退三[45]	九十六少强[46]	六尺八寸五分	五十二六分	四十七四分	女七大進一[47]	鬼三少强

二十四氣	日所在	黄道去極	晷景	晝漏刻	夜漏刻	昏中星	旦中星
霜降	氐十四度十三分退二[48]	百二少强	八尺四寸	五十三分	四十九七分[49]	虚六大進一[50]	星三大强進一
立冬	房四度十九分退三[51]	百七少强	丈四寸二分[52]	四十八二分	五十一八分	危八强進二[53]	張十五大强進二[54]
小雪	箕一度二十六分退三	百一十一弱	丈一尺四寸[55]	四十六七分	五十三三分	室二半强進三[56]	翼十五大强進二
大雪	斗六度一分退三[57]	百一十三大强	丈二尺五寸六分[58]	四十五五分[59]	五十四五分	壁半强進一[60]	軫十五少强進一[61]

［1］【今注】案，日所在，底本作小字，殿本作大字，據殿本調整。

［2］【劉昭注】《月令章句》曰："中星當中而不中，日行遲也（遲，紹興本誤作'退'）。未當中而中（未，紹興本誤作'天'），日行疾也。"【今注】案，此條"劉昭注"位置，唯大德本置於下欄"旦中星"下，誤。

［3］【劉昭注】《月令章句》曰："冬至之爲極有三意焉：晝漏極短，去極極遠，晷景極長。極者，至而還之辭也。"

［4］【今注】案，斗二十度百一十分八分退二，中華本改作"斗二十一度八分退二"，並出校勘記："原作斗二十度百一十分八分退二譌，徑據《集解》引錢大昕説改正。按：錢云因下有'百一十五'之文而重出耳。此以三十二爲度法，分滿法即進爲度，無有過三十一分者。"可從。

［5］【今注】案，七分進一，各本脱"一"字，不可讀，中華

本補，並出校勘記："'進'下原脱'一'字，王先謙謂李本作'進一'，今徑補。"今從補。

[6]【今注】案，三寸，底本作小字，今徑改大字。

[7]【今注】案，百一十一，中華本改作"百一十"，並出校勘記："原作'百一十一'，譌。王先謙謂李本作'百一十'，徑據改。"可從。

[8]【今注】案，二分，中華本改作"八分"，未出校勘記，不知何據。

[9]【今注】案，半，底本作大字，今徑改小字。

[10]【今注】案，半，底本作大字，今徑改小字。

[11]【今注】案，危七度，中華本改作"危十度"，並出校勘記："原作'危七度'，譌，徑據《集解》引錢大昕説改正。"可從。

[12]【今注】案，少弱，中華本改作"少强"，並出校勘記："'少强'原作'少弱'，譌。王先謙謂李本作'少强'，徑據改。"可從。

[13]【今注】案，弱，紹興本、殿本誤作"强"。

[14]【今注】案，半，底本作大字，今徑改小字。

[15]【今注】案，退三，中華本改作"進三"，並出校勘記："'進三'原作'退三'，譌。王先謙謂李本'退'作'進'，徑據改。"可從。

[16]【今注】案，半，底本作大字，今徑改小字。

[17]【今注】案，箕六，中華本删"六"字並出校勘記："'箕'下原有大字'六'，譌。王先謙謂李本無'六'字，徑據删。"可從。

[18]【今注】案，少，底本作大字，今徑改小字。

[19]【今注】案，少强，中華本删"少"字，並出校勘記："'强'原作'少强'，譌。王先謙謂李本無'少'字，徑據删。"可從。

［20］【今注】案，强，中華本改作“弱”，並出校勘記：“‘弱’原作‘强’，譌。王先謙謂李本作‘弱’，徑據改。”可從。

［21］【今注】案，退二，中華本改作“退一”，並出校勘記：“‘退一’原作‘退二’，譌。王先謙謂李本作‘退一’，徑據改。”可從。

［22］【今注】案，底本脱“一”字，不可讀，中華本補“一”，並出校勘記：“‘進’下原脱‘一’字，王先謙謂李本‘進’下有‘一’字，徑據補。”今從補。

［23］【今注】案，半，底本作大字，今徑改小字。

［24］【今注】案，進一，殿本誤作“進二”。

［25］【今注】案，牛，殿本誤作“斗”。半，底本作大字，今徑改小字。

［26］【今注】案，六，紹興本、殿本誤作“八”。

［27］【今注】案，大，紹興本誤作“夫”。

［28］【今注】案，弱，中華本改作“進”，並出校勘記：“‘進’原作‘弱’，譌。王先謙謂李本‘弱’作‘進’，徑據改。”可從。

［29］【今注】案，六，中華本改作“大”，作小字，並出校勘記：“‘大’原作‘六’，大字，譌。王先謙謂李本‘六’作‘大’，小字，徑據改。”可從。

［30］【今注】案，進二，紹興本闕“二”字，作一字空白。

［31］【今注】案，一分，紹興本闕“一”字，作一字空白。

［32］【劉昭注】《月令章句》曰：“夏至之爲極有三意焉：晝漏極長，去極極近，晷景極短。”

［33］【今注】案，退三，中華本改作“進三”，並出校勘記：“‘進三’原作‘退三’，譌。王先謙謂李本作‘進三’，徑據改。”可從。

［34］【今注】案，三分進二，中華本改作“二分進一”，並出

校勘記："'二分進一'原作'三分進二'，譌。王先謙謂李本作'二分進一'，徑據改。"可從。

[35]【今注】案，半，底本作大字，今徑改小字。

[36]【今注】案，退二，中華本改作"退一"，並出校勘記："'退一'原作'退二'，譌。王先謙謂李本作'退一'，徑據改。"可從。

[37]【今注】案，退二，中華本改作"進二"，並出校勘記："'進二'原作'退二'，譌。李本作'進一'，亦誤。依算理應爲'進二'，今徑改。"可從。

[38]【今注】案，八分，紹興本誤作"七分"。

[39]【今注】案，少退二，底本脱"二"字，不可讀，中華本補，並出校勘記："'退'下原脱'二'字，王先謙謂李本作'退二'，徑據補。"今從補。

[40]【今注】案，退一，中華本改作"進一"，並出校勘記："'進一'原作'退一'，譌。王先謙謂李本作'進一'，徑據改。"可從。

[41]【今注】案，退一，中華本改作"退二"，並出校勘記："'退'下原脱一字。汲本、殿本作'退一'，譌。王先謙謂李本作'退二'，徑據補。"可從。

[42]【今注】案，半，底本作大字，今徑改小字。

[43]【今注】案，半，底本作大字，今徑改小字。

[44]【今注】案，退三，殿本誤作"退二"。

[45]【今注】案，退三，中華本改作"退一"，並出校勘記："'退一'原作'退三'，譌。王先謙謂李本作'退一'，徑據改。"可從。

[46]【今注】案，少强，中華本改作"大强"，並出校勘記："'大强'原作'少强'，譌。王先謙謂李本作'大强'，徑據改。"可從。

[47]【今注】案，大進一，紹興本誤作"六進"。

［48］【今注】案，十三分，中華本改作“十二分”，並出校勘記：“‘十二分’原作‘十三分’，譌。錢大昕謂‘三’當作‘二’，王先謙謂李本作‘十二分’，徑據改。”可從。

［49］【今注】案，七分，大德本、殿本誤作“十分”。

［50］【今注】案，進一，中華本改作“進二”，並出校勘記：“‘進二’原作‘進一’，譌。王先謙謂李本作‘進二’，徑據改。”可從。

［51］【今注】案，房四度，中華本改作“尾四度”，並出校勘記：“‘尾’原作‘房’，譌。王先謙謂李本作‘尾’，徑據改。”可從。

［52］【今注】案，丈四寸二分，中華本删“四寸二分”，並出校勘記：“‘丈’下原有‘四寸二分’四字。《集解》引李鋭説，謂案祖沖之術二至晷景與此同。其至前後各氣晷景，以此至前後晷景兩兩相加，折半得之。如此術大雪景丈二尺五寸六分，小寒景二尺三寸，相加半之，得沖之術大雪、小寒景一丈二尺四寸三分是也。覆檢此文，惟立冬一氣不合。案祖沖之稱《四分志》立冬中景長一丈，立春中景九尺六寸，相加半之，得九尺八寸，與沖之術立春、立冬景正合。然則此文立冬晷景丈四寸二分，誤衍‘四寸二分’四字耳。今徑據删。”可從。

［53］【今注】案，進二，紹興本誤作“進一”。

［54］【今注】案，進二，殿本作“進一”，中華本從殿本，並出校勘記：“‘進一’原作‘進二’，汲本無‘進一’二字。王先謙謂李本多‘進一’二字，殿本同，徑據改。”可從。

［55］【今注】案，四寸，底本作小字，今徑改大字。

［56］【今注】案，室二，中華本改作“室三”，並出校勘記：“原作‘室二’，譌。王先謙謂李本‘室二’作‘室三’，徑據改。”可從。半，底本作大字，今徑改小字。進三，殿本誤作“進二”。

［57］【今注】案，退三，中華本改作“退二”，並出校勘記：“‘退二’原作‘退三’，譌。王先謙謂李本作‘退二’，徑據改。”

可從。

［58］【劉昭注】《易緯》所稱晷景長短，不與相應，今列之于後，并至與不至各有所候，以參廣異同。　冬至，晷長一丈三尺。當至不至，則旱，多温病。未當至而至，則多病暴逆心痛，應在夏至。　小寒，晷長一丈二尺四分。當至不至，先小旱，後小水，丈夫多病喉痺。未當至而至，多病身熱，來年麻不爲耳（爲，殿本作“熟”）。　大寒，晷長一丈一尺八分。當至不至，則先大旱，後大水，麥不成，病厥逆。未當至而至，多病上氣、嗌腫。　立春，晷長一丈一寸六分。當至不至，兵起，麥不成，民疲瘵（疲，大德本、殿本作“瘦”）。未當至而至，多病熛、疾疫。　雨水，晷長九尺一寸六分。當至不至，早麥不成，多病心痛。未當至而至，多病䩧。　驚蟄，晷長八尺二寸。當至不至，則霧，稚禾不成，老人多病嚔。未當至而至，多病癰疽、脛腫。　春分，晷長七尺二寸四分。當至不至，先旱後水，歲惡，米不成，多病耳痒。　清明，晷長六尺二寸八分。當至不至，菽豆不熟，多病嚔、振寒、洞泄（洞，紹興本作“温”，是）。未當至而至，多温病、暴死。　穀雨，晷長五尺三寸六分。當至不至，水物雜稻等不爲（爲，殿本作“熟”），多病疾瘧、振寒、霍亂。未當至而至，老人多病氣腫。　立夏，晷長四尺三寸六分。當至不至，旱，五穀傷，牛畜疾。未當至而至，多病頭痛、腫嗌、喉痺。　小滿，晷長三尺四寸。當至不至，凶言，有大喪（殿本“有”上有“國”字，是），先水後旱，多病筋急、痺痛。未當至而至，多熛、嗌腫。　芒種，晷長二尺四寸四分。當至不至，凶言，國有狂令。未當至而至，多病厥眩、頭痛。　夏至，晷長一尺四寸八分。當至不至，國有大殃，旱，陰陽並傷，草木夏落，有大寒。未當至而至，病眉腫。　小暑，晷長二尺四寸四分。當至不至，前小水，後小旱，有兵，多病泄注、腹痛。未當至而至，病臚腫。　大暑，晷長三尺四寸。當至不至，外兵作，來年飢，

多病筋痺、胸痛。未當至而至，多病脛痛、惡氣。　立秋，晷長四尺三寸六分。當至不至，暴風爲災，來年黍不爲（爲，殿本作“熟”）。未當至而至，多病咳上氣、咽腫。　處暑，晷長五尺三寸二分。當至不至，國多浮令，兵起，來年麥不爲（爲，殿本作“熟”）。未當至而至，病脹，耳熱不出行。　白露，晷長六尺二寸八分。當至不至，多病痤、疽、泄。未當至而至（疽泄未當至而至，底本漫漶不清，據紹興本、大德本、殿本補），多病水、腹閉疝瘕。　秋分，晷長七尺二寸四分。當至不至，草木復榮（復榮，底本漫漶不清，據紹興本、大德本、殿本補），多病温，悲心痛。未當至而至，多病胸鬲痛。　寒露，晷長八尺二寸。當至不至，來年穀不成，六畜鳥獸被殃，多病疝瘕、腰痛。未當至而至，多病疢熱中。　霜降，晷長九尺一寸六分。當至不至，萬物大耗，年多大風，人病腰痛。未當至而至，多病胸脇支滿。　立冬，晷長丈一寸二分。當至不至，地氣不藏，來年立夏反寒，早旱，晚水，萬物不成。未當至而至，多病臂掌痛。　小雪，晷長一丈一尺八分。當至不至，來年蠶麥不成，多病脚腕痛。未當至而至，亦爲多肘腋痛。　大雪，晷長一丈二尺四分。當至不至，温氣泄，夏蝗蟲生，大水，多病少氣、五疸（疸，中華本改作“疸”，並出校勘記：“‘疸’原譌‘疽’，徑據殿本、集解本改正。”可從）、水腫。未當至而至，多病癰疽痛，應在芒種。　《月令章句》曰：“周天三百六十五度四分度之一，分爲十二次，日月之所躔也。地有十二分，王侯之所國也。每次三十二度三十三分之十四（三十二度三十三分，中華本改作‘三十度三十二分’，並出校勘記：‘據《集解》引錢大昕説删改。’可從），日至其初爲節，至其中爲中氣。　自危十度至壁八度謂之豕韋之次（八，中華本改作‘九’，並出校勘記：‘據《集解》引錢大昕説改。下“自壁八度至胃一度”同。’可從。韋，殿本作‘掌’），立春、驚蟄居之（驚蟄，殿本作‘雨水’，中華本校勘記曰：‘殿本“驚蟄”作

“雨水”，下“雨水”作“驚蟄”。《集解》引錢大昕説，謂此以驚蟄爲正月中氣，雨水爲二月節，依古法也。《四分術》以雨水爲正月中氣。’)，衛之分野。　自壁八度至胃一度，謂之降婁之次，雨水（雨水，殿本作‘驚蟄’）、春分居之，魯之分野。　自胃一度至畢六度，謂之大梁之次，清明、穀雨居之，趙之分野。自畢六度至井十度，謂之實沈之次，立夏、小滿居之，晉之分野。　自井十度至柳三度，謂之鶉首之次，芒種、夏至居之，秦之分野。　自柳三度至張十二度，謂之鶉火之次，小暑、大暑居之，周之分野。　自張十二度至軫六度，謂之鶉尾之次，立秋、處暑居之，楚之分野。　自軫六度至亢八度，謂之壽星之次，白露、秋分居之，鄭之分野。　自亢八度至尾四度，謂之大火之次，寒露、霜降居之，宋之分野。　自尾四度至斗六度，謂之析木之次，立冬、小雪居之，燕之分野。　自斗六度至須女二度，謂之星紀之次，大雪、冬至居之，越之分野。　自須女二度至危十度，謂之玄枵之次，小寒、大寒居之，齊之分野。”蔡邕分星次度數與皇甫謐不同，兼明氣節所在，故載焉。謐所列在《郡國志》。【今注】案，五寸，底本作小字，今徑改大字。

[59]【今注】案，五分，紹興本誤作“三分”。

[60]【今注】案，半，底本作大字，今徑改小字。

[61]【今注】案，少强，中華本改作“弱”，並出校勘記：“‘弱’原作‘少强’，譌。李本作‘少弱’，亦譌。依算理應作‘弱’，徑改。”可從。　上表可稱之爲“二十四氣日躔黄道去極晷影漏刻中星表”，簡稱爲“二十四氣數值表”，此表有很多實際用處。如觀昏旦中星可以知季節，由季節可以確定使用漏刻的箭號等。表中日所在欄，其實並非實測，而是推算出來的。如冬至日在斗 21 度 8 分，每度 32 分，日每天行 1 度，每氣行 15 度 7 分，冬至後，每氣加此數，可得該氣日所在。表中尾數之强弱數，據陳美東、張培瑜等人研究，當有少許修正，特此注明。

中星以日所在爲正，[1]日行四歲乃終，置所求年二十四氣小餘四之，如法爲少、大，[2]餘不盡，三之，如法爲强、弱，以減節氣昏明中星，而各定矣。强，正；弱，直也。[3]其强弱相減，同名相去，異名從之。從强進少爲弱，從弱退少而强。[4]從上元太歲在庚辰以來，盡熹平三年，[5]歲在甲寅，積九千四百五十五歲也。[6]

［1］【今注】中星以日所在爲正：中星以太陽的位置爲依據。這是因爲所謂昏旦中星，是以初昏或黎明時爲據，均爲以南中之星確定日所在之用。

［2］【今注】案，如法爲少大，此句應補作“如法爲少，二，爲半，三，爲大”。

［3］【今注】案，直，中華本改作“負”，並出校勘記：“《集解》引李鋭説，謂‘直’當作‘負’，負猶背也。今據改。”可從。

［4］【今注】“日行四歲乃終”至“從弱退少而强”：此處仍以1度分割成十二小份，以少、半、太配强、弱計度之多少，前用於昏明度，此處用於二十四氣日所在度。

［5］【今注】熹平：東漢靈帝劉宏年號（172—178）。

［6］【劉昭注】宋世治曆何承天曰：“曆數之術，若心所不達，雖復通人前識，無救其弊。是以多歷年歲，猶未能有定。《四分》於天，出三百年而盈一日，積世不悟，徒云建曆之本必先立元，假託讖緯，遂開治亂。此之爲弊，亦以甚矣。劉歆《三統法》尤復疏闊，方於《四分》，六千餘年又益一日。楊雄心惑其説，採爲《太玄》，班固謂之最密，著于《漢志》。司馬彪曰：‘自太初元年始用《三統曆》（太，殿本誤作“大”），施行百有餘年。’曾不憶劉歆之生不逮太初，二三君子爲曆，幾乎不知而妄言者歟！元和中穀城門候劉洪始悟《四分》於天疏闊，更以五百八十九爲紀法，百四十五爲斗分，而造《乾象法》，又制《遲疾曆》以步月

行，方於《太初》《四分》，轉精密矣。”【今注】“從上元太歲在庚辰以來”至“積九千四百五十五歲”：王文耀指出，《四分曆》以漢文帝後元三年庚辰歲（前161）爲曆元，諸家無異辭。至於以何年爲上元，則先後有兩種説法，其一是以《春秋》獲麟之前二百七十六萬歲的庚申歲爲上元，其二是以漢文帝後元三年以前九千一百二十歲的庚辰歲爲上元。（參見章惠康、易孟醇主編《後漢書今注今譯》之《律曆志》部分，岳麓書社1998年版）本篇中卷所記先後數次關於曆法問題的争論，多半是圍繞着庚申元和甲寅元的是非展開的，雙方均未提及還有一個庚辰上元。但是本篇下卷詳述《四分曆》算法時，却又衹以庚辰爲上元，根本不提庚申了。這是一個明顯的矛盾。由於蔡邕是庚申元的辯護人，放弃庚申元采用庚辰元不可能是蔡邕的原意。故這一點無疑是反映了劉洪的見解。清人錢大昕於《廿二史考異》卷一三中説：“四分術以章帝元和二年施行，在熹平甲寅前九十年。此算積年乃及熹平者，蓋劉洪撰記時附益之。”以上元庚辰作爲推算月食、五星運動的共同起點，大概正是由劉洪此書開始的。

論曰：《易》有太極，是生兩儀。兩儀之分尚矣，乃有皇犧。皇犧之有天下也，未有書計。歷載彌久，暨於黄帝，班示文章，重黎記注，象應著名，始終相驗，準度追元，乃立曆數。天難諶斯，是以五、三迄于來今，各有改作，不通用。故黄帝造曆，元起辛卯，而顓頊用乙卯，[1]虞用戊午，夏用丙寅，殷用甲寅，周用丁巳，魯用庚子。[2]漢興承秦，初用乙卯，至武帝元封，不與天合，[3]乃會術士作《太初曆》，元以丁丑。王莽之際，劉歆作《三統》，追《太初》前世一元，[4]得五星會庚戌之歲，以爲上元。《太初曆》到章帝元和，旋復疏闊，徵能術者課校諸曆，定朔稽元，追漢三十五年庚辰之歲，[5]追朔一日，[6]乃與天合，以爲《四分曆》元。加六百五元一紀，上得庚申。有近於緯，而歲不攝提，以辨曆者得開其説，而其元斟與緯同，同則或不得於天。然曆之興廢，以疏密課，固不主於元。光和元年中，議郎蔡邕、郎中劉洪補續《律曆志》，邕能著文，清濁鍾律，洪能爲筭，述叙三光。[7]今考論其業，義指博通，術數略舉，是以集録爲上下篇，放續《前志》，以備一家。[8]

［1］【今注】案，用，底本漫漶不清，據紹興本、大德本、殿本補。

［2］【今注】“虞用戊午”至“魯用庚子”：案，“巳”“魯”二字，底本漫漶不清，據紹興本、大德本、殿本補。以上所及諸曆，除通常所説的古六曆外，又多了一個“虞用戊午”。關於“虞曆”，没有任何資料可鑒。

［3］【今注】案，與天，底本漫漶不清，據紹興本、大德本、殿本補。

［4］【今注】案，世，中華本改作“卅”，並出校勘記：“據《集解》引盧文弨説改。按：《前志》謂太初元年距上元十四萬三千一百二十七歲，正爲太初前卅一元，‘卅’與‘世’形近而譌。”可從。

［5］【今注】案，三，中華本改作“四”，並出校勘記：“據《集解》引錢大昕説改。”可從。

［6］【今注】追朔一日：按東漢《四分曆》推算平朔時刻，比以《太初曆》算得的平朔時刻，提前約四分之三日。因此，用《四分》之後，大部曆月朔日，都會比《太初曆》提前 1 日。追，

猶退。追朔一日，是説將朔日退後一天。

[7]【今注】“光和元年”至“述叙三光”：這裏記述了蔡邕與劉洪在撰寫《律曆志》時的分工以及各自專長。上卷稱補，下卷稱續，是有區别的。由於《漢書·律曆志》衹載劉歆論曆，衹講十二律不講六十律，所以蔡邕采録京房所著爲上卷，作爲對劉歆論曆的補充。由於京房生於劉歆之前，故稱補。而劉洪撰於《四分》行用之後，故稱續。

[8]【劉昭注】蔡邕戍邊上章曰：“朔方髡鉗徒臣邕稽首再拜上書皇帝陛下：臣邕被受陛下尤異大恩，初由宰府備數典城，以叔父故衛尉質時爲尚書，召拜郎中，受詔詣東觀著作，遂與群儒並拜議郎。沐浴恩澤，承荅聖問，前後六年。質奉機密，趨走目下，遂竟端右，出相好藩，還尹輦轂，旬日之中，登躡上列。父子一門兼受恩寵，不能輸寫心力，以效絲髮之功，一旦披章（披，殿本作‘被’，二字通），陷没辜戮。陛下天地之德，不忍刀鋸截臣首領，得就平罪，父子家屬徙充邊方，完全軀命，喘息相隨。非臣無狀所敢望（殿本‘敢’字下有‘復’字，是），非臣罪惡所當復蒙，非臣辭筆所能復陳。臣初決罪雒陽詔獄，生出牢户，顧念元初中故尚書郎張俊，坐漏泄事，當伏重刑，已出穀門，復聽讀鞠，詔書馳救，減罪一等（各本無‘減罪’二字，不可讀，中華本補，並出校勘記：‘“一等”上疑有脱文，今據嚴可均輯《全後漢文》補“減罪”二字。’今從補），輸作左校。俊上書謝恩，遂以轉徙。郡縣促遣（中華本於‘郡縣’二字前補‘邕爲’二字，並出校勘記：‘《集解》引盧文弨説，謂脱“邕爲”二字。今據補。按：惠棟《補注》謂“郡縣”上邕集有“邕爲”二字。’可從），徧於吏手，不得頃息，含辭抱悲，無由上達。既到徙所，乘塞守烽，職在候望，憂怖焦灼，無心復能操筆成草，致章闕庭。誠知聖朝不責臣謝，但愚心（中華本於‘但’下補‘懷’字，並出校勘記：‘據《集解》引盧文弨説補。’可從），有所不竟。臣

自在布衣，常以爲《漢書》十志（自‘漢書’至‘考校連年’，底本多處漫漶不清，據紹興本、大德本、殿本補，不再一一出注），下盡王莽，而世祖以來，唯有紀傳，無續志者。臣所師事故太傅胡廣，知臣頗識其門户，略以所有舊事（中華本於‘舊事’下補‘與臣’二字，並出校勘記：‘據《集解》引盧文弨説補。’可從），雖未備悉，粗見首尾，積累思惟，二十餘年。不在其位，非外吏庶人所得擅述。天誘其衷，得備著作郎，建言十志皆當撰録，遂與議郎張華等分受之，所使元順難者皆以付臣（所使元順，中華本改作‘其’，並出校勘記：‘《集解》引惠棟説，謂邕集無“所使元順”四字，有“其”字。今據改。’可從）。先治律曆，以籌筭爲本，天文爲驗，請太師舊注（師，中華本改作‘史’，並出校勘記：‘據《集解》引盧文弨説改’），考校連年，往往頗有差外，當有增損，乃可施行，爲無窮法。道至深微，不敢獨議。郎中劉洪，密於用筭，故臣表上洪，與共參思圖牒。尋繹適有頭角，會臣被罪，遂放邊野（遂，中華本改作‘逐’，並出校勘記：‘《集解》引惠棟説，謂邕集“遂”作“逐”。今據改。’可從）。臣竊自痛，一爲不善，使史籍所闕，胡廣所校（胡，紹興本誤作‘故’），二十年之思（思，大德本、殿本作‘恩’），中道廢絶，不得究竟。悽悽之情，猶以結心，不能違望。臣初欲須刑竟，乃因縣道，具以狀聞。今年七月九日，匈奴始攻郡鹽池縣，其時鮮卑連犯雲中、五原，一月之中，烽火不絶。不言四夷相與合謀（言四，中華本改作‘意西’，並出校勘記：‘據《集解》引盧文弨説改。’可從），所圖廣遠，恐遂爲變，不知所濟。郡縣咸懼，不守朝旦。臣所在孤危，懸命鋒鏑，湮滅土灰，呼吸無期。誠恐所懷隨軀腐朽，抱恨黄泉，遂不設施，謹先顛踣。科條諸志，臣欲制删定者一（制，中華本删此字並出校勘記：‘據《集解》引盧文弨説删。’可從），所當接續者四，《前志》所無，臣欲著者三（三，中華本改作‘五’，並出校勘記：‘《集解》引惠棟説，謂“三”《邕集》作“五”。盧文弨亦謂“三”當作“五”。今據改。’可從)，及經典群書所宜捃摭，本奏詔書所當依據，分别首目，并書章左。臣初被考，妻子迸竄，亡失文書，無所案請。加以惶怖愁恐（惶，殿本誤作‘煌’），思念荒散，十分不得識一，所識者又恐謬誤。觸冒死罪，披散愚情（散，中華本改作‘瀝’並出校勘記：‘《集解》引惠棟説，謂“散”《邕集》作“瀝”。盧文弨亦謂“散”當作“瀝”。今據改。’可從)，願下東觀，推求諸奏，參以璽書，以補綴遺闕，昭明國體。章聞之後，雖肝腦流離，白骨剖破，無所復恨。惟陛下省察。謹因臨戎長霍圉封上。臣頓首死罪稽首再拜以聞。”其所論志，志家未以成書，如有異同，今隨事注之于本志也。

贊曰：象因物生，數本杪曶。律均前起，準調後發。該覈衡琁，檢會日月。[1]

[1]【今注】“贊曰”至“檢會日月”：《律曆志》實際由三部分組成，上卷由蔡邕補寫律準，下卷由劉洪續寫算數，中卷爲東漢各朝曆議資料彙編。這最後的“贊曰”，是司馬彪《續漢書》爲《律曆志》寫的結語。前八個字贊劉洪，中間八個字贊蔡邕，後八個字贊檢測。

後漢書　志第四

禮儀上

合朔　立春　五供　上陵　冠　夕牲　耕　高禖　養老　先蠶　祓禊

夫威儀，所以與君臣，[1]序六親也。[2]若君亡君之威，[3]臣亡臣之儀，上替下陵，[4]此謂大亂。大亂作，則群生受其殃，[5]可不慎哉！故記施行威儀，以爲《禮儀志》。[6]

［1］【今注】與：使交往，使親近。

［2］【今注】序：安排次序。　六親：指父子、兄弟、夫婦這三組家庭關係中的六種角色。人在家庭生活中，始終作爲這六種角色之一，與其他成員建立親情的紐帶。因此，六親是最基本的人倫關係。

［3］【今注】亡：通“無”。

［4］【今注】上替下陵：謂在下者凌駕於上，而在上者廢弛而無所作爲。比喻社會上下失序，動蕩不安。替，衰微。陵，通“凌”，侵凌、侵犯。

［5］【今注】殃：災害。

［6］【劉昭注】《謝沈書》曰："太傅胡廣博綜舊儀，立《漢制度》，蔡邕依以爲志（依，大德本、殿本作'因'），譙周後改定以爲《禮儀志》（後改，底本糊，今據紹興本、大德本、殿本補）。"【今注】案，今《禮儀志》是司馬彪在前人工作的基礎上修成。范曄撰《後漢書》，原計劃作十志，未成而卒。後人取司馬彪《續漢書》八志補之，是以《禮儀志》等遂與范氏《後漢書》合併刊行。

禮威儀，每月朔旦，[1]太史上其月曆，有司、侍郎、尚書見讀其令，[2]奉行其政。朔前後各二日，皆牽羊酒至社下以祭日。日有變，割羊以祠社，用救日。[3]日變，[4]執事者冠長冠，[5]衣皁單衣，[6]絳領袖緣中衣，[7]絳袴袜，[8]以行禮，如故事。[9]

［1］【今注】朔旦：陰曆每月初一。

［2］【今注】有司：負責的官吏。　侍郎：官名。西漢武帝以後置。隸屬光禄勳，職掌宿衛宫禁，侍從皇帝。亦從尚書、黄門等官署差遣。秩比四百石。　尚書：官名。東漢尚書臺六曹，每曹設尚書一人，分别負責本曹事務。秩六百石。　令：月令，即農曆某月的政令，一般依據當月的物候節氣制定。

［3］【今注】案，救，底本糊，今據紹興本、大德本、殿本補。

［4］【今注】日變：日食。

［5］【今注】長冠：漢代冠飾。内裹用竹板，外表包裹以狹長的漆色布帛。此冠爲西漢高祖劉邦微時所造，最初使用竹皮製作。後規定爲祭祀著裝的一部分，又稱"齋冠"。

［6］【今注】衣皁（zào）單衣：穿着黑色單層的衣服。皁，

同“皂”，黑色。單衣，單層無裹子的衣服，是漢時大臣上朝、祭祀所穿的最外層服飾。

［7］【今注】絳領袖緣中衣：赤色衣領、袖口的裹服。絳，赤色，火紅色。中衣，漢時穿在朝服、祭服之内的貼身衣服。

［8］【今注】袴（kù）絑（wà）：褲子和襪子。

［9］【劉昭注】《公羊傳》曰“日有食之，鼓，用牲于社，求乎陰之道也。以朱絲縈社，或曰脅之，或曰爲闇（闇，紹興本作‘闇’）。恐人犯之，故縈之也”，何休曰：“脅之與責求同義（責，紹興本作‘賁’）。社者，土地之主也。月者，土地之精也。上繫於天而犯日（繫，大德本作‘係’；而，紹興本作‘陌’），故鳴鼓而攻之，脅其本也（本，大德本作‘木’）。朱絲縈之，助陽抑陰也。或曰爲闇者，社者土地之主尊也，爲日光盡，天闇冥，恐人犯歷之，故縈之。然此説非也。先言鼓，後言用牲者，明先以尊者命責之，後以臣子禮接之，所以爲順也。”《白虎通》曰：“日食必救之，陰侵陽也。鼓攻之，以陽責陰也。故《春秋》‘日食，鼓，用牲于社’。所以必用牲者，土地別神也，尊之，不敢虚責也。日食、大水則鼓，用牲，大旱則雩祭求雨，非虚言也。助陽責下，求陰之道也。”《決疑要注》曰：“凡救日食，皆著赤幘，以助陽也。日將食，天子素服避正殿，内外嚴。日有變，伐鼓聞音，侍臣著赤幘，帶劍入侍，三臺令史已下皆持劍立其户前，衞尉卿驅馳繞宫，察巡守備，周而復始。日復常，乃皆罷之。”【今注】如故事：和之前的做法一樣。故事，之前的成例。在漢代的政治活動中，考察故事，可以爲當下的政事處理提供依據。東漢以來，由於光武帝對繼承西漢的强調和其個人對史事的偏好，故事在吸收經典後成爲了政治行爲的決定性依據。（參見李彦楠《兩漢行政故事的變遷》，《史林》2019 年第 4 期）

立春之日，夜漏未盡五刻，[1]京師百官皆衣青衣，[2]郡國縣道官下至斗食令史皆服青幘，[3]立青幡，[4]施土牛、耕人于門外，[5]以示兆民，[6]至立夏。唯武官不。[7]立春之日，下寬大書曰：[8]“制詔三公：[9]方春東作，敬始慎微，動作從之。罪非殊死，[10]且勿案驗，[11]皆須麥秋。[12]退貪殘，進柔良，下當用者，如故事。”[13]

［1］【今注】夜漏未盡五刻：夜漏結束計時前約72分鐘。夜漏，夜間用來計時的漏壺。這裏指夜間時間。刻，古人將一晝夜的時間平分爲一百個時間單位，每個單位時間即爲一刻，約合14.4分鐘。

［2］【今注】青衣：深緑色的衣服。青色，五行屬木，故著青衣以迎春。其下服青幘、立青幡亦然。

［3］【今注】斗食：漢代的官府小吏。以其俸禄微薄，故謂之斗食。《漢書·百官公卿表上》“百石以下有斗食、佐史之秩”，顏師古注：“斗食者，歲奉不滿百石，計日而食一斗二升，故云斗食也。”　幘（zé）：古代包扎髮髻所用的頭巾。

［4］【今注】幡：用竹竿挑起的垂直掛立的長條形旗幟。

［5］【今注】施土牛耕人于門外：在城門外設置泥土做的牛和耕人。王充《論衡·亂龍》：“立春東耕，爲土象人，男女各二人，秉耒把鋤；或立土牛。象人、土牛，未必能耕也，順氣應時，示率下也。”

［6］【今注】兆民：百姓。

［7］【今注】不：同“否”。不這樣。

［8］【今注】寬大書：諭示寬大的文書。

［9］【今注】制詔：皇帝的命令。蔡邕《獨斷》卷上：“漢天子正號曰皇帝，自稱曰朕，臣民稱之曰陛下，其言曰制詔。”　三公：官名。指朝廷的最高輔政大臣。據文獻記載，三公應起自周

代，儘管當時的制度或許遠没有後人想象的那樣完備。經典之中，有關三公的説法有二：一是司馬、司徒、司空的“三司”説，見於今文《尚書》及《韓詩外傳》；二是太師、太傅、太保的“三太”説，見於《周禮》和《大戴禮記》。西漢成帝時，采“三司”説在政治制度上正式建立了漢代的三公官，以丞相爲大司徒，太尉爲大司馬，御史大夫爲大司空。東漢光武帝建武二十七年（51），恢復大司馬爲太尉，又令大司徒、大司空去“大”字，以太尉、司徒、司空爲三公。

［10］【今注】殊死：斬首。《漢書》卷一下《高帝紀下》引高祖令“今天下事畢，其赦天下殊死以下”，顔師古注：“韋昭曰：‘殊死，斬刑也。’師古曰：‘殊，絶也，異也，言其身首離絶而異處也。’”

［11］【今注】案驗：稽查核驗。

［12］【今注】麥秋：指秋天麥熟之時。

［13］【劉昭注】《月令》曰：“命相布德和令。”蔡邕曰：“即此詔之謂也。”《獻帝起居注》曰：“建安二十二年二月壬申（二月，底本殘作‘一月’，今據紹興本、大德本、殿本改），詔書絶，立春寬緩詔書不復行（寬緩詔書不復，底本糊，今據紹興本、大德本、殿本補）。”

正月上丁，[1]祠南郊。[2]禮畢，次北郊，[3]明堂，[4]高廟，[5]世祖廟，[6]謂之五供。五供畢，以次上陵。[7]

［1］【今注】正月上丁：正月上旬的丁日。

［2］【劉昭注】《白虎通》曰：“《春秋傳》曰：‘以正月上辛。’《尚書》曰：‘丁巳，用牲于郊，牛二。’先甲三日，辛也，後甲三日，丁也，皆可接事昊天之日。”【今注】祠南郊：在國都的南郊舉行春祭祭天儀式。《詩·小雅·天保》“禴祠烝嘗”，毛

《傳》："春曰祠，夏曰禴，秋曰嘗，冬曰烝。"禴祠烝嘗，在經典中是四季祭祖的不同名稱。不過東漢在祭祖之前，要先祭天地、明堂，他們同隨後謁高廟、世祖廟等固定流程一起，合稱"五供"。

［3］【今注】北郊：在國都的北郊祭地。

［4］【今注】明堂：禮制建築。在經典之中，明堂是王者發布德教政令的地方。東漢光武帝建明堂於雒陽南郊，以祀五帝。

［5］【今注】高廟：漢高祖劉邦廟。東漢在長安、雒陽各有高祖廟一。五供所謁，當爲雒陽高廟。

［6］【今注】世祖廟：漢光武帝劉秀廟。

［7］【今注】以次上陵：到本朝帝陵進行祭祀。

西都舊有上陵。[1]東都之儀，[2]百官、四姓親家婦女、公主、諸王大夫、[3]外國朝者侍子、郡國計吏會陵。[4]晝漏上水，[5]大鴻臚設九賓，[6]隨立寢殿前。[7]鍾鳴，謁者治禮引客，[8]群臣就位如儀。乘輿自東廂下，[9]大常導出，[10]西向拜，止，旋升阼階，[11]拜神坐。[12]退坐東廂，西向。侍中、尚書、陛者皆神坐後。[13]公卿群臣謁神坐，太官上食，[14]太常樂奏，食，舉《文始》《五行》之舞。[15]禮樂闋，[16]君臣受賜食畢，郡國上計吏以次前，當神軒占其郡穀價，[17]民所疾苦，欲神知其動静。孝子事親盡禮，敬愛之心也。周遍如禮。[18]最後親陵，[19]遣計吏，賜之帶佩。[20]八月飲酎，上陵，禮亦如之。[21]

［1］【今注】西都：長安，在今陝西西安市西北。

［2］【今注】東都之儀：指東漢的禮儀制度。東都，雒陽，在今河南洛陽市東。

［3］【劉昭注】蔡邕《獨斷》曰："凡與先后有瓜葛者。"【今注】四姓親家：指樊、郭、陰、馬四大外戚家族。本書卷二《明帝紀》永平九年"爲四姓小侯開立學校，置《五經》師"，李賢注："爲外戚樊氏、郭氏、陰氏、馬氏諸子弟立學，號四姓小侯，置《五經》師。以非列侯，故曰小侯。《禮記》曰'庶方小侯'，亦其義也。"

［4］【今注】會陵：會集於皇帝的陵寢。

［5］【今注】晝漏上水：日出前2.5刻，這時夜晚將盡，計時官開始爲晝漏加水，以準備白天計時。《隋書·天文志上》："昔黄帝創觀漏水，制器取則，以分晝夜。其後因以命官，《周禮》挈壺氏則其職也。其法，總以百刻，分于晝夜。冬至晝漏四十刻，夜漏六十刻。夏至晝漏六十刻，夜漏四十刻。春秋二分，晝夜各五十刻。日未出前二刻半而明，既没後二刻半乃昏。減夜五刻，以益晝漏，謂之昏旦。"

［6］【今注】大鴻臚：官名。九卿之一。秦漢時初名典客。西漢景帝中元六年（前144）更名大行令，武帝太初元年（前104）更名大鴻臚。職掌諸侯、四方歸附的少數民族，以及典禮祭祀的禮儀工作。秩中二千石。

［7］【劉昭注】薛綜曰："九賓謂王、侯、公、卿、二千石、六百石下及郎、吏、匈奴侍子，凡九等。"【今注】寢殿：帝王陵墓的正殿。本書《祭祀志下》："秦始出寢，起於墓側，漢因而弗改，故陵上稱寢殿，起居衣服象生人之具，古寢之意也。"

［8］【今注】謁者：官名。職掌侍從皇帝，宿衛宫廷，擔任典禮司儀以及其他臨時差遣。東漢時，謁者名義上隸屬光禄勳，實際相對獨立，以謁者僕射爲長官，秩比六百石。

［9］【今注】乘輿：皇帝所乘之車駕。　東廂：寢殿的東側廂房。廂，正堂兩側夾室之前的小堂。

［10］【今注】大常：即太常。官名。位列九卿之首，職掌禮

樂祭祀。秩中二千石。大，紹興本、大德本、殿本作“太”。

［11］【今注】旋：折旋，謂以九十度轉身，改變前行的方向。　阼階：堂前東邊的臺階。一般爲主人或天子所用。

［12］【今注】神坐：神主牌位。

［13］【今注】侍中：官名。隸屬少府。職掌侍從左右，顧問應對等事務。秩比二千石。　陛者：皇帝的貼身侍衛。

［14］【今注】太官：官署名。職掌宮廷膳食，隸屬少府。東漢時，長官曰令，秩六百石。　上食：進上饗祭之食。

［15］【劉昭注】《前書·志》曰：“《文始》舞者，本《韶》舞也，高祖六年更名《文始》，以示不相襲也。《五行》舞者，本周舞也，秦始皇二十六年更名《五行》之舞也。”【今注】舉文始五行之舞：《史記》卷一〇《孝文本紀》載西漢景帝元年（前156）十月制詔御史云：“高廟酎，奏《武德》《文始》《五行》之舞。”《集解》引孟康曰：“《武德》，高祖所作也。《文始》，舜舞也。《五行》，周舞也。《武德》者，其舞人執干戚。《文始》舞執羽籥。《五行》舞冠冕，衣服法五行色。見《禮樂志》。”《索隱》引應劭云：“按：今言‘奏《武德》《文始》《五行》之舞’者，其樂總象武王樂，言高祖以武定天下也。即示不相襲，其作樂之始，先奏《文始》，以羽籥衣文繡居先；次即奏《五行》，《五行》即武舞，執干戚而衣有五行之色也。”

［16］【今注】樂闋：奏樂完畢。

［17］【今注】神軒：供奉先皇神主牌位的處所。　郡：此處當兼指郡與國。

［18］【劉昭注】《謝承書》曰：“建寧五年正月，車駕上原陵，蔡邕爲司徒掾，從公行，到陵，見其儀，愾然謂同坐者曰：‘聞古不墓祭。朝廷有上陵之禮，始爲可損。今見威儀，察其本意，乃知孝明皇帝至孝惻隱，不可易舊。’或曰：‘本意云何？’‘昔京師在長安時，其禮不可盡得聞也。光武即世，始葬于此。明

帝嗣位踰年，群臣朝正，感先帝不復聞見此禮，乃帥公卿百僚（僚，大德本、殿本作“寮”），就園陵而創焉。尚書階西階爲神坐，天子事亡如事存之意。苟先帝有瓜葛之屬，男女畢會，王、侯、大夫、郡國計吏，各向神坐而言，庶幾先帝神魂聞之。今者日月久遠，後生非時，人但見其禮，不知其哀。以明帝聖孝之心，親服三年，久在園陵，初興此儀，仰察几筵，下顧群臣，悲切之心，必不可堪。’邕見太傅胡廣曰：‘國家禮有煩而不可省者，不知先帝用心周密之至於此也。’廣曰：‘然。子宜載之，以示學者。’邕退而記焉。”魚豢曰：“孝明以正月旦，百官及四方來朝者，上原陵朝禮，是謂甚違古不墓祭之義。”臣昭以爲邕之言然。

［19］【今注】親陵：自當時皇帝以上溯四代親緣未盡的帝陵。

［20］【今注】帶佩：腰帶上的佩飾。

［21］【劉昭注】丁孚《漢儀》曰：“《酎金律》，文帝所加，以正月旦作酒，八月成，名酎酒。因合諸侯助祭貢金。”《漢律金布令》曰：“皇帝齋宿，親帥群臣承祠宗廟，群臣宜分奉請。諸侯、列侯各以民口數，率千口奉金四兩，奇不滿千口至五百口亦四兩，皆會酎，少府受。又大鴻臚食邑九真、交阯、日南者，用犀角長九寸以上若瑇瑁甲一，鬱林用象牙長三尺以上若翡翠各二十，準以當金。”《漢書儀》曰：“皇帝惟八月酎，車駕夕牲，牛以絳衣之。皇帝暮視牲，以鑑燧取水於月，以火燧取火於日，爲明水火。左袒，以水沃牛右肩，手執鸞刀，以切牛毛薦之（毛，殿本作‘尾’），而即更衣巾，侍上熟，乃祀之。”【今注】飲酎（zhòu）：一種通過飲用反復釀製的醇酒，而顯示尊卑的禮儀。《禮記·月令》孟夏之月“天子飲酎，用禮樂”，鄭玄注：“酎之言醇也，謂重釀之酒也。春酒至此始成，與群臣以禮樂飲之於朝，正尊卑也。”漢代因飲酎釀酒爲名，要求諸侯納金以助祭。諸侯所捐，謂之酎金。

凡齋，天地七日，[1]宗廟、山川五日，[2]小祠三日。[3]齋日内有汙染，[4]解齋，[5]副倅行禮。[6]先齋一日，有汙穢災變，齋祀如儀。大喪，唯天郊越紼而齋，[7]地以下皆百日後乃齋，[8]如故事。[9]

[1]【今注】天地七日：祭祀天地，齋戒七日。

[2]【今注】宗廟山川五日：祭祀宗廟、山川，齋戒五日。

[3]【今注】小祠三日：其他小祭祀，齋戒三日。

[4]【今注】齋日内有汙染：謂祭祀用牲出現污染不潔的情况。汙，同“污”。

[5]【今注】解齋：解除不潔犧牲的齋戒。

[6]【今注】副倅（cuì）行禮：用額外準備的犧牲行禮。副倅，古人祭祀之前，均會在計劃使用的犧牲之外，額外添置一份副品，以備不時之需。本書《祭祀志下》：“凡牲，用十八太牢，皆有副倅。”倅，副。

[7]【今注】天郊越紼（fú）：祭天的郊禮不受大喪的限制，而正常進行。越紼，謂祭祀天地社稷，不受私喪的限制。《禮記·王制》：“喪三年不祭，唯祭天地社稷，爲越紼而行事。”鄭玄注：“越，猶蹷也。紼，輴車索。”《正義》：“未葬之前，屬紼於輴，以備火災。今既祭天地社稷，須越蹷此紼而往祭之，故云‘越紼’。”

[8]【今注】地以下皆百日後乃齋：大喪期間，自祭地以下的祭祀活動，須服喪滿百日後，纔開始安排齋戒。

[9]【劉昭注】魏文帝詔曰：“漢氏不拜日於東郊，而旦夕常於殿下東面拜日，煩褻似家人之事，非事天交神之道也。”於是朝日東門之外，將祭必先夕牲，其儀如郊。

正月甲子若丙子爲吉日，[1]可加元服，[2]儀從《冠禮》。[3]乘輿初緇布進賢，[4]次爵弁，[5]次武弁，[6]次通天。[7]以據，皆於高祖廟如禮謁。[8]王公以下，初加進賢而已。[9]

［1］【今注】若：或者。

［2］【今注】加元服：舉行冠禮儀式。古代男子一般二十歲時行冠禮，喻示成年。

［3］【今注】冠禮：《儀禮·士冠禮》。曹金華《後漢書稽疑》："按：'儀從《冠禮》'下疑有脱文。《晉書·禮下》作'正月甲子若丙子爲吉日，可加元服，儀從《冠禮》是也。漢順帝冠，又兼用曹褒新禮，乘輿初加緇布進賢'。"（中華書局2014年版，第1322頁）存疑。

［4］【今注】乘輿：本指天子乘坐的車輛，此處借指天子。司馬彪《續漢書》諸志常用"乘輿"借指天子。　初緇布進賢：首先加冠黑布帽子，以示冠者躋身士人階層。緇布，黑布做成的帽子，當時士人常戴。

［5］【今注】爵弁（biàn）：赤黑色皮革做成的帽子，是助君祭祀所戴。其形前大後小，如爵，故云爵弁。弁，古代禮服所使用的帽子。

［6］【今注】武弁：武弁大冠，即武冠。戰國趙武靈王胡服騎射，戴此冠。其冠以漆紗爲之，形如簸箕，上附貂璫爲飾。漢代以去貂璫者爲武官所戴，謂之"武弁"。

［7］【今注】通天：通天冠。皇帝禮冠，通常用於郊祀、朝賀以及宴會等場合，相當於百官的朝冠。漢代的通天冠以鐵爲梁，正豎於頂，梁前有山、述爲飾。述，連綴在帽之展筩上的裝飾。一般用細布做成鷸形，豎立於冠前。

［8］【劉昭注】《冠禮》曰："成王冠，周公使祝雍，曰：'辭達而勿多也。'祝雍曰：'近於民，遠於年，遠於佞，近於義，嗇於財，任賢使能。'"《博物記》曰："《孝昭帝冠辭》曰：'陛下

摛顯先帝之光燿，以承皇天之嘉祿，欽奉仲春之吉辰，普尊大道之郊域，秉率百福之休靈，始加昭明之元服。推遠沖孺之幼志，蘊積文武之就德，肅勤高祖之清廟，六合之内，靡不蒙德，永永與天無極。’”《獻帝傳》曰：“興平元年正月甲子，帝加元服，司徒淳于嘉爲賓，加賜玄纁駟馬，貴人、公主、卿、司隸、城門五校及侍中、尚書、給事黄門侍郎各一人爲太子舍人也。”

［9］【劉昭注】《獻帝起居注》曰：“建安十八年正月壬子，濟北王加冠户外，以見父母。給事黄門侍郎劉贍兼侍中，假貂蟬加濟北王，給之。”

正月，天郊，夕牲。[1]晝漏未盡十八刻初納，夜漏未盡八刻初納，[2]進熟獻，[3]大祝送，[4]旋，[5]皆就燎位，[6]宰祝舉火燔柴，[7]火然，[8]天子再拜，[9]興，[10]有司告事畢也。明堂、五郊、宗廟、太社稷、六宗夕牲，[11]皆以晝漏十四刻初納，夜漏未盡七刻初納，進熟獻，送神，[12]還，有司告事畢。六宗燔燎，火大然，有司告事畢。

［1］【劉昭注】《周禮》“展牲”，干寶曰：“若今夕牲。”又郊儀，先郊日未晡五刻夕牲（晡，大德本作“脯”），公卿京尹衆官悉至壇東就位，太祝吏牽牲入，到榜，廪犧令跪曰：“請省牲。”舉手曰：“腯。”太祝令繞牲，舉手曰：“充。”太史令牽牲就庖，豆酌毛血，其一奠天神坐前，其一奠太祖坐前。今之郊祀然也。【今注】夕牲：祭祀之前，查看犧牲的儀式。《漢書》卷七四《丙吉傳》“（吉子顯）嘗從祠高廟，至夕牲日”，顏師古注：“未祭一日，其夕展視牲具，謂之夕牲。”

［2］【劉昭注】干寶《周官注》曰：“納，亨納。牲將告殺，

謂向祭之辰也。”【今注】晝漏未盡十八刻初納夜漏未盡八刻初納：晝漏結束計時前十八刻開始納牲，宰殺犧牲；夜漏結束前八刻開始納亨，將各種祭肉連同未進薦的犧牲合起來烹製。案，《禮儀志》此處兩言初納，時間不同，似不可作一事解。清惠士奇《禮説》卷一云：“漢祠夜半行禮，故祭前晝漏未盡納牲，夜漏未盡納亨。《禮運》祭玄酒，薦血毛，爲法太古；腥其俎，孰其殽，爲法中古；退而合亨，體其犬豕牛羊，爲今世之食。《禮器》‘納牲詔於庭，血毛詔於室，羹定詔於堂’，是古之三詔，即漢之再納。《祭義》‘君牽牲，穆答君，卿大夫序從’，此之謂納牲。而納亨者，謂合亨之。從羹定之初，薦孰未食之前，盛之於俎，先以告神於堂也。祭禮，血腥之屬，盡敬心耳，要以孰爲正。大夫士之祭也，自薦孰始。故特牲、少牢皆曰饋食。漢親耕及貙劉，祭先農、先虞以特牲如饋食，但薦孰而不薦腥，故有納亨而無納牲。”惠氏此説可備一解。

［3］【今注】熟獻：經過烹飪熟製之後的祭牲。

［4］【今注】大祝：即太祝令。官名。職掌祝詞、祈禱等祭祀事項。秩六百石。大，紹興本、大德本、殿本作“太”。

［5］【今注】旋：回轉身。

［6］【今注】燎位：祭天燔柴的地方。

［7］【今注】宰祝：官名。負責進薦犧牲。　燔柴：古人以焚燒木柴産生的馨香能達於上天，故燔柴以祭天。

［8］【今注】然：同“燃”。

［9］【今注】再拜：拜兩拜。古代表示恭敬的一種禮節。

［10］【今注】興：起。

［11］【今注】五郊：東漢在東、南、西、北、中五郊之地設祭以迎氣。　太社稷：天子社稷之壇，對土神和穀神的祭祀之所。《白虎通·社稷》：“王者所以有社稷何？爲天下求福報功。人非土不立，非穀不食，土地廣博，不可徧敬也。五穀衆多，不可一一祭也。故封土立社，示有土也。稷，五穀之長，故立稷而祭之也。稷者得陰陽中和之氣，而用尤多，故爲長也。”太，大德本作“大”。

六宗：東漢安帝時，用《尚書》歐陽説，以上下四方爲六宗，並爲之祭祀。

[12]【今注】送神：祭祀完畢，請神離去。

正月始耕。[1]晝漏上水初納，執事告祠先農，已享。[2]耕時，有司請行事，就耕位，天子、三公、九卿、諸侯、百官以次耕。[3]力田種各耰訖，[4]有司告事畢。[5]是《月令》曰："郡國守相皆勸民始耕，如儀。諸行出入皆鳴鍾，皆作樂。其有災眚，[6]有他故，若請雨、止雨，皆不鳴鍾，不作樂。"[7]

[1]【劉昭注】《月令》曰："天子親載耒耜，措之參保介之御閒，帥三公、九卿，躬耕帝藉。"盧植注曰："帝，天也。藉，耕也。"【今注】始耕：行藉田禮。藉田，古時天子在春耕前，象徵性地進行耕田儀式，以示對農業的重視。

[2]【劉昭注】賀循《藉田儀》曰："漢耕日，以太牢祭先農於田所。"《春秋傳》曰："耕藉之禮，唯齋三日。"《左傳》曰"鄅人藉稻"，杜預注曰："藉稻，履行之。"薛綜注《二京賦》曰："爲天神借民力於此田，故名曰帝藉。田在國之辰地。"干寶《周禮注》曰："古之王者，貴爲天子，富有四海，而必私置藉田，蓋其義有三焉：一曰，以奉宗廟，親致其孝也；二曰，以訓于百姓在勤，勤則不匱也；三曰，聞之子孫，躬知稼穡之艱難無違也。"【今注】先農：上古教人農業耕種的人，後人尊之爲農神。東漢尊炎帝爲先農。　已享：鬼神享用祭品的儀式進行完畢。

[3]【劉昭注】鄭玄注《周禮》曰："天子三推，公五推，卿、諸侯九推，庶人終於千畝。庶人謂徒三百人也。"《月令章句》曰："卑者殊勞，故三公五推。禮，自上以下，降殺以兩，勞

事反之。諸侯上當有孤卿七推，大夫十二，士終畝，可知也。”盧植注《禮記》曰：“天子耕藉，一發九推耒。周禮，二耜爲耦，一耜之伐，廣尺深尺。伐，發也。天子及三公，坐而論道，參五職事，故三公以五爲數。卿、諸侯當究成天子之職事，故以九爲數。伐皆三者，禮以三爲文。”【今注】九卿：漢代朝廷一系列高級官員的合稱，而非指具體的九種官職。當時習慣將奉常（太常）、郎中令（光禄勳）、太僕、廷尉（大理）、典客（大鴻臚）、宗正、治粟内史（大司農）、少府、衞尉、中衞（執金吾）、三輔長官等秩中二千石的中央官員並列爲九卿，亦稱列卿。

［4］【今注】力田：努力耕種。　耰（yōu）：播種之後覆蓋以土壤。

［5］【劉昭注】《史記》曰：漢文帝詔云：“農，天下之本。其開藉田，朕躬耕，以給宗廟粢盛。”應劭曰：“古者天子耕藉田千畝，爲天下先。藉者，帝王典籍之常也。”而應劭《風俗通》又曰：“古者使民如借，故曰藉田。”鄭玄曰：“藉之言借也。王一耕之，使庶人耘芓終之。”盧植曰：“藉，耕也。《春秋傳》曰‘鄅人藉稻’，故知藉爲耕也。”韋昭曰：“借民力以治之，以奉宗廟；且以勸率天下，使務農也。”杜預注曰：“鄅人藉稻，其君自出藉稻，蓋履行之。”瓚曰：“藉，蹈藉也。本以躬親爲義，不得以假借爲稱也。”《漢舊儀》曰：“春始東耕於藉田，官祠先農。先農即神農炎帝也。祠以一太牢，百官皆從，大賜三輔二百里孝悌、力田、三老帛。種百穀萬斛，爲立藉田倉，置令、丞。穀皆以給祭天地、宗廟、群神之祀，以爲粢盛。皇帝躬秉耒耜而耕，古爲甸師官（古，紹興本作‘占’）。”賀循曰：“所種之穀，黍、稷、穜、稑。稑，早也。穜，晚也。”干寶《周禮注》曰：“穜，晚秔稻之屬。珪，陵穀（陵，殿本作‘麦’），黍稷之屬。”

［6］【今注】災眚（shěng）：災害。眚，本義是眼角膜上所生的翳子，後借指日月蝕，進而引申爲災禍。

［7］【劉昭注】《春秋釋痾》曰："漢家郡守行大夫禮，鼎俎籩豆，工歌縣。"何休曰："漢家法陳師，置守相，故行其樂也。"

仲春之月，[1]立高禖祠于城南，[2]祀以特牲。[3]

［1］【今注】仲春之月：春季的第二個月份，即農曆二月。

［2］【今注】高禖：又稱"郊禖"。媒神，求子而祭之。高，"郊"之借字，二者古音同。故立高禖於城南。

［3］【劉昭注】《月令》："玄鳥至之日，以太牢祠。"《詩》曰"克禋克祀，以弗無子"，毛萇傳曰"弗，去無子求有子。古者必立郊禖焉。玄鳥至之日，以太牢祀于郊禖，天子親往，后妃帥九嬪御，乃禮天子所御，帶以弓韣，授以弓矢，于郊禖之前"，鄭玄注云："弗之言祓也。禋祀上帝于郊禖，以祓無子之疾而得福也。"《月令章句》曰："高，尊也。禖，祀也。吉事先見之象也。蓋爲人所以祈子孫之祀。玄鳥感陽而至，其來主爲孚乳蕃滋，故重其至日，因以用事。契母簡狄，蓋以玄鳥至日有事高禖而生契焉。故《詩》曰：'天命玄鳥，降而生商。'（商，紹興本、大德本作'商'）韣，弓衣也。祀以高禖之命，飲之以醴（醴，大德本作'禮'），帶以弓衣，尚使得男也（得，大德本作'待'）。"《離騷》曰："簡狄在臺嚳何宜？玄鳥致貽女何嘉？"王逸曰："言簡狄侍帝嚳於臺上，有飛燕墮其卵，嘉而吞之，因生契。"鄭玄注《禮記》曰："後王以爲禖官嘉祥（祥，大德本作'神'），而立其祠。"盧植注云："玄鳥至時，陰陽中，萬物生，故於是以三牲請子於高禖之神。居明顯之處，故謂之高。因其求子，故謂之禖。以爲古者有媒氏之官，因以爲神。"晉元康中，高禖壇上石破，詔問出何經典，朝士莫知。博士束晳荅曰："漢武帝晚得太子，始爲立高禖之祠。高禖者，人之先也。故立石爲主，祀以太牢。"【今注】特牲：祭祀衹用一種牲畜作爲供品。

明帝永平二年三月，[1]上始帥群臣躬養三老、五更于辟雍。[2]行大射之禮。[3]郡、縣、道行鄉飲酒于學校，[4]皆祀聖師周公、孔子，[5]牲以犬。[6]於是七郊禮樂三雍之義備矣。[7]

[1]【今注】永平：東漢明帝劉莊年號（58—75）。

[2]【劉昭注】《孝經援神契》曰："尊三老者，父象也。謁者奉几（几，殿本作'儿'），安車輭輪，供綏執事。五更寵以度，接禮交容，謙恭順貌。"宋均曰："三老，老人知天、地、人事者。奉几，授三老也。安車，坐乘之車。輭輪，蒲裹輪。供綏，三老就車，天子親執綏授之。五更，老人知五行更代之事者。度，法也。度以寵異之也。"鄭玄注《禮記》曰："皆年老更事致仕者也。名三五者，取象三辰五星，天所因以照明天下者。"玄又一注："皆老人更知三德五事者也。"應劭《漢官儀》曰："三老、五更，三代所尊也。安車輭輪，送迎至家，天子獨拜于屏。三者，道成於天、地、人。老者，久也，舊也。五者，訓於五品。更者，五世長子，更更相代，言其能以善道改更己也。三老、五更皆取有首妻，男女完具。"臣昭案：桓榮五更（桓，紹興本訛作"栢"），後除兄子二人補四百石，則榮非長子矣。蔡邕曰："五更，長老之稱也。"【今注】三老五更：東漢朝廷從故三公中選出年高德劭者一人爲三老，一人爲五更，天子分别以父兄之禮尊事之。案，三老、五更有多種解釋，除劉昭注所引外，《白虎通》亦有解釋。《白虎通·鄉射》："言老、更者，老者，壽考也，欲言所令者多也。更者，更也，所更歷者衆也。即如是，不但言老言三何？欲其明於天地人之道而老也。五更者，欲其明於五行之道而更事也。三老、五更幾人乎？曰：各一人。曰：何以知之？既以父事，父一而已，不宜有三。" 辟雍：禮制建築。在經典中，辟雍本是周天子所設立的大學。後在東漢，辟雍主要被用作宣揚天子德

教的場所。

［3］【劉昭注】《袁山松書》曰："天子皮弁素積，親射大侯。"【今注】大射：天子的射禮。經典中，大射禮是天子爲祭祀選擇與祭人選的禮儀。《周禮·司裘》"王大射，則共虎侯、熊侯、豹侯，設其鵠"，鄭玄注："大射者，爲祭祀射。王將有郊廟之事，以射擇諸侯及群臣與邦國所貢之士可以與祭者。射者，可以觀德行，其容體比於禮，其節比於樂而中多者，得與於祭。"東漢的大射禮，主要是爲助春天陽氣突破窒礙以達萬物而設。《白虎通·鄉射》："天子所以親射何？助陽氣達萬物也。春，陽氣微弱，恐物有窒塞不能自達者。夫射自内發外，貫堅入剛，象物之生，故以射達之也。"

［4］【今注】鄉飲酒：鄉飲酒禮。經典中，古之諸侯設有鄉學，學制三年。業成之後，需考校賢能以推薦於諸侯。被推薦者將行之時，鄉大夫設酒飲宴，以賓禮相待，同時邀請鄉中長者參與，謂之"鄉飲酒禮"。東漢的鄉飲酒禮，主要是地方官按時舉行的一種敬老儀式。

［5］【今注】聖師周公孔子：漢代尊周公爲先聖，孔子爲先師。魏晉以下，逐漸以先聖爲孔子，先師爲顔淵。

［6］【劉昭注】鄭玄注《儀禮》曰"狗取擇人"，孟冬亦如之。《石渠論》曰："鄉射合樂，而大射不，何也？韋玄成曰：'鄉人本無樂，故於歲時合樂以同其意。諸侯故自有樂，故不復合樂。'"鄭玄注《鄉飲酒禮》曰："今郡國十月行鄉飲酒禮，黨正每歲邦索鬼神而祭祀，則以禮屬民而飲酒于序，以正齒位之禮。凡鄉黨飲酒，必於民聚之時，欲其見化知尚賢尊長也。玄冠衣皮弁服（弁，大德本作'知'），與禮異。"服虔、應昭曰：漢家郡縣饗射祭祀，皆假士禮而行之。樂縣笙磬籩俎，皆如士制。

［7］【今注】七郊：古代在國都郊外所舉行的祭祀天地、五帝的儀式。　三雍：指明堂、靈臺、辟雍三種禮制建築。東漢在雒陽

城南的郊外建三雍，以明堂祭祀五帝，靈臺迎氣，以辟雍行養老禮。

養三老、五更之儀，先吉日，司徒上太傅若講師故三公人名，[1]用其德行年耆高者一人爲老，[2]次一人爲更也。[3]皆服都紵大袍單衣，[4]皁緣領袖中衣，[5]冠進賢，[6]扶玉杖。[7]五更亦如之，不杖。皆齋于太學講堂。[8]其日，乘輿先到辟雍禮殿，御坐東廂，[9]遣使者安車迎三老、五更。天子迎于門屏，[10]交禮，[11]道自阼階，[12]三老升自賓階。[13]至階，天子揖如禮。[14]三老升，東面，[15]三公設几，[16]九卿正履，[17]天子親袒割牲，[18]執醬而饋，[19]執爵而酳，[20]祝鯁在前，祝饐在後。[21]五更南面，公進供禮，亦如之。[22]明日皆詣闕謝恩，[23]以見禮遇大尊顯故也。[24]

[1]【今注】司徒：官名。東漢時司徒職掌民政，凡教民孝悌、遜順、謙儉，養生送死之事，則議其制，建其度，與太尉、司空並列“三公”。　太傅：官名。東漢，太傅位居百官之首，秩萬石。明帝以後，皇帝即位時置，兼録尚書事，行宰相職權，有缺則不補。　若：選擇。

[2]【今注】年耆（qí）：年長。年六十曰“耆”。

[3]【劉昭注】盧植《禮記注》曰：“選三公老者爲三老，卿大夫中之老者爲五更，亦參五之也。”

[4]【今注】都紵（zhù）：精美的苧麻布。都，美好。紵，苧麻。

[5]【今注】皁緣領袖中衣：黑色衣領、袖口的裹服。

[6]【今注】冠進賢：戴着進賢冠。進賢冠，即緇布冠。本書

《輿服志下》：“進賢冠，古緇布冠也，文儒者之服也。”

［7］【今注】玉杖：即王杖。王者賜予老者的手杖，飾有鳩形杖首，故亦稱鳩杖。

［8］【劉昭注】《月令章句》曰：“三公，國老也。五更，庶老也。”【今注】太學：中國古代國家的最高學府。漢代在武帝元朔五年（前124）始置太學。至東漢，太學制度大爲發展，生員衆多。

［9］【今注】御坐東廂：皇帝坐於東廂房。

［10］【今注】門屏：門與屏之間的位置。屏，照壁，對着門的小墻。

［11］【今注】交禮：相對而拜。

［12］【今注】道：同“導”。引導。

［13］【今注】升：登，沿着臺階上行。　賓階：堂前西邊的臺階。一般爲客人所用。

［14］【今注】揖如禮：按禮節拱手。

［15］【今注】東面：面朝東。

［16］【今注】几：古人座前的小矮桌，可供憑倚或置物。

［17］【今注】正履：正立。

［18］【今注】袒割牲：脱去上衣的左袖，切分牲肉。

［19］【今注】醬：加以調料醃製的肉醬。　饋：進食於人。

［20］【今注】爵：古代的一種三足盛酒器。　酳（yìn）：進食之後，用酒漱口，是古代祭祀或宴會時的一種禮節。

［21］【劉昭注】《禮記》曰：“天子適饌省醴，養老之珍具，遂發詠焉。退，脩之以孝養；反，升歌《清廟》。”孝養之詩也。【今注】祝鯁在前祝饐在後：不斷祝禱提醒三老進食不要哽噎。鯁，通“哽”。饐，通“噎”。

［22］【劉昭注】譙周《五經然否》曰：“漢初或云三老荅天子拜，遭王莽之亂，法度殘缺。漢中興，定禮儀，群臣欲令三老

荅拜。城門校尉董鈞駁曰：‘養三老，所以教事父之道也。若荅拜，是使天下荅子拜也。’詔從鈞議。譙周論之曰：‘禮，尸服上服，猶以非親之故荅子拜，士見異國君亦荅拜，是皆不得視猶子也。’”虞喜曰：“且據《漢儀》，於門屏交禮，交禮即荅拜。中興謬從鈞議，後革之，深得其意。”

［23］【今注】明日：第二天。　詣闕：代指去至朝廷。闕，皇宫門前兩邊供瞭望的樓。

［24］【劉昭注】《前書·禮樂志》曰：“顯宗因祀光武皇帝於明堂，養三老、五更於辟雍，威儀既盛矣；德化未流洽者，以其禮樂未具，群下無所誦説，而庠序尚未設之故也。孔子曰：‘譬如爲山，未成一簣，止，吾止也。’”【今注】以見禮遇大尊顯故也：用來表示皇帝對自己的禮待太過隆重。大，同“太”。案，本書卷二《明帝紀》“朕親袒割，執爵而酳”，李賢注引此句作“以其于己禮太隆也”，於意更爲顯豁。

是月，[1]皇后帥公卿諸侯夫人蠶。[2]祠先蠶，[3]禮以少牢。[4]

［1］【今注】是月：農曆三月。

［2］【劉昭注】丁孚《漢儀》曰：“皇后出，乘鸞輅，青羽蓋，駕駟馬，龍旂九旒，大將軍妻參乘，太僕妻御，前鸞旂車，皮軒闟戟，雒陽令奉引，亦千乘萬騎。車府令設鹵簿駕，公、卿、五營校尉、司隸校尉、河南尹妻皆乘其官車，帶夫本官綬，從其官屬導從皇后。置虎賁、羽林騎，戎頭、黄門鼓吹，五帝車，女騎夾轂，執法御史在前後，亦有金鉦黄鉞，五將導。桑于蠶宫，手三盆于繭館，畢，還宫。”《月令》曰：“禁婦人無觀。”案（大德本字糊，殿本作“按”），谷永對稱“四月壬子，皇后蠶桑之日也”，則漢桑亦用四月。【今注】蠶：行養蠶禮。古時，皇后率

領嬪妃及其他貴族婦女培育桑蠶，以示對紡織的重視。

［3］【今注】先蠶：上古教人養蠶以供絲織的人，後人尊之爲神。東漢尊菀窳婦人、寓氏公主爲蠶神。

［4］【劉昭注】《漢舊儀》曰："春桑生而皇后親桑於菀中。蠶室養蠶千薄以上。祠以中牢羊豕，今蠶神曰菀窳婦人、寓氏公主，凡二神。群臣妾從桑還，獻於繭觀，皆賜從桑者樂。皇后自行。凡蠶絲絮（絲，大德本作'糸'），織室以作祭服。祭服者，冕服也。天地、宗廟，群臣五時之服。其皇帝得以作縷縫衣，得以作巾絮而已（巾，大德本、殿本作'中'）。置蠶官令、丞，諸天下官皆詣蠶室，亦婦人從事，故舊有東西織室作法。"晉后祠先蠶。先蠶壇高一丈，方二丈，爲四出陛，陛廣五尺，在采桑壇之東南。【今注】少牢：以一羊一豬作爲祭牲。

是月上巳，[1]官民皆絜於東流水上，[2]曰洗濯祓除去宿垢疢爲大絜。[3]絜者，言陽氣布暢，萬物訖出，[4]始絜之矣。[5]

［1］【今注】上巳：農曆三月上旬的巳日。

［2］【今注】絜：通"潔"。

［3］【今注】祓（fú）：通過祭祀、洗濯等儀式以祛除災禍邪疾。　垢：污穢。　疢（chèn）：熱疾，亦泛指疾病。

［4］【今注】萬物訖出：猶言邪氣、污穢、疾病等皆自體内祛除乾净。訖，絶止，窮盡。

［5］【劉昭注】謂之禊也。《風俗通》曰："《周禮》：'女巫掌歲時以祓除疾病。'禊者，絜也。春者，蠢也。蠢，摇動也。《尚書》'以殷仲春，厥民析'，言人解析也。"蔡邕曰："《論語》'暮春者，春服既成，冠者五六人，童子六七人，浴乎沂，風乎舞雩，詠而歸'。自上及下，古有此禮。今三月上巳，祓禊於水濱，

蓋出於此。”杜篤《祓禊賦》曰“巫咸之徒，秉火祈福”，則巫祝也。一説云，後漢有郭虞者，三月上巳産二女，二日中並不育，俗以爲大忌，至此月日諱止家，皆於東流水上爲祈禳自絜濯，謂之禊祠。引流行觴，遂成曲水。《韓詩》曰：“鄭國之俗，三月上巳，之溱、洧兩水之上，招魂續魄，秉蘭草，祓除不祥。”《漢書》“八月祓灞水”，亦斯義也。後之良史，亦據爲正。臣昭曰：郭虞之説，良爲虚誕。假有庶民旬内夭其二女（其，大德本作“具”），何足驚彼風俗，稱爲世忌乎？杜篤乃稱“王、侯、公主暨于富商，用事伊、雒，帷幔玄黄”。本傳大將軍梁商，亦歌泣於雒禊也。自魏不復用三日水宴者焉。

後漢書　志第五

禮儀中

立夏　請雨　拜皇太子　拜王公　桃印　黄郊　立秋
貙劉　案户　祠星　立冬　冬至　臘[1]　大儺　土牛
遣衞士　朝會

［1］【今注】案，大德本無“臘”字。

立夏之日，夜漏未盡五刻，[1]京都百官皆衣赤，至季夏衣黄，[2]郊。[3]其禮：祠特，[4]祭竈。[5]

［1］【今注】夜漏未盡五刻：夜漏結束計時前約 72 分鐘。夜漏，夜間用來計時的漏壺。這裏指夜間時間。刻，古人將一晝夜的時間平分爲一百個時間單位，每個單位時間即爲一刻，約合 14.4 分鐘。

［2］【今注】季夏：夏季的第三個月份，即農曆六月。

［3］【今注】郊：在南郊迎氣。本書《祭祀志中》“立夏之日，迎夏于南郊”，劉昭注引蔡邕《月令章句》云：“南郊七里，因火數也。”

［4］【今注】祠特：獻祭以特牲。特，祭祀衹用一種牲畜。據

下言“祭竈”，特牲或用牛。《白虎通・五祀》：“祭五祀，天子諸侯以牛。”

［5］【今注】祭竈：古人於一歲之中的不同時令祭祀門、户、井、竈、中霤，統稱“五祀”。其中，夏季祭竈。

自立春至立夏盡立秋，郡國上雨澤。[1]若少，府郡縣各掃除社稷；[2]其旱也，公卿官長以次行雩禮求雨。[3]閉諸陽，衣皁，興土龍，[4]立土人舞僮二佾，[5]七日一變如故事。[6]反拘朱索社，伐朱鼓。[7]禱賽以少牢如禮。[8]

［1］【今注】上：重視。

［2］【今注】社稷：代指祭祀土神和穀神的場所。

［3］【劉昭注】《公羊傳》曰“大雩，旱祭也”，何休注曰：“君親之南郊，以六事謝過自責曰：‘政不善與？民失職與？宫室榮與（榮，殿本作“崇”）？婦謁盛與？苞苴行與？讒夫倡與？’使童男女各八人舞而呼雩，故謂之雩。”《春秋繁露》曰：“大旱雩祭而請雨，大水鳴鼓而攻社，天地之所爲，陰陽之所起也。或請焉，或怒焉，何如也？曰：大旱，陽滅陰也。陽滅陰者，尊厭卑也。固其義也，雖大甚，拜請之而已，敢有加也？大水者，陰滅陽也。陰滅陽者，卑勝尊也。以賤陵貴者逆節，故鳴鼓而攻之，朱絲而脅之，爲其不義，此亦《春秋》之不畏强禦也。變天地之位，正陰陽之序，貞行其道而不忘其難，義之至也。”又仲舒奏江都王云：“求雨之方，損陽益陰。願大王無收廣陵女子爲人祝者一月租，賜諸巫者；諸巫毋大小皆相聚於郭門，爲小壇，以脯酒祭；女獨擇寬大便處移市，市使無内丈夫，丈夫無得相從飲食；令吏妻各往視其夫，皆到即起，雨注而已。”服虔注《左傳》曰：“大

雩，夏祭天名。雩，遠也，遠爲百穀求膏雨也。龍見而雩。龍，角、亢也。謂四月昏，龍星體見，萬物始盛，待雨而大，故雩祭以求雨也。”一説，大雩者，祭於帝而祈雨也。一説，郊，祀天祈農事；雩，祭山川而祈雨也。《漢舊儀》：“求雨，太常禱天地、宗廟、社稷、山川以賽，各如其常牢，禮也。四月立夏旱，乃求雨禱雨而已；後旱，復重禱而已；訖立秋，雖旱不得禱求雨也。”【今注】雩（yú）禮：古時爲祈雨而舉行的祭祀。雩禮有正雩與旱雩兩種。正雩於農曆每年四月定時舉行，祈求風調雨順，五穀豐登。而旱雩則是在遭遇旱災時纔進行。《禮儀志》此處所説的屬於旱雩。凡雩必有舞。正雩，天子祀上帝用盛樂配大舞。旱雩則不用樂，所以《禮儀志》下云“立土人舞僮二佾”，不言樂。

［4］【劉昭注】《山海經》曰“大荒東北隅有山，名曰凶犁土丘。應龍處南極，殺蚩尤與夸父，不得復上，故下數旱。旱而爲應龍之狀，乃得大雨”，郭璞曰：“今之土龍，本此氣應，自然冥感，非人所能爲也。”董仲舒云：“春旱求雨，令縣邑以水日令民禱社稷，家人祠户（祠，紹興本作‘同’）。毋伐名木，毋斬山林。暴巫聚蛇八日。於邑東門之外爲四通之壇，方八尺，植蒼繒八。其神共工。祭之以生魚八，玄酒，具清酒摶脯。擇巫之絜清辯口利辭者以爲祝（絜，大德本作‘潔’，殿本作‘潔’）。祝齋三日，服蒼衣。先再拜，乃跪陳，陳已，復再拜，乃起。祝曰：‘昊天生五穀以養人。今五穀病旱，恐不成。敬進清酒摶脯，再拜請雨。雨幸大澍，奉牲禱。’（牲，殿本作‘特’）以甲、乙日爲大青龍一，長八丈，居中央；爲小龍七，各長四丈，於東方，皆東鄉，其閒相去八尺。小僮八人，皆齋三日，服青衣舞之（大德本、殿本‘舞’前有‘而’字）。田嗇夫亦齋三日，服青衣而立之。諸里社通之於閭外之溝。取五蝦蟇，錯置社之中。池方八尺，深一尺，置水蝦蟇焉。具清酒摶脯（摶，大德本作‘捕’）。祝齋三日，服蒼衣（蒼，大德本作‘倉’），拜跪、陳祝如初。取

三歲雄雞與三歲豭豬，皆燔之於四通神宇。令民闔邑里南門，置水其外，開里北門。具老豭豬一，置之里北門之外。市中亦置一豭豬。聞彼鼓聲，皆燒豬尾，取死人骨埋之，開山淵積薪而焚之。決通道橋之壅塞不行者決瀆之。幸而得雨，報以豚一，酒、鹽、黍財足。以茅爲席，毋斷。夏求雨，令縣邑以水日家人祀竈，毋舉土功。更大浚井。暴釜於壇，杵臼于術（臼，殿本作'臼'，是），七日。爲四通之壇於邑南門之外，方七尺，植赤繒七。其神蚩尤。祭之以赤雄雞七，玄酒，具清酒摶脯。祝齋三日，服赤衣，拜跪、陳祝如春。以丙、丁日爲赤大龍一，長七丈，居中；又爲小龍六，長三丈五尺，於南方，皆南鄉，其間相去七尺。壯者七人，皆齋三日，服赤衣而舞之。司空嗇夫亦齋三日，服赤衣而立之。鑿社而通之閭外之溝。取五蝦蟇，錯置社之中。池方七尺，深一尺。酒脯祭。齋衣赤，拜跪、陳祝如初。取三歲雄雞、豭豬，燔之四通神宇。開陰閉陽如春也。季夏，禱山陵以助之。令縣邑一徙市於邑南門之外，五日，禁男子無得行入市。家人祠中霤。毋舉土功。聚巫市旁，爲之結蓋。爲四通之壇於中央，植黄繒五。其神后稷。祭之以母䶍五，玄酒，具清酒摶脯。令各爲祝齋三日，衣黄衣，皆如春祠。以戊、己日爲大黄龍一，長五丈，居中央；又爲小龍四，各長二丈五尺，於中央，皆南鄉，其間相去五尺。丈夫五人，皆齋三日，服黄衣而舞之。老者亦齋三日，衣黄衣而立之。亦通社中於閭外溝。蝦蟇池方五尺，深一尺。他皆如前。秋，暴巫尪至九日。毋舉火事，煎金器。家人祠門。爲四通之壇於邑西門之外，方九尺，植白繒九。其神太昊（太，殿本作'大'）。祭之桐木魚九，玄酒，具清酒摶脯。衣白衣。他如春。以庚、辛日爲大白龍一，長九丈，居中央；爲小龍八，各長四丈五尺，於西方，皆西鄉，其間相去九尺。鰥者九人，皆齋三日，服白衣而舞之。司馬亦齋三日，衣白衣而立之，蝦蟆池方九尺，深一尺。他如前。冬，舞龍六日，禱於名山以助之。家人祠井。

毋壅水。爲四通之壇於邑北門之外，方六尺，植黑繒六。其神玄冥。祭之以黑狗子六，玄酒，具清酒摶脯。祝齋三日，衣玄衣。祝禮如春（祝，殿本作‘祀’）。以壬、癸日爲大黑龍一，長六丈，居中央；又爲小龍五，各長三丈，於北方，皆北鄉，其間相去六尺。老者六人，皆齋三日，衣黑衣而舞之。尉亦齋三日，服黑衣而立之。蝦蟇池皆如春。四時皆庚子日，令吏民夫婦皆偶處。凡求雨，大體丈夫欲藏而居，女子欲和而樂。”應龍有翼。《法言》曰：“象龍之致雨。艱矣哉，龍乎！龍乎！”《新論》曰：“劉歆致雨，具作土龍，吹律，及諸方術，無不備設。譚問：‘求雨所以爲土龍，何也？’曰：‘龍見者，輒有風雨興起，以迎送之，故緣其象類而爲之。’”【今注】閉諸陽：禁絶陽氣。《漢書》卷五六《董仲舒傳》“仲舒治國，以《春秋》災異之變推陰陽所以錯行，故求雨，閉諸陽，縱諸陰”，顔師古注：“謂若閉南門，禁舉火，及開北門，水灑人之類是也。”　衣皁：穿黑衣。　興土龍：用土製作龍像。興，作。

［5］【今注】立土人舞僮二佾（yì）：曹金華《後漢書稽疑》：“‘土人’，《通典》作‘士人’。本志注引《公羊傳》‘大雩，旱祭也’，何休注：‘使童男女各八人舞而呼雩，故謂之雩。’又注引董仲舒云：春旱求雨‘小僮八人，皆齋三日，服青衣舞之。田嗇夫亦齋三日，服青衣而立之’；夏求雨‘壯者七人，皆齋三日，服赤衣而舞之，司空嗇夫亦齋三日，服赤衣而立之’；季夏求雨‘丈夫五人，皆齋三日，服黄衣而舞之。老者亦齋三日，衣黄義（注者按，當爲“衣”之訛）而立之’；秋求雨‘鰥者九人，皆齋三日，服白衣而舞之。司馬亦齋三日，衣白衣而立之’等，似所立者非‘土人’也。”（中華書局2014年版，第1331頁）案，何休注《公羊》不必盡同東漢之制。董仲舒説夏日祈雨用“壯者七人”，又與何注及《禮儀志》不同，恐是西漢中前期制度。西漢元帝以降多用經學改革祭祀制度，其中又有變化。東漢建立以後，在禮制上多繼承西

漢元成以來的規定。下言“如故事”者當就此而言。據《儀禮志》文義，“立土人舞僮”而不言舞蹈，似仍以“土人”爲優。然《通典》作“士人”仍可存疑備參。二佾，古時舞蹈，以其行數言佾。天子用八，諸侯六，大夫四，士二。而每佾人數則有二説：一説舞陣宜方，佾數與每佾人數相同，二佾則是二行，每行二人，共四人爲舞；一説每佾八人數不變，二佾應是二八十六人爲舞。按，據上引《公羊傳》何休注“使童男女各八人舞而呼雩”，或立土人取象於此，二佾則十六人之數。

［6］【劉昭注】《周禮》曰“翌舞，帥而舞旱暵之事”，鄭玄曰：“翌，赤皁染羽爲之也（皁，大德本作‘草’）。”旱暵，注：“陽也，用假色者，欲其有時而去之。”【今注】如故事：和之前的做法一樣。故事，之前的成例。在漢代的政治活動中，考察故事，可以爲當下的政事處理提供依據。東漢以來，由於光武帝對繼承西漢的强調和其個人對吏事的偏好，故事在吸收經典後成爲了政治行爲的決定性依據。（參見李彦楠《兩漢行政故事的變遷》，《史林》2019 年第 4 期）

［7］【劉昭注】《漢舊儀》曰：“成帝三年六月（三，底本顯誤作‘王’，今據紹興本、大德本、殿本改），始命諸官止雨，朱繩反縈社，擊鼓攻之，是後水旱常不和。”干寶曰：“朱絲縈社。社，太陰也。朱，火色也。絲，維屬。天子伐鼓於社，責群陰也；諸侯用幣於社，請上公也；伐鼓於朝，退自攻也。此聖人之厭勝之法也（大德本、殿本無前一‘之’字）。”【今注】反拘朱索社：用朱紅色的繩索將社主牌位反捆。　伐朱鼓：擊朱鼓。伐，敲擊。

［8］【劉昭注】《漢書儀》曰：“武帝元封日到七月畢賽之，秋冬春不求雨。”《古今注》曰：“武帝元封六年五月旱，女及巫丈夫不入市也。”【今注】禱賽：祈禱靈驗之後的謝神儀式。　少牢：以一羊一豬作爲祭牲。

拜皇太子之儀：[1]百官會，位定，謁者引皇太子當御坐殿下，[2]北面；[3]司空當太子西北，[4]東面立。讀策書畢，[5]中常侍持皇太子璽綬東向授太子。[6]太子再拜，[7]三稽首。[8]謁者贊皇太子臣某，[9]甲謁者稱制曰"可"。[10]三公升階上殿，[11]賀壽萬歲。因大赦天下。供賜禮畢，罷。

［1］【今注】拜：通過儀式而賦予某種身份、授予某種職位。

［2］【今注】謁者：官名。職掌侍從皇帝，宿衛宫廷，擔任典禮司儀以及其他臨時差遣。東漢時，謁者名義上隸屬光禄勳，實際相對獨立，以謁者僕射爲長官。秩比六百石。　當御坐殿下：面對着御座，位於殿下。

［3］【今注】北面：面朝北。

［4］【今注】司空：官名。東漢司空負責水利土木工程等事職，屬三公之一。

［5］【今注】策書：策命的文書。策，策命，任命。書，文書，文件。

［6］【今注】中常侍：官名。初稱常侍，西漢元帝以後改稱中常侍。中常侍在東漢的職責主要爲侍從皇帝，顧問應對，贊導宫内諸事。秩比二千石。　璽綬：指印璽。綬，繫在印璽上的彩色綬帶，以不同的顔色標識不同的爵秩等級。

［7］【今注】再拜：拜兩拜。古代表示恭敬的一種禮節。

［8］【今注】三稽首：叩頭三次。稽首，叩頭至地，是九拜之中最爲恭敬的一種形式。

［9］【今注】贊：宣贊，朗聲宣告。

［10］【今注】甲謁者：清盧文弨《群書拾補》謂"甲"爲"中"之譌，當從。中謁者，官名。即中宫謁者，用宦官擔任，主報中章。秩四百石。　稱制曰可：宣布皇帝的命令，表示通過。

［11］【今注】三公：官名。指朝廷的最高輔政大臣。據文獻記載，三公應起自周代，儘管當時的制度或許遠沒有後人想象的那樣完備。經典之中，有關三公的説法有二：一是司馬、司徒、司空的“三司”説，見於今文《尚書》及《韓詩外傳》；二是太師、太傅、太保的“三太”説，見於《周禮》和《大戴禮記》。西漢成帝時，采“三司”説在政治制度上正式建立了漢代的三公官，以丞相爲大司徒，太尉爲大司馬，御史大夫爲大司空。東漢光武帝建武二十七年（51），恢復大司馬爲太尉，又令大司徒、大司空去“大”字，以太尉、司徒、司空爲三公。

拜諸侯王公之儀：百官會，位定，謁者引光禄勳前。[1]謁者引當拜前，當坐伏殿下。[2]光禄勳前，一拜，舉手曰：[3]“制詔其以某爲某。”[4]讀策書畢，謁者稱臣某再拜。尚書郎以璽印綬付侍御史。[5]侍御史前，東面立，授璽印綬。王公再拜頓首三，[6]下。贊謁者曰：“某王臣某新封，某公某初謝。”[7]中謁者報謹謝。贊者立曰：“謝，皇帝爲公興。”[8]皆冠，謝，起就位。供賜禮畢，罷。[9]

［1］【劉昭注】丁孚《漢儀》曰“太常住蓋下，東向讀文”，與此異也。【今注】光禄勳：官名。秦稱郎中令，西漢武帝時改名光禄勳，職掌宿衛宮殿門户。秩中二千石。

［2］【今注】當坐：即當御座，面對着御座。

［3］【今注】舉手：揖讓，拱手。

［4］【劉昭注】丁孚《漢儀》有夏勤策文，曰：“維元初六年三月甲子，制詔以大鴻臚勤爲司徒。曰：‘朕承天序惟稽古，建爾于位爲漢輔（于，紹興本訛作“子”）。往率舊職，敬敷五教，

五教在寬。左右朕躬，宣力四表，保乂皇家。於戲！實惟秉國之均，旁祇厥緒，時亮天工，可不慎與！勤而戒之！'"【今注】制詔：皇帝的命令。蔡邕《獨斷》卷上："漢天子正號曰皇帝，自稱曰朕，臣民稱之曰陛下，其言曰制詔。"

［5］【今注】尚書郎：官名。尚書的屬官，任滿三年稱侍郎。東漢設尚書郎三十六人，主要負責文書起草工作。秩四百石。　侍御史：官名。亦稱"御史"。御史中丞的屬官，協助中丞處理殿中事務。常備十五員，秩六百石。

［6］【今注】頓首三：磕頭三次。頓首，磕頭至地不停留即抬起。相對於稽首，禮節較輕。

［7］【今注】謝：謝恩。

［8］【今注】興：起身。

［9］【劉昭注】臣昭曰：漢立皇后，國禮之大，而志無其儀，良未可了。案蔡質所記立宋皇后儀，今取以備闕。云："尚書令臣囂、僕射臣鼎、尚書臣旭、臣乘、臣滂、臣謨、臣詣稽首言：'伏惟陛下履乾則坤，動合陰陽。群臣大小咸以長秋宮未定，遵舊依典，章表仍聞，歷時乃聽。令月吉日，以宋貴人爲皇后，應期正位，群生兆庶莫不式舞。《易》稱"受茲介祉"，《詩》云"干禄百福，子孫千億"，萬方幸甚。今吉日以定，臣請太傅、太尉、司徒、司空、太常條列禮儀正處上，群臣妾無得上壽，如故事。臣囂、臣鼎、臣旭、臣乘、臣滂、臣謨、臣詣愚闇不達大義，誠惶誠恐，頓首死罪，稽首再拜以聞。'制曰：'可之（大德本、殿本無"之"字）。'維建寧四年七月乙未，制詔：'皇后之尊，與帝齊體，供奉天地，祇承宗廟，母臨天下。故有莘興殷，姜任母周，二代之隆，蓋有内德。長秋宮闕，中宮曠位，宋貴人秉淑媛之懿，體河山之儀，威容昭曜，德冠後庭。群寮所咨，人曰宜哉。卜之蓍龜，卦得承乾。有司奏議，宜稱紱組，以臨兆民。今使太尉襲使持節奉璽綬，宗正祖爲副，立貴人爲皇后。后其往踐爾位（大

德本、殿本無“后”字)，敬宗禮典，肅慎中饋，無替朕命，永終天禄。’皇后初即位章德殿，太尉使持節奉璽綬，天子臨軒，百官陪位。皇后北面，太尉住蓋下（住，紹興本作‘注’)，東向，宗正、大長秋西向。宗正讀策文畢，皇后拜，稱臣妾，畢，住位。太尉襲授璽綬，中常侍長樂太僕高鄉侯覽長跪受璽綬，奏於殿前，女史授婕妤，婕妤長跪受，以授昭儀，昭儀受，長跪以帶皇后。皇后伏，起拜，稱臣妾。訖，黄門鼓吹三通。鳴鼓畢，群臣以次出。后即位，大赦天下。皇后秩比國王，即位威儀，赤紱玉璽。”

仲夏之月，[1]萬物方盛。日夏至，陰氣萌作，恐物不楙。[2]其禮：以朱索連葷菜，[3]彌牟朴蠱鍾。[4]以桃印長六寸，[5]方三寸，五色書文如法，以施門户。代以所尚爲飾。夏后氏金行，[6]初作葦茭，[7]言氣交也。[8]殷人水德，以螺首，[9]慎其閉塞，使如螺也。周人木德，以桃爲更，言氣相更也。漢兼用之，故以五月五日，朱索五色印爲門户飾，以難止惡氣。[10]日夏至，禁舉大火，止炭鼓鑄，消石冶皆絶止。[11]至立秋，如故事。是日浚井改水，[12]日冬至，鑽燧改火云。[13]

[1]【今注】仲夏之月：夏季的第二個月份，即農曆五月。

[2]【今注】楙（mào)：“茂”的古字，茂盛。

[3]【今注】葷菜：帶有刺激性氣味的蔬菜，如蔥、蒜、韭、薤之類。《説文》“葷，臭菜也”，段玉裁注：“謂有氣之菜也。”

[4]【今注】彌牟朴蠱鍾：（把蔥、蒜等帶有刺激性氣味的蔬菜）放置在容易生蠱的地方，用氣味辟除蠱害。曹金華《後漢書稽疑》：“《漢書·景帝紀》‘侵牟萬民’，李奇注：‘牟，食苗根蟲也。’則‘牟朴蠱鍾’對文，蓋皆指蟲生之處。而名之‘彌’者，

以葦烈之氣辟之，禦使不得萌生耳。《秋官》庶民除蠱以攻，説禬之嘉草攻之，翦氏掌除蠹物，以攻禜攻之，以莽草熏之。葦茭即嘉草、莽草之屬，禮致膳則用葦桃，莿以辟凶邪，膳於君亦有葦桃，莿用桃必兼用葦也。此説或是。”（第1337—1338頁）案，紹興本無“朴”字。

[5]【今注】桃印：用桃木製成的辟邪飾物。

[6]【今注】夏后氏：指大禹所建立的夏朝。

[7]【今注】初作葦茭：葦茭，用葦草編成的繩索。古人認爲將其懸掛在門旁，可以辟邪。案，紹興本、大德本、殿本無“初”字。

[8]【劉昭注】《風俗通》曰：“《傳》曰‘萑葦有叢’。《吕氏春秋》曰‘始得伊尹（曰，殿本作“湯”），祓之於廟，熏以萑葦’。《周禮》‘卿大夫之子名曰門子’。《論語》曰‘誰能出不由户者（殿本無“者”字）’。故用葦者，欲人之子孫蕃植（植，殿本作‘殖’）。不失其類，有如萑葦。茭者交易，陰陽代興者也。”

[9]【今注】螺首：龍子椒圖的頭像。相傳龍生九子，其一爲椒圖，形似螺螄，好閉口，故在門上畫其形象，以驅鬼辟邪。

[10]【劉昭注】桃印本漢制，所以輔卯金，魏除之也。

[11]【今注】案，冶，紹興本作“治”。

[12]【今注】浚井：疏浚水井。

[13]【今注】鑽燧改火：古時鑽木擊燧取火，因季節不同而使用不同的木材。

先立秋十八日，郊黄帝。[1]是日夜漏未盡五刻，京都百官皆衣黄。至立秋，迎氣於黄郊，[2]樂奏黄鍾之宫，[3]歌《帝臨》，[4]冕而執干戚，[5]舞《雲翹》《育命》，[6]所以養時訓也。

［1］【今注】郊黄帝：在中郊兆壇祭祀黄帝。本書《祭祀志中》："先立秋十八日，迎黄靈于中兆，祭黄帝后土。"

［2］【今注】黄郊：中郊。根據陰陽五行理論，中夏屬土，其位中央，其色黄。故中夏之時，迎氣於中郊。而中郊又言黄郊。其位置，本書《祭祀志中》劉昭注引《月令章句》云："去邑五里，因土數也。"案，《祭祀志中》前言："迎時氣，五郊之兆。自永平中，以《禮讖》及《月令》有五郊迎氣服色，因采元始中故事，兆五郊于雒陽四方。中兆在未。"未位，南偏西的方向。

［3］【今注】黄鍾之宫：黄鍾，中國古代樂律十二律中最基礎的一律，餘者均由其損益而來。宫，宫、商、角、徵、羽五音之中最基礎的一音。宫音先據黄鍾律定，然後變化乃得五音。所以黄鍾之宫，是中國古代樂曲中最基礎的樂調，同時也被視爲最崇高的樂調。《漢書·律歷志上》："五聲之本，生於黄鐘之律。九寸爲宫，或損或益，以定商、角、徵、羽。九六相生，陰陽之應也。律十有二，陽六爲律，陰六爲吕。律以統氣類物。"

［4］【今注】歌帝臨：本書《祭祀志中》謂"歌《朱明》"。《帝臨》，西漢武帝時組織文士等所作的郊祀歌十九章之二。《漢書·禮樂志》："至武帝定郊祀之禮，祠太一於甘泉，就乾位也；祭后土於汾陰，澤中方丘也。乃立樂府，采詩夜誦，有趙、代、秦、楚之謳。以李延年爲協律都尉，多舉司馬相如等數十人造爲詩賦，略論律吕，以合八音之調，作十九章之歌。"又載其辭曰："帝臨中壇，四方承宇，繩繩意變，備得其所。清和六合，制數以五。海内安寧，興文匽武。后土富媪，昭明三光。穆穆優游，嘉服上黄。"

［5］【今注】冕：古代天子、諸侯、公卿大夫在朝儀、祭祀時所佩戴的禮帽。其形制，歷代各有不同。東漢之制，本書《輿服志下》云："冕冠，垂旒，前後邃延，玉藻。孝明皇帝永平二年，初詔有司采《周官》《禮記》《尚書·皋陶篇》，乘輿服從歐陽氏説，公卿以下從大小夏侯氏説。冕皆廣七寸，長尺二寸，前圓後方，朱緑裏，玄上，前垂四寸，後垂三寸，係白玉珠爲十二旒，以其綬采

色爲組纓。三公諸侯七旒，青玉爲珠；卿大夫五旒，黑玉爲珠。皆有前無後，各以其綬采色爲組纓，旁垂黈纊。郊天地，宗祀，明堂，則冠之。衣裳玉佩備章采，乘輿刺繡，公侯九卿以下皆織成，陳留襄邑獻之云。”　干戚：盾牌與斧。二者皆爲武舞所執的舞具。

［6］【今注】雲翹育命：東漢祭天所用舞蹈。本書《祭祀志上》言郊祭，云：“隴、蜀平後，乃增廣郊祀，高帝配食，位在中壇上，西面北上。天、地、高帝、黄帝各用犢一頭，青帝、赤帝共用犢一頭，白帝、黑帝共用犢一頭，凡用犢六頭。日、月、北斗共用牛一頭，四營群神共用牛四頭，凡用牛五頭。凡樂奏《青陽》《朱明》《西皓》《玄冥》，及《雲翹》《育命》舞。”因祭黄帝后土在五郊迎氣中地位獨尊，故同時使用二舞。餘者衹用其一，青帝、赤帝用《雲翹》，白帝、黑帝用《育命》。

立秋之日，夜漏未盡五刻，京都百官皆衣白，施皁領緣中衣，[1]迎氣白郊。[2]禮畢，皆衣絳，[3]至立冬。

［1］【今注】施皁領緣中衣：穿着黑色衣領、袖口的裹服。施，施用。中衣，漢時穿在朝服、祭服之内的貼身衣服。

［2］【今注】迎氣白郊：白郊，西郊。根據陰陽五行理論，秋日屬金，其位西方，其色白。故立秋之日，迎氣於西郊。而西郊又言白郊。本書《祭祀志中》“立秋之日，迎秋于西郊”，劉昭注引《月令章句》云：“西郊九里，因金數也。”大德本、殿本“氣”後有“於”字。

［3］【今注】絳：赤色，火紅色。

立秋之日，自郊禮畢，始揚威武，斬牲於郊東門，以薦陵廟。[1]其儀：乘輿御戎路，[2]白馬朱鬣，[3]躬執弩射牲。牲以鹿麛。[4]太宰令、謁者各一人，[5]載獲車，[6]馳駟送陵廟。還宫，遣使者齎束帛以賜武官。[7]武官肄兵，[8]習戰陣之儀、斬牲之禮，名曰貙劉。[9]兵、官皆肄孫、吴兵法六十四陣，名曰乘之。[10]立春，遣使者齎束帛以賜文官。[11]貙劉之禮：祠先虞，[12]執事告先虞已，烹鮮時，有司乃逡巡射牲。[13]獲車畢，有司告事畢。[14]

[1]【今注】陵廟：帝陵與宗廟。

[2]【今注】乘輿御戎路：皇帝乘坐戎車。乘輿，指天子。御，使用。戎路，戎車，兵車。本書《輿服志上》"戎車，其飾皆如之。蕃以矛麾金鼓羽析幢翳，菟胄甲弩之箙"，劉昭注引《漢制度》曰："戎，立車，以征伐。"

[3]【今注】鬣（liè）：馬的頸部長毛。

[4]【劉昭注】《月令》曰："天子乃厲，敎執弓挾矢以獵。"《月令章句》曰："親執弓以射禽，所以教兆民載戰事也。四時閑習，以救無辜，以伐有罪，所以强兵保民，安不忘危也。"【今注】麛（mí）：小鹿，幼鹿。

[5]【今注】太宰令：官名。屬太常，職掌宫廷宰工之事及饌具之物。秩六百石。

[6]【今注】獲車：裝載打獵捕獲物的車輛。

[7]【劉昭注】《漢官名秩》曰："賜太尉、將軍各六十匹，執金吾、諸校尉各三十匹，武官倍於文官。"【今注】齎（jī）：分贈，分送。　束帛：五匹之帛捆成一束，故稱束帛。

[8]【今注】肄（yì）兵：猶言軍事演習。肄，練習，操練。

[9]【今注】貙（chū）劉：即上述所言，古時天子在立秋之日射牲、祭廟，並使軍隊演武的系列禮儀活動。

[10]【劉昭注】《月令》，孟冬天子講武（大德本無"天子"二字），習射御，角力。盧植注曰："角力，如漢家乘之，引闕蹋

踘之屬也。”今《月令》，季秋天子乃教田獵，以習五戎。《月令章句》曰：“寄戎事之教於田獵。武事不可空設，必有以誡，故寄教於田獵，閑肄五兵。天子、諸侯無事而不田爲不敬，田不以禮爲暴天物。”《周禮》：“司馬以旗致民（旗，大德本作‘旌’），平列陣，如戰之陣。王執路鼓，諸侯執賁鼓，軍將執晉鼓，師帥執提，旅帥執鼙（帥，大德本、殿本作‘師’），卒長執鐃，兩司馬執鐸，公司馬執鐲，以教坐作進退疾徐疏數之節。”士卒聽聲視旗，隨而前卻，故曰師之耳目，在吾旗鼓。春教振旅以蒐田，夏教茇舍以苗田，秋教治兵以獮田，冬教大閱以狩田。春夏示行禮，取禽供事而已。秋者殺時，田獵之正，其禮盛。《獨斷》曰：“巡狩獵還（殿本‘獵’前有‘校’字)，公卿以下陳雒陽都亭前街上，乘輿到，公卿以下拜（殿本無‘以’字)，天子下車，公卿識顏色（殿本‘識’前有‘親’字)，然後還宮。古語曰‘在車爲下’，唯此時施行。”《魏書》曰：“建安二十一年三月，曹公親耕藉田。有司奏：‘四時講武於農隙。漢承秦制，三時不講，唯十月車駕幸長安水南門，會五營士，爲八陣進退，名曰乘之。今金革未偃，士民素習，可無四時講武，但以立秋擇吉日大朝車騎，號曰治兵。上合禮名，下承漢制也。’”

[11]【劉昭注】《漢官名秩》曰：“賜司徒、司空帛四十匹，九卿十五匹。”《古今注》曰：“建武八年立春，賜公十五匹，卿十匹。”

[12]【今注】先虞：掌管山林川澤的神。貙劉禮有斬牲嘗鮮之意，故在秋天舉行，祭先虞，以示感謝。

[13]【今注】逡巡：從容的樣子。

[14]【劉昭注】《古今注》曰：“永平元年六月乙卯，初令百官貙膢，白幕皆霜。”《風俗通》稱：“《韓子書》山居谷汲者，膢臘而買水（水，大德本作‘氷’）。楚俗常以十二月祭飲食也。又曰嘗新始殺，食曰貙膢。”

仲秋之月，[1]縣道皆案户比民。[2]年始七十者，授之以玉杖，[3]餔之糜粥。[4]八十九十，禮有加賜。玉杖長尺，[5]端以鳩鳥爲飾。[6]鳩者，不噎之鳥也。欲老人不噎。是月也，祀老人星于國都南郊老人廟。[7]

[1]【今注】仲秋之月：秋季的第二個月份，即農曆八月。

[2]【今注】案户比民：核查户籍編次人口，即進行人口普查和統計工作。

[3]【今注】玉杖：即王杖。古時帝王賜予老者之杖。

[4]【今注】餔：給食，供食。　糜粥：濃稠的粥飯。

[5]【今注】玉杖長尺：一漢尺約合 23.1 釐米。故志文謂“玉杖長尺”不合常理。盧文弨《群書拾補》據《太平御覽》卷七一〇引文，在“尺”前補“九”字，當從。

[6]【今注】鳩鳥：《周禮·夏官·羅氏》“中春，羅春鳥，獻鳩以養國老”，鄭玄注：“春鳥，蟄而始出者，若今南郡黄雀之屬。是時鷹化爲鳩。鳩與春鳥變舊爲新，宜以養老助生氣。”案，此説與下文“鳩者，不噎之鳥也。欲老人不噎”不同，僅備參考。

[7]【今注】老人星：船底座 α，出現在南天區域，是全天第二亮的恒星，僅次於天狼星。古人認爲它象徵長壽，故又稱“壽星”。

季秋之月，[1]祠星于城南壇心星廟。[2]

[1]【今注】季秋之月：秋季的第三個月份，即農曆九月。

[2]【今注】城南壇：南郊祭天之所。本書《祭祀志上》：“（建武）二年正月，初制郊兆於雒陽城南七里，依鄗。采元始中故事。爲圓壇八陛，中又爲重壇，天地位其上，皆南鄉，西上。”　心星：即心宿。蒼龍七宿的第五宿，有星三顆。其主星亦稱商

星、鶉火、大火、大辰。

立冬之日，夜漏未盡五刻，京都百官皆衣皁，[1]迎氣於黑郊。[2]禮畢，皆衣絳，至冬至絶事。[3]

［1］【今注】案，皁，大德本、紹興本訛作“早”，殿本作“皂”。

［2］【今注】黑郊：北郊。根據陰陽五行理論，冬日屬水，其位北方，其色黑。故立冬之日，迎氣於北郊。而北郊又言黑郊。本書《祭祀志中》“立冬之日，迎冬于北郊”，劉昭注引《月令章句》云：“北郊六里，因水數也。”

［3］【今注】絶事：止其事，不再衣絳。

冬至前後，君子安身静體，百官絶事，不聽政，[1]擇吉辰而後省事。[2]絶事之日，夜漏未盡五刻，京都百官皆衣絳，至立春。諸五時變服，執事者先後其時皆一日。[3]

［1］【今注】聽政：朝會以處理政事。

［2］【今注】省事：視事，處理政事。

［3］【今注】諸五時變服執事者先後其時皆一日：謂五時變更服裝，官員們提前或推後，應在一日之内完成。五，大德本、殿本作“王”。

日冬至、夏至，陰陽晷景長短之極，[1]微氣之所生也。[2]故使八能之士八人，[3]或吹黄鍾之律間竽；或撞黄鍾之鍾；[4]或度晷景，權水輕重，[5]水一升，冬重十三兩；或擊黄鍾之磬；或鼓黄鍾之瑟，軫間九尺，[6]二十五弦，宫處于中，左右爲商、徵、角、羽；[7]或擊黄鍾之鼓。先之三日，太史謁之。[8]至日，夏時四孟，[9]冬則四仲，[10]其氣至焉。

[1]【今注】晷景：太陽照射日晷所形成的影子。古人根據晷影的位置和長短，判斷時間和季節。景，古同“影”。

[2]【劉昭注】《白虎通》曰：“至日所以休兵，不興事，閉關，商旅不行何（商，大德本作‘商’）？此日陰陽氣微，王者承天理物，故率天下静，不復行役，以扶助微氣，成萬物也。夏至陰氣始動，冬至陽氣始萌。《易》曰：‘先王以至日閉關（王，大德本作“生”），商旅不行。’夏至陰始起，反大熱何？陰氣始起，陽氣推而上，故大熱也。冬至陽始起，陰氣推而上，故大寒也。”

[3]【今注】八能：指能調和陰陽、律曆、五音的能力。宋王應麟《小學紺珠》卷一謂“八能”爲“調黄鐘、調六律、調五音、調五聲、調五行、調律歷、調陰陽、調正德所行”。

[4]【今注】案，橦，紹興本、大德本、殿本作“撞”。

[5]【今注】權：稱量。水的密度隨着温度高低而變化不同。

[6]【今注】軫（zhěn）：瑟或其他弦樂器上用來固定絲弦的小柱。

[7]【今注】宫處于中左右爲商徵角羽：宫、商、徵、角、羽，古代中國五度音階的具體名稱，他們合稱“五音”，分别對應西方七度音階中的do、re、mi、sol、la。

[8]【今注】太史：官名。即太史令。先秦時期，太史主要負責起草文書，修編史書檔案，保管國家典籍等事務，亦兼管天文曆法，是非常重要的官職。秦漢以來，太史令的地位逐漸降低。至東漢，太史令變成了專司天文占候、編訂曆法的官員，已與史職無

涉。秩六百石。

[9]【今注】四孟：指式盤上寅、巳、申、亥四個方向。寅在東偏北，巳在南偏東，申在西偏南，亥在北偏西。

[10]【今注】四仲：指式盤上子、午、卯、酉四個方向。子是正北，午是正南，卯是正東，酉是正西。

先氣至五刻，太史令與八能之士郎坐于端門左塾。[1]太子具樂器，[2]夏赤冬黑，列前殿之前西上，鍾爲端。守宫設席于器南，[3]北面東上；[4]正德席，鼓南西面；[5]令晷儀東北。[6]三刻，中黄門持兵，[7]引太史令、八能之士入自端門，就位。二刻，侍中、尚書、御史、謁者皆陛。[8]一刻，乘輿親御臨軒，[9]安體静居以聽之。太史令前，當軒溜北面跪。[10]舉手曰："八能之士以備，請行事。"制曰"可"。太史令稽首，曰："諾。"[11]起立少退，顧令正德曰："可行事。"正德曰："諾。"皆旋復位。正德立，命八能士曰："以次行事，閒音以竽。"八能曰："諾。"五音各三十爲闋。[12]正德曰："合五音律。"先唱，五音並作，二十五闋，皆音以竽。[13]訖，正德曰："八能士各言事。"八能士各書板言事。[14]文曰："臣某言，今月若干日甲乙日冬至，黄鍾之音調，君道得，孝道褒。"商臣，角民，徵事，羽物，各一板。[15]否則召太史令各板書，封以皁囊，[16]送西陛，跪授尚書，施當軒，北面稽首，拜上封事。[17]尚書授侍中常侍迎受，[18]報聞。以小黄門幡麾節度。[19]太史令前白禮畢。[20]制曰"可"。太史令前稽首曰"諾"。[21]太史命八能士詣太官受賜。[22]陛者以次罷。日夏至禮亦如之。[23]

[1]【今注】端門左塾：宫殿正南門外東側的房間。端門，宫殿的正南門。左，古人面朝南方，以左右代指東西。其左手即東向。塾，宫門外兩側的房間，大臣們朝見皇帝之前通常在此等候。

[2]【今注】太子：清盧文弨《群書拾補》謂當作“大予”，是。大予，官名。即大予樂令。大予樂令掌伎樂。凡國之祭祀，掌請奏樂，及大饗用樂，掌其陳序。秩六百石。

[3]【今注】守宫：官名。即守宫令。隸屬少府，職掌御用文具，尚書臺財用諸物及封泥等。秩六百石。

[4]【今注】北面東上：面朝北，以東首爲尊。

[5]【今注】正德席鼓南西面：爲德行純正者設立的正德席布置在鼓的南面朝西方向。

[6]【今注】令晷儀東北：把日晷安置在東北方向。

[7]【今注】中黄門：官名。隸屬少府，用宦官擔任。職掌給事禁中。秩比百石，後增至比三百石。黄門，宫門之内，凡屬禁門皆用黄色，故以黄門或黄闥稱禁門。

[8]【今注】侍中：官名。隸屬少府。職掌侍從左右，顧問應對等事務。秩比二千石。　尚書：官名。即尚書令。東漢時，尚書令爲少府屬官，掌凡選署及奏下尚書曹文書衆事。秩千石。　御史：官名。即御史中丞。東漢時，御史中丞名義上隸屬少府，爲御史臺長官，履行監察、執法等職事，責權甚重。秩千石。　陛：本義是宫殿的臺階。這裏指侍立於階側。

[9]【今注】臨軒：指皇帝不坐正殿而御前殿。殿前堂陛之間近檐處兩邊有檻楯，像車軒，故稱。

[10]【今注】溜：屋檐的滴水處。這裏指屋檐下方。

[11]【今注】諾：表示同意、遵命的應答之辭。

[12]【今注】五音各三十爲闋：五音宫、商、角、徵、羽，

每音各吹奏三十下爲一段。闋，間隔。

[13]【劉昭注】《樂叶圖徵》曰："夫聖人之作樂，不可以自娱也，所以觀得失之效者也。故聖人不取備於一人，必從八能之士。故橦鐘者當知鍾（橦，紹興本、大德本、殿本作'撞'，本注下同），擊鼓者當知鼓，吹管者當知管，吹竽者當知竽，擊磬者當知磬，鼓琴者當知琴。故八士曰或調陰陽，或調律曆，或調五音。故橦鍾者以知法度，鼓琴者以知四海，擊磬者以知民事。鍾音調，則君道得；君道得，則黄鍾、蕤賓之律應。君道不得，則鍾音不調；鍾音不調，則黄鍾、蕤賓之律不應。鼓音調，則臣道得；臣道得，則太蔟之律應。管音調，則律曆正；律曆正，則夷則之律應。磬音調，則民道得；民道得，則林鍾之律應。竽音調，則法度得；法度得，則無射之律應。琴音調，則四海合歲氣，百川一合德。鬼神之道行，祭祀之道得，如此，則姑洗之律應。五樂皆得，則應鍾之律應。天地以和氣至，則和氣應；和氣不至，則天地和氣不應。鍾音調，下臣以法賀主。鼓音調，主以法賀臣。磬音調，主以德施於百姓。琴音調，主以德及四海。八能之士常以日冬至成天文，日夏至成地理。作陰樂以成天文，作陽樂以成地理。"

[14]【今注】書板言事：將所言之事寫於手板之上。手板，又稱笏板。是古代大臣上朝時手持的板片，多用玉石或象牙製成。大臣上朝有事需要奏請或議論時，可寫文字在手板上用以提示備忘。

[15]【今注】"文曰"至"各一板"："文曰"云云，以黄鍾之宫言君，詳引其文以爲示範。其餘，則商音言臣，角音言民，徵音言事，羽音言物，五音各奏一板。

[16]【今注】案，皁，大德本、紹興本訛作"早"，殿本作"皂"。

[17]【今注】封事：密封的奏書。古代臣子奏書言事，爲防

止洩密，往往盛入囊中，密封以進，故稱封事。

［18］【今注】常侍：官名。即中常侍。中常侍在東漢的職責主要爲侍從皇帝，顧問應對，贊導宮内諸事。秩比二千石。

［19］【今注】小黄門幡麾節度：小黄門舞動旗幟作爲信號，指揮行禮。小黄門，官名。隸屬少府，職掌侍從皇帝左右，收受尚書奏事。其位低於中常侍，而高於中黄門。秩六百石。

［20］【今注】案，白，紹興本、大德本、殿本作“曰”。

［21］【今注】案，令，大德本作“命”。

［22］【今注】案，命，大德本、殿本作“令”。　太官：官署名。隸屬少府，負責宮廷膳食，設有令、丞主之。太，大德本作“大”。

［23］【劉昭注】蔡邕《獨斷》曰：“冬至陽氣始動，夏至陰氣始起，麋鹿角解，故寢兵鼓。身欲寧，志欲静，故不聽事迎送。凡田獵者，歲終大祭，縱吏民宴飲。非迎氣，故但送不迎。正月歲首，亦如臘儀。冬至陽氣起，君道長，故賀。夏至陰氣起，君道衰，故不賀。鼓以動衆，鍾以止衆，故夜漏盡，鼓鳴則起；晝漏盡，鍾鳴則息。”

季冬之月，[1]星迴歲終，[2]陰陽以交，勞農大享臘。[3]

［1］【今注】季冬之月：冬季的第三個月份，即農曆十二月。

［2］【今注】星迴：星象每年在天上的位置變動一周。星迴在這裏表示一年的時間。

［3］【劉昭注】高堂隆曰：“帝王各以其行之盛而祖，以其終而臘。火生於寅，盛於午，終於戌，故火家以午祖，以戌臘。”秦静曰（秦，紹興本、大德本作“泰”）：“古禮，出行有祖祭，歲終有蜡臘，無正月必祖之祀。漢氏以午祖，以戌臘。午南方，故

以祖。冬者，歲之終，物畢成，故以戌臘。而小數之學者，因爲之説，非典文也。”【今注】勞農大享臘：爲了酬勞一年的辛苦農事，所以舉行合祭先王的大享禮與合祭衆神的臘祭。

先臘一日，[1]大儺，[2]謂之逐疫。[3]其儀：選中黄門子弟年十歲以上，十二以下，百二十人爲侲子。[4]皆赤幘皁製，執大鼗。[5]方相氏黄金四目，[6]蒙熊皮，玄衣朱裳，[7]執戈揚盾。十二獸有衣毛角。中黄門行之，冗從僕射將之，[8]以逐惡鬼于禁中。夜漏上水，朝臣會，侍中、尚書、御史、謁者、虎賁、羽林郎將執事，[9]皆赤幘陛衞。[10]乘輿御前殿。黄門令奏曰：“侲子備，請逐疫。”於是中黄門倡，[11]侲子和，曰：“甲作食殃，胇胃食虎，雄伯食魅，騰簡食不祥，攬諸食咎，伯奇食夢，强梁、祖明共食磔死寄生，委隨食觀，錯斷食巨，窮奇、騰根共食蠱。[12]凡使十二神追惡凶，赫女軀，[13]拉女幹，節解女肉，[14]抽女肺腸。女不急去，後者爲糧！”[15]因作方相與十二獸儛。嚾呼，周遍前後省三過，[16]持炬火，送疫出端門；[17]門外騶騎傳炬出宫，[18]司馬闕門門外五營騎士傳火棄雒水中。[19]百官官府各以木面獸能爲儺人師訖，設桃梗、鬱櫑、葦茭畢，執事陛者罷。[20]葦戟、桃杖以賜公卿、將軍、特侯、諸侯云。[21]

[1]【今注】先臘一日：臘日的前一天。臘日，農曆十二月八日。

[2]【劉昭注】譙周《論語注》曰：“儺，却之也。”【今注】

大儺（nuó）：儺是古代迎神以驅除疫鬼的一種儀式，通常一年進行數次。大儺是其中最盛大的一次，在臘日前舉行。

［3］【劉昭注】《漢舊儀》曰："顓頊氏有三子，生而亡去爲疫鬼。一居江水，是爲虎；一居若水，是爲罔兩蜮鬼；一居人宫室區隅漚庾，善驚人小兒。"《月令章句》曰："日行北方之宿，北方大陰，恐爲所抑，故命有司大儺，所以扶陽抑陰也。"盧植《禮記注》云（云，大德本、殿本作"曰"）："所以逐衰而迎新。"

［4］【今注】侲（zhèn）子：在儺儀式中，用於驅鬼的童子。

［5］【劉昭注】《漢舊儀》曰："方相帥百隸及童女，以桃弧、棘矢、土鼓，鼓且射之，以赤丸、五穀播灑之。"譙周《論語注》曰："以葦矢射之。"薛綜曰："侲之言善，善童幼子也。"【今注】案，大，紹興本作"入"。　鼗（táo）：兩旁綴有活動小耳的一種鼓。有柄，執之以摇動，兩耳雙面擊鼓作響。即今俗稱的"撥浪鼓"。

［6］【今注】方相氏：儺儀式中，由人所扮演的一種驅除疫鬼的武官。《周禮·夏官·方相氏》："方相氏掌蒙熊皮，黄金四目，玄衣朱裳，執戈揚盾，帥百隸而時難，以索室敺疫。"案，方相氏其官職雖見於《周禮》記載，但未必曾在現實官制中存在。

［7］【今注】玄衣朱裳：黑色上衣，朱紅色下裙。裳，古時指下身所穿衣裙，男女皆服。

［8］【今注】冗從僕射：官名。即中黄門冗從僕射，用宦官擔任。職掌皇宫禁衛，皇帝出行，則騎從侍衛。秩六百石。

［9］【今注】虎賁（bēn）：官名。即虎賁中郎將。隸屬光禄勳，率領虎賁勇士，負責宿衛。秩比二千石。　羽林郎將：官名。即羽林中郎將。隸屬光禄勳，主羽林軍，職掌宿衛侍從。秩比二千石。

［10］【今注】幘（zé）：包扎髮髻的方巾。　陛衛：在宫中

警衛。

［11］【今注】倡：率先出聲。

［12］【今注】“甲作食殃”至“騰根共食蠱”：甲作、胇胃、雄伯、騰簡、攬諸、伯奇、强梁、祖明、委隨、錯斷、窮奇、騰根都是傳説中能吞食疫鬼的神。殃（xiōng），惡鬼。魅，鬼。咎，災禍。磔（zhé）死，身體碎裂而死。寄生，因寄生物而引發的病。觀，貓頭鷹。古人認爲貓頭鷹形象怪異，叫聲淒厲，是一種禍鳥，故而祈禱有神能食之。（參見蕭兵《“觀”是貓頭鷹》，《社會科學輯刊》1980年第4期）

［13］【今注】赫：發怒。　女：同“汝”。

［14］【今注】節解：猶言肢解、分裂。

［15］【劉昭注】《東京賦》曰：“捎魑魅（捎，紹興本、大德本、殿本作‘捐’），斮獝狂。斬委蛇，腦方良。囚耕父於清泠，溺女魃於神潢。殘夔魖與罔象，殪壄仲而殲游光。”注曰：“魑魅，山澤之神。獝狂，惡鬼。委蛇，大如車轂。方良，草澤神。耕父、女魃皆旱鬼。惡水，故囚溺於水中，使不能爲害。夔魖、罔象，木石之怪。壄仲、游光，兄弟八人，恒在人間作怪害也。”孔子曰：“木石之怪夔、罔兩，水之怪龍、罔象。”臣昭曰：“木石，山怪也。夔一足，越人謂山獠（大德本、殿本‘謂’後有‘之’字）。罔兩，山精，好學人聲，而迷惑人。龍，神物也，非所常見，故曰怪。罔象，食人，一名沐腫。”《埤蒼》曰：“獝狂，無頭鬼。”【今注】後者爲糧：意思是來不及跑，就要成爲食物。

［16］【今注】周遍前後省三過：前後四周檢查三次。

［17］【劉昭注】《東京賦》曰：“煌火馳而星流，逐赤疫於四裔。”注曰：“煌，火光。逐，驚走。煌然火光如星馳。赤疫，疫鬼惡者也。”侲子合三行，從東序上，西序下。

［18］【今注】騶騎：騎行而駕馭車馬者。

［19］【劉昭注】《東京賦注》曰：“衞士千人在端門外，五營

千騎在衛士外，爲三部，更送至雒水，凡三輩，逐鬼投雒水中。仍上天池，絶其橋梁，使不復度還。"【今注】司馬闕門：宫殿之南闕門。東漢雒陽宫殿南門由公車司馬所守，故稱。　雒水：水名。即今之洛河，發源於陝西，而主要流經河南境内。其下游與伊水在河南偃師市交匯後，最終流入黄河。雒水在東漢雒陽城南門外。

［20］【劉昭注】《山海經》曰："東海中有度朔山，上有大桃樹，蟠屈三千里，其卑枝門曰東北鬼門，萬鬼出入也。上有二神人，一曰神荼，一曰鬱櫑，主閲領衆鬼之惡害人者，執以葦索，而用食虎。"於是黄帝法而象之。敺除畢，因立桃梗於門户上，畫鬱櫑持葦索，以御凶鬼，畫虎於門，當食鬼也。《史記》曰："東至於蟠木。"《風俗通》曰："《黄帝》'上古之時，有神荼與鬱櫑兄弟二人，性能執鬼'。桃梗，梗者更也，歲終更始，受介祉也。蘇秦説孟嘗君曰：'土偶人語桃梗，今子東國之桃木，削子爲人。'虎者陽物，百獸之長，能擊鷙牲食魑魅者也（牲，紹興本、殿本作'性'，是；魑，殿本作'鬼'）。"【今注】桃梗：用桃木雕刻的木偶，用來辟邪。　鬱（yù）櫑（léi）：鬱櫑與神荼。傳説中專治惡鬼的二神。曹金華《後漢書稽疑》謂"鬱櫑"前脱"神荼"二字（第1341頁）。案，未必如此。鬱櫑與神荼成對出現，言其一者，可包舉其餘。　葦茭：蘆葦編成的繩索。案，劉昭注謂"因立桃梗於門户上，畫鬱櫑持葦索，以御凶鬼"，則此處"設桃梗、鬱櫑、葦茭"，當是先用桃木刻成人偶，然後再在上面繪製鬱櫑與神荼牽持葦索的形象。

［21］【劉昭注】《漢官名秩》曰："大將軍、三公，臘賜錢各三十萬（十，大德本作'千'），牛肉二百斤，粳米二百斛；特侯十五萬；卿十萬；校尉五萬；尚書丞、郎各萬五千；千石、六百石各七千；侍御史、謁者、議郎、尚書令各五千；郎官、蘭臺令史三千；中黄門、羽林、虎賁士二人共三千：以爲當祠門户直（當，紹興本作'富'），各隨多少受也。"【今注】葦戟：用蘆葦編成的戟。　桃杖：桃木所做的手杖。　特侯：特進侯。東漢時，

已有列侯而又賜秩位特進者。其爵高於一般列侯。

是月也，立土牛六頭於國都郡縣城外丑地，[1]以送大寒。[2]

[1]【今注】丑地：北偏東的方向。

[2]【劉昭注】《月令章句》曰："是月之會建丑，丑爲牛。寒將極，是故出其物類形象，以示送達之，且以升陽也。"【今注】送大寒：送别大寒。意即告别一年中最冷的時節，準備迎接天氣轉暖。

饗遣故衛士儀：[1]百官會，位定，謁者持節引故衛士入自端門。衛司馬執幡鉦護行。[2]行定，侍御史持節慰勞，以詔恩問所疾苦，受其章奏所欲言。[3]畢饗，賜作樂，觀以角抵。[4]樂闋罷遣，勸以農桑。[5]

[1]【今注】饗遣故衛士：設宴款待服役期滿即將返鄉的衛士。饗，宴饗，安排酒食進行慰勞的禮儀活動。

[2]【今注】鉦：古代樂器。銅製，形似鐘而狹長，有柄，擊之而發聲。多用於軍旅行陣，故此處饗宴故衛士亦用之。

[3]【今注】章奏：臣民上呈給皇帝的文書。

[4]【今注】角抵：古代的一種體育活動，後世稱"相撲""摔跤"。

[5]【劉昭注】《周禮》曰府史以下，則有胥有徒，鄭玄注曰："此謂民給徭役，若今衛士矣（士，殿本作'上'）。"蔡邕曰："見客平樂、饗衛士，瑰偉壯觀也。"【今注】勸以農桑：勉勵他們今後努力從事農業生産活動。

每月朔、歲首，爲大朝受賀。其儀：夜漏未盡七刻，鍾鳴，受賀。及贄，[1]公、侯璧，[2]中二千石、二千石羔，[3]千石、六百石鴈，[4]四百石以下雉。[5]百官賀正月。[6]二千石以上上殿稱萬歲。[7]舉觴御坐前。[8]司空奉羹，[9]大司農奉飯，[10]奏食舉之樂。百官受賜宴饗，大作樂。[11]其每朔，[12]唯十月旦從故事者，高祖定秦之月，元年歲首也。[13]

[1]【今注】贄（zhì）：禮物。

[2]【今注】璧：玉璧。圓形的玉片，中心有空，可作飾物。

[3]【今注】中二千石二千石羔：秩中二千石、二千石的官員送羊羔。中二千石，主要包括太常、光禄勳、衞尉、太僕、廷尉、大鴻臚、宗正、大司農、少府、執金吾等中央機構的主管長官，也即通常所説的"九卿"。二千石，主要包括中央機構中的太子太傅、太子少傅、將作大匠、詹事、水衡都尉、内史等列卿，以及地方上的州牧郡守和諸侯王國相等官員。

[4]【今注】千石六百石鴈：秩千石、六百石的官員送大雁。千石，主要包括三公的長史，以及其他中央機構的副職。六百石，主要包括中央機構諸令、長，以及地方上的郡丞、縣令等官員。

[5]【劉昭注】《獻帝起居注》曰："舊典，市長執鴈，建安八年始令執雉。"【今注】四百石以下雉：秩四百石及以下的官員送野雞。四百石，主要包括中央機構的丞、尉等低級别官員，以及地方上的小縣縣長、小侯國相等。

[6]【劉昭注】《決疑要注》曰："古者朝會皆執贄，侯、伯執圭，子、男執璧，孤執皮帛，卿執羔，大夫執鴈，士執雉。漢、魏粗依其制（粗，大德本作'祖'），正旦大會，諸侯執玉璧，薦以鹿皮，公卿已下所執如古禮（已，殿本作'以'）。古者衣

皮，故用皮帛爲幣。玉以象德，璧以稱事。不以貨没禮（没，大德本作‘役’），庶羞不踰牲，宴衣不踰祭服，輕重之宜也。”

［7］【劉昭注】蔡邕《獨斷》曰：“三公奉璧上殿，向御坐，北面，太常贊曰：‘皇帝爲君興。’三公伏，皇帝坐，乃進璧。古語曰‘御坐則起’，此之謂也。”

［8］【今注】觴（shāng）：酒杯。

［9］【今注】羹：肉菜濃湯。

［10］【今注】大司農：官名。九卿之一。職掌全國租賦收入和國家財政開支。秩中二千石。

［11］【劉昭注】蔡質《漢儀》曰：“正月旦，天子幸德陽殿，臨軒。公、卿、將、大夫、百官各陪朝賀。蠻、貊、胡、羌朝貢畢，見屬郡計吏，皆陛覲（陛覲，紹興本、大德本作‘覲庭’），庭燎。宗室諸劉雜會，萬人以上，立西面位（‘位’後大德本、殿本有‘定’字）。公納薦，太官賜食酒（太，大德本作‘大’），西入東出。既定，上壽。計吏中庭北面立，太官上食，賜群臣酒食。貢事，御史四人執法殿下，虎賁、羽林弧弓撮矢，陛戟左右，戎頭偪脛陪前向後（脛，殿本作‘肚’；陪，大德本作‘啓’），左右中郎將住東西，羽林、虎賁將住東北，五官將住中央，悉坐就賜。作九賓徹樂。舍利從西方來，戲於庭極，乃畢入殿前，激水化爲比目魚，跳躍嗽水（嗽，大德本作‘就’），作霧鄣日。畢，化成黄龍，長八丈，出水遨戲於庭（遨，大德本、殿本作‘遊’），炫燿日光。以兩大絲繩係兩柱中頭間（係，大德本、殿本作‘繫’），相去數丈，兩倡女對舞，行於繩上，對面道逢，切肩不傾，又蹋局出身，藏形於斗中。鍾磬並作，樂畢，作魚龍曼延。小黄門吹三通，謁者引公卿群臣以次拜，微行出，罷。卑官在前，尊官在後。德陽殿周旋容萬人。陛高一丈（一，紹興本、大德本、殿本作‘二’），皆文石作壇。激沼水於殿下。畫屋朱梁，玉階金柱，刻鏤作宫掖之好，厠以青翡翠，一柱三帶，

韜以赤緹。天子正旦節，會朝百僚於此（僚，大德本、殿本作‘官’）。自到偃師，去宮四十三里，望朱雀五闕、德陽，其上鬱律與天連（律，殿本作‘𥫗’，是）。”《雒陽宮閣簿》云（簿，殿本作“傳”）：“德陽宮殿南北行七丈，東西行三十七丈四尺。”

［12］【今注】朔：朔日。農曆每月初一。

［13］【劉昭注】蔡邕曰：“群臣朝見之儀，視不晚朝十月朔之故，以問胡廣。廣曰：‘舊儀，公卿以下每月常朝，先帝以其頻，故省，唯六月、十月朔朝。後復以六月朔盛暑，省之。’”蔡邕《禮樂志》曰：“漢樂四品：一曰《大予樂》，典郊廟、上陵、殿諸食舉之樂。郊樂，《易》所謂‘先王以作樂崇德，殷薦上帝’，《周官》‘若樂六變，則天神皆降，可得而禮也’。宗廟樂，《虞書》所謂‘琴瑟以詠，祖考來假’，《詩》云‘肅雍和鳴，先祖是聽’。食舉樂，《王制》謂‘天子食舉以樂’，《周官》‘王大食則令奏鍾鼓’（令，大德本、殿本作‘命’）。二曰《周頌雅樂》，典辟雍、饗射、六宗、社稷之樂。辟雍、饗射，《孝經》所謂‘移風易俗，莫善於樂’，《禮記》曰‘揖讓而治天下者，禮樂之謂也’。社稷，所謂‘琴瑟擊鼓，以御田祖’者也（殿本‘所’前有‘詩’字）。《禮記》曰‘夫樂施於金石，越於聲音，用乎宗廟、社稷，事乎山川、鬼神’（事，大德本作‘繫’），此之謂也。三曰《黄門鼓吹》，天子所以宴樂群臣，《詩》所謂‘坎坎鼓我，蹲蹲舞我’者也。其短簫、鐃歌，軍樂也。其傳曰‘黄帝、岐伯所作，以建威揚德，風勸士’也。蓋《周官》所謂‘王大捷則令凱樂，軍大獻則令凱歌’也。孝章皇帝親著歌詩四章，列在食舉，又制雲臺十二門詩，各以其月祀而奏之。熹平四年正月中，出雲臺十二門新詩，下大予樂官習誦（大，大德本、殿本作‘太’），被聲，與舊詩並行者，皆當撰録，以成《樂志》。”【今注】“唯十月旦從故事者”至“元年歲首也”：三句意爲：每年十月初一仍然按照過去的成例舉行朝賀。這是因爲十月是漢高祖劉邦

平定秦朝的月份，也是高祖元年的開始。秦統一中國後，推行《顓頊曆》，以十月爲歲首。劉邦建立漢朝後沿用而不改。直至西漢武帝頒布了《太初曆》，纔將農曆一月重新確立爲歲首。

後漢書　志第六

禮儀下

大喪　諸侯王列侯始封貴人公主薨

不豫，[1]太醫令丞將醫人，[2]就進所宜藥。嘗藥監、近臣中常侍、小黄門皆先嘗藥，[3]過量十二。[4]公卿朝臣問起居無閒。[5]太尉告請南郊，[6]司徒、司空告請宗廟，[7]告五嶽、四瀆、群祀，[8]並禱求福。疾病，[9]公卿復如禮。

［1］【今注】不豫：天子有病，避諱稱不豫。

［2］【今注】太醫令丞：太醫令和太醫丞。太醫令，官名。宫廷醫官之長，職掌醫藥治療等事。隸屬少府。秩六百石。太醫丞，官名。太醫令的副手。本書《百官志三》言太醫令下有"藥丞、方丞各一人"，本注曰："藥丞主藥。方丞主藥方。"

［3］【今注】嘗藥監：官名。用宦官擔任，職掌嘗驗御藥，隸屬少府。本書《百官志三》："章和以下，中官稍廣，加嘗藥、太官、御者、鉤盾、尚方、考工、别作監，皆六百石，宦者爲之。"中常侍：官名。初稱常侍，西漢元帝以後改稱中常侍。中常侍在

東漢的職責主要爲侍從皇帝，顧問應對，贊導宫内諸事。秩比二千石。　小黄門：官名。隸屬少府，職掌侍從皇帝左右，收受尚書奏事。其位低於中常侍，而高於中黄門。秩六百石。

［4］【今注】十二：十分之二。

［5］【今注】問起居無閒：不停地探視皇帝的起居活動，了解其身體狀況。

［6］【今注】太尉：官名。主掌全國軍政。東漢時，太尉與司馬、司空並列三公，分行宰相職權。　告請南郊：向天禱告。告，祈禱，禱告。南郊，國都城南的祭天之所。

［7］【今注】司徒：官名。東漢時司徒職掌民政，凡教民孝悌、遜順、謙儉，養生送死之事，則議其制，建其度，與太尉、司空並列“三公”。　司空：官名。東漢司空負責水利土木工程等事職，屬三公之一。

［8］【今注】五嶽：指東南西北中五方的五座名山。關於其具體所指，有多種説法。漢代五嶽，通常以泰山爲東嶽，華山爲西嶽，霍山（天柱山，在今安徽潛山市西北）爲南嶽，恒山（常山，在今河北唐縣西北）爲北嶽，嵩山爲中嶽。　四瀆：指長江、黄河、淮河和濟水四條獨流入海的大河。《史記》卷三《殷本紀》：“東爲江，北爲濟，西爲河，南爲淮，四瀆已修，萬民乃有居。”

［9］【今注】疾病：指病重。

登遐，[1]皇后詔三公典喪事。[2]百官皆衣白單衣，白幘不冠。[3]閉城門、宫門。近臣中黄門持兵，[4]虎賁、羽林、郎中署皆嚴宿衛，[5]宫府各警，北軍五校繞宫屯兵，[6]黄門令、尚書、御史、謁者晝夜行陳。[7]三公啓手足色膚如禮。[8]皇后、皇太子、皇子哭踊如禮。[9]沐浴如禮。守宫令兼東園匠將女執事，[10]黄緜、緹繒、金縷玉柙如故事。[11]飯唅珠玉如禮。[12]槃冰如禮。[13]百官哭臨殿下。是日夜，下竹使符告郡國二千石、諸侯王。[14]竹使符到，皆伏哭盡哀。[15]小斂如禮。[16]東園匠、考工令奏東園祕器，[17]表裏洞赤，[18]虡文畫日、月、鳥、龜、龍、虎、連璧、偃月，[19]牙檜梓宮如故事。[20]大斂于兩楹之間。[21]五官、左右、虎賁、羽林五將，[22]各將所部，執虎賁戟，屯殿端門陛左右廂，中黄門持兵陛殿上。夜漏，[23]群臣入。晝漏上水，[24]大鴻臚設九賓，[25]隨立殿下。謁者引諸侯王立殿下，西面北上；宗室諸侯、四姓小侯在後，[26]西面北上。治禮引三公就位，殿下北面；特進次中二千石；[27]列侯次二千石；[28]六百石、博士在後；[29]群臣陪位者皆重行，西上。位定，大鴻臚言具，謁者以聞。皇后東向，貴人、公主、宗室婦女以次立後；皇太子、皇子在東，西向；皇子少退在南，北面：皆伏哭。大鴻臚傳哭，群臣皆哭。三公升自阼階，[30]安梓宫内珪璋諸物，[31]近臣佐如故事。嗣子哭踊如禮。[32]東園匠、武士下釘衽，截去牙。[33]太常上太牢奠，[34]太官食監、中黄門、尚食次奠，[35]執事者如禮。太常、大鴻臚傳哭如儀。

[1]【今注】登遐：指人死升天。《墨子·節葬下》："秦之西有儀渠之國者，其親戚死，聚柴薪而焚之，燻上，謂之登遐。"

[2]【今注】三公：官名。指朝廷的最高輔政大臣。據文獻記載，三公應起自周代，儘管當時的制度或許遠没有後人想象的那樣完備。經典之中，有關三公的説法有二：一是司馬、司徒、司空的"三司"説，見於今文《尚書》及《韓詩外傳》；二是太師、太傅、

太保的“三太”説，見於《周禮》和《大戴禮記》。漢成帝時，采“三司”説在政治制度上正式建立了漢代的三公官，以丞相爲大司徒，太尉爲大司馬，御史大夫爲大司空。東漢光武帝建武二十七年(51)，恢復大司馬爲太尉，又令大司徒、大司空去“大”字，以太尉、司徒、司空爲三公。　典：主持。

［3］【今注】白幘不冠：用白方巾包裹頭髮，不戴冠帽。

［4］【今注】中黄門：官名。隸屬少府，用宦官擔任。職掌給事禁中。秩比百石，後增至比三百石。黄門，宫門之内，凡屬禁門皆用黄色，故以禁門稱黄門或黄闥。　持兵：拿着武器。

［5］【今注】虎賁羽林：二者都是東漢禁軍的主要力量，負責宿衛侍從。本書卷六《順帝紀》“（順帝）乃召公卿百僚，使虎賁、羽林士屯南、北宫諸門”，李賢注引《漢官儀》曰：“《書》稱‘虎賁三百人’，言其猛怒如虎之奔赴也。孝武建元三年初置期門，平帝元始元年更名虎賁郎。”又：“武帝太初元年初置建章營騎，後更名羽林。以天有羽林之星，故取名焉。又取從軍死事之子孫養羽林官，教以五兵，號曰羽林孤兒。光武中興，以征伐之士勞苦者爲之，故曰羽林士。”　郎中署：即郎署。《漢書》卷五〇《馮唐傳》“（馮）唐以孝著，爲郎中署長”，顔師古注：“以孝得爲郎中，而爲郎署之長也。”此處指光禄勳下屬的五官中郎及左、右中郎三署，皆負責宫殿的值更宿衛。

［6］【今注】北軍五校：指屯騎、越騎、步兵、長水、射聲五校尉所領部隊，他們與虎賁、羽林一起，構成了東漢禁軍的主要力量。但不同的是，北軍五校負責的是在宫殿之外，守備京師、扈從車駕的任務。故此處言“繞宫屯兵”。北軍五校的駐地各不相同，他們之間互不統領，而同受監於北軍中候。

［7］【今注】黄門令：官名。黄門以内，皆用宦官。黄門令爲少府屬員，由宦官擔任，主管宫中的各種宦官，秩六百石。本書《百官志三》云：“黄門令一人，六百石。本注曰：宦者。主省中諸宦者。”　尚書：官名。即尚書令。東漢時，尚書令爲少府屬官，

掌凡選署及奏下尚書曹文書衆事，秩千石。　御史：官名。即御史中丞。東漢時，御史中丞名義上隸屬少府，爲御史臺長官，履行監察、執法等職事，責權甚重。秩千石。　謁者：官名。職掌侍從皇帝，宿衛宫廷，擔任典禮司儀以及其他臨時差遣。東漢時，謁者名義上隸屬光禄勳，實際相對獨立，以謁者僕射爲長官。秩比六百石。　行陳：巡行軍陣，查驗安全警備狀況。

［8］【今注】啓手足色膚：移動遺體，預備爲死者進行沐浴清潔。

［9］【今注】哭踊：頓足嚎哭。這是因親者死亡而表示哀慟的一種禮節。

［10］【今注】守宫令：官名。隸屬少府，職掌御用文具，尚書臺財用諸物及封泥等。秩六百石。　東園匠：官名。隸屬少府，職掌製造墳陵器用。　女執事：女侍從、女僕從。

［11］【劉昭注】《漢舊儀》曰："帝崩，唅以珠，纏以緹繒十二重。以王爲襦（王，紹興本、大德本、殿本作'玉'，是），如鎧狀，連縫之，以黄金爲縷。腰以下以玉爲札，長一尺，二寸半，爲柙，下至足，亦縫以黄金縷。請諸衣衿斂之。凡乘輿衣服，已御，輒藏之，崩皆以斂。"【今注】黄緜緹（tí）繒（zèng）：黄綿織物和赤黄色的絲織品，用來纏裹尸體。　金縷玉柙：即金縷玉衣。用金絲綫縫合小塊玉片而製成的殮服，覆蓋在尸體的最外層，有如匣子一般。　如故事：和之前的做法一樣。故事，之前的成例。在漢代的政治活動中，考察故事，可以爲當下的政事處理提供依據。東漢以來，由於光武帝對繼承西漢的强調和其個人對吏事的偏好，故事在吸收經典後成爲了政治行爲的決定性依據。（參見李彦楠《兩漢行政故事的變遷》，《史林》2019 年第 4 期）

［12］【劉昭注】《禮稽命徵》曰："天子飯以珠，唅以玉。諸侯飯以珠，唅以珠。卿大夫、士飯以珠，唅以貝。"【今注】飯唅珠玉：在死者口中先置以玉，再用珠填滿。飯唅，即飯含，是古代

喪禮在死者口中填滿珠、玉、米，甚至銅錢的一種儀式。

［13］【劉昭注】《周禮》“淩人，天子喪，供夷槃冰”，鄭玄曰：“夷之言尸也，實冰於槃中，置之尸牀之下，所以寒尸也。”《漢禮器制度》：“大槃廣八尺，長一丈二尺，深三尺，漆赤中。”【今注】槃（pán）冰：用盤盛冰，放在尸牀下方，用以降低温度，防止尸體腐化。槃，同“盤”。

［14］【劉昭注】應劭曰：“凡與郡國守相竹使符，皆以竹箭五枚，長五寸，鐫刻篆書第一至第五。”張晏曰：“符以代古之珪璋，從簡易也。”此下大喪符，亦猶斯比。【今注】竹使符：竹製的信符，用於中央與地方之間的聯絡溝通。本書卷三一《杜詩傳》載杜詩上疏“臣聞兵者國之凶器，聖人所慎。舊制發兵，皆以虎符，其餘徵調，竹使而已。符第合會，取爲大信，所以明著國命，斂持威重也”，李賢注引《音義》云：“銅虎第一至第五，發兵遣使，符合乃聽之。竹使符以竹五寸，鐫刻篆書，亦第一至第五也。”　郡國二千石：指地方上秩二千石的官員，如郡太守、諸侯王國相等。諸侯王：爵名。漢代封爵的最高等級。諸侯王可以擁有自己的封地和臣僚，具有相對獨立性，一開始勢力較大。經過西漢景帝、武帝的削蕃，諸侯王被剥奪治國的權力，其臣僚任命亦須經過朝廷。此後，諸侯王主要依賴封地享有衣食租税等經濟上的特權。漢代的諸侯王絶大多數都是皇子受封。漢高祖劉邦曾封有韓信、彭越、英布、張耳、臧荼、韓王信、吴芮七位異姓諸侯王，但隨後滅去其中六家，僅保留長沙王吴芮。其國傳至西漢文帝時亦除。

［15］【劉昭注】漢舊制，發兵皆以銅虎符，其餘徵調，竹使而已。符第合會爲大信，見《杜詩傳》。

［16］【今注】小斂：古時喪禮的程序之一。指爲尸體穿上衣服，裹上被衾的儀式。

［17］【今注】考工令：官名。東漢隸屬太僕，職掌製作器械，以兵器爲主。秩六百石。　東園祕器：指棺槨。《漢書》卷九三

《佞倖傳》“及至東園祕器，珠襦玉柙，豫以賜賢，無不備具”，顔師古注：“《漢舊儀》云東園祕器作棺梓，素木長二丈，崇廣四尺。”

［18］【今注】洞赤：形容顔色通紅。

［19］【今注】虡（jù）文：豎直繪製的紋飾。虡是古代懸掛鐘鼓架子兩側的立柱，其紋飾按照豎直方向排列，是以有此引申義。《詩·豐年》“有瞽有瞽，在周之庭。設業設虡，崇牙樹羽。應田縣鼓，鞉磬柷圉”，毛傳云：“或曰畫之植者爲虡，衡者爲栒。”

［20］【今注】牙檜：牙飾，用動物的牙齒作爲裝飾。檜，棺材上的裝飾。　梓宮：棺材。

［21］【今注】大斂：古時喪禮的程序之一。指把尸體裝入棺材並加以陳列的儀式。　楹：堂前的柱子。

［22］【今注】五官左右虎賁羽林五將：指五官中郎將、左中郎將、右中郎將、虎賁中郎將、羽林中郎將。這五將同屬光禄勳，秩比二千石，負責宮殿的宿衛侍從。

［23］【今注】夜漏：夜間用來計時的漏壺。這裏指夜間時間開始。古人將一晝夜的時間平分爲一百個時間單位，每個單位時間即爲一刻，約合14.4分鐘。夜漏的時長和計時開始的時間點隨着四季寒暑的變化而變化。《隋書·天文志上》：“昔黄帝創觀漏水，制器取則，以分晝夜。其後因以命官，《周禮》挈壺氏則其職也。其法，總以百刻，分于晝夜。冬至晝漏四十刻，夜漏六十刻。夏至晝漏六十刻，夜漏四十刻。春秋二分，晝夜各五十刻。”

［24］【今注】晝漏上水：日出前2.5刻，這時夜晚將盡，計時官開始爲晝漏加水，以準備白天計時。《隋書·天文志上》：“日未出前二刻半而明，既没後二刻半乃昏。減夜五刻，以益晝漏，謂之昏旦。”

［25］【今注】大鴻臚：官名。九卿之一，秩中二千石。秦及漢初名典客。西漢景帝中元六年（前144）更名大行令，武帝太初元年（前104）更名大鴻臚。職掌諸侯、四方歸附的少數民族，以及典禮祭祀的禮儀工作。　九賓：本書《禮儀志上》“大鴻臚設九

賓”，劉昭注引薛綜曰：“九賓謂王、侯、公、卿、二千石、六百石下及郎、吏、匈奴侍子，凡九等。”

［26］【今注】四姓小侯：指樊、郭、陰、馬四大外戚家族。本書卷二《明帝紀》永平九年（66）“爲四姓小侯開立學校，置《五經》師”，李賢注：“爲外戚樊氏、郭氏、陰氏、馬氏諸子弟立學，號四姓小侯，置《五經》師。以非列侯，故曰小侯。《禮記》曰‘庶方小侯’，亦其義也。”

［27］【今注】特進：特進侯。東漢時，已有列侯而又賜秩位特進者。其爵高於一般列侯。　中二千石：指秩中二千石的官員。凡太常、光禄勳、衛尉、太僕、廷尉、大鴻臚等列於卿位的中央機構的主官，皆爲中二千石。

［28］【今注】列侯：爵名。漢代封爵僅次於諸侯王的等級。又稱徹侯、通侯。起初，列侯有自己的封地和臣僚，權力較大。東漢以來，列侯主要依靠封地食邑，政治上的特權有限。

［29］【今注】六百石：指秩六百石的官員，主要包括中央機構諸令、長，以及地方上的郡丞、縣令等官員。　博士：官名。博士本是侍從皇帝左右，以備顧問的一批官員。漢武帝時，盡罷諸子百家傳記博士，而專立《五經》博士。此後，博士成爲了專門在太學中傳授、研治經學的一種學官。東漢以來，秩比六百石。

［30］【今注】阼階：堂前東邊的臺階。一般爲主人或天子所用。

［31］【今注】珪璋：玉器，多在朝聘或祭祀時使用。珪，上部尖鋭而下端平直的片狀玉器。璋，形制同半珪。

［32］【劉昭注】《周禮》：“駔珪、璋、璧、琮、琥、璜之渠眉，疏璧、琮以斂尸。”鄭司農曰：“駔，外有捷盧也。謂珪、璋、璧、琮、琥、璜皆爲開渠，爲眉瑑，沙除以斂尸（除，大德本作‘琮’），令汁得流去也。”鄭玄曰：“以斂尸者，以大斂焉加之也（以，殿本作‘於’）。渠眉，玉飾之溝瑑也，以組穿聯六玉溝瑑

之中以斂尸。珪在左，璋在首，琥在右，璜在足，璧在背，琮在腹，蓋取象方明神之也。疏璧、琮者，通於天地（地，大德本作‘也’）。”

［33］【劉昭注】《喪大記》曰“君蓋用漆，三衽三束”，鄭玄注曰：“衽，小腰。”【今注】下釘衽：指用釘、衽封閉棺槨。衽，連接棺蓋和棺木的木榫，兩頭廣而中央小，形似衣衽，故稱。　截去牙：削去牙質裝飾。

［34］【今注】太牢：祭祀用牛、羊、豕三牲。豕（shǐ），猪。

［35］【今注】太官食監：官名。當指太官令，其職掌宫廷膳食，隸屬少府，秩六百石。　尚食：官名。用女官擔任，職掌帝王膳食。

三公奏《尚書·顧命》，[1]太子即日即天子位于柩前，[2]請太子即皇帝位，[3]皇后爲皇太后。奏可。群臣皆出，吉服入會如儀。[4]太尉升自阼階，當柩御坐北面稽首，[5]讀策畢，以傳國玉璽綬東面跪授皇太子，[6]即皇帝位。中黄門掌兵以玉具、隨侯珠、斬蛇寶劍授太尉，[7]告令群臣，群臣皆伏稱萬歲。或大赦天下。遣使者詔開城門、宫門，罷屯衛兵。群臣百官罷，入成喪服如禮。兵官戎。[8]三公，太常如禮。

［1］【今注】尚書顧命：《尚書》中的一篇，講的是周成王去世前，召集召公、畢公等，囑託遺命，令他們在其身故後輔佐康王的事情。

［2］【今注】即日即天子位于柩前：在先帝的靈柩前即位成爲天子。

［3］【今注】即皇帝位：即位成爲皇帝。案，漢代的最高統治

者在政治上同時兼具天子和皇帝二重身份，故在即位儀式上也需分別設立禮儀加以確認。天子從形而上的意義上喻示最高統治者是天命之子，是天下的共主。皇帝則是在政治上代表着王朝的君主身份和權威稱號。參見［日］西嶋定生《皇帝支配の成立》與《漢代における即位儀禮—とくに帝位継承のばあいについて》（收氏著《中國古代國家と東アジア世界》，東京大學出版會 1983 年版，第 51—92 頁，第 93—114 頁）二文。

［4］【今注】吉服：指衮冕。案，喪禮應服喪服。但此時需穿插進行即位的嘉禮，故百官臨時變更吉服。是以下文即位禮畢，百官"入成喪服如禮"。

［5］【今注】稽首：叩頭至地，是九拜之中最爲恭敬的一種形式。

［6］【今注】傳國玉璽綬：相傳劉邦滅秦時，秦王子嬰奉始皇璽以降。及高祖誅項籍，即天子位，因御服其璽，世世傳受，號曰漢傳國璽。事見《漢書》卷九八《元后傳》。王莽敗後，此璽綬輾轉爲更始、赤眉所得。建武三年（27），劉盆子封璽上光武受之。光武帝此時已即位稱帝，但他仍祠高廟，補上了受璽的儀式。從此，受傳國璽綬成爲了東漢即位儀式的一大核心環節。綬，綬帶。繫在璽印上的彩色絲帶。

［7］【今注】玉具：即玉具劍。指劍鼻、劍鐔上裝飾有白玉的寶劍。　隨侯珠：相傳爲隨侯所得的寶珠。本書卷四〇上《班固傳》李賢注引《淮南子》高誘注云："隨侯行見大蛇傷，以藥傅之。後蛇銜珠以報之，因曰隨侯珠。"　斬蛇寶劍：傳説漢高祖劉邦斬蛇起事所用之劍。《漢書》卷一上《高帝紀上》："高祖以亭長爲縣送徒驪山，徒多道亡。自度比至皆亡之，到豐西澤中亭，止飲，夜皆解縱所送徒。曰：'公等皆去，吾亦從此逝矣！'徒中壯士願從者十餘人。高祖被酒，夜徑澤中，令一人行前。行前者還報曰：'前有大蛇當徑，願還。'高祖醉，曰：'壯士行，何畏！'乃前，拔劍斬蛇。蛇分爲兩，道開。行數里，醉困卧。後人來至蛇所，有一老

嫗夜哭。人問嫗何哭，嫗曰：‘人殺吾子。’人曰：‘嫗子何爲見殺？’嫗曰：‘吾子，白帝子也，化爲蛇，當道，今者赤帝子斬之，故哭。’人乃以嫗爲不誠，欲苦之，嫗因忽不見。”

[8]【劉昭注】文帝遺詔：“無布車及兵哭（哭，紹興本、殿本作‘器’，是）。”應劭曰：“不施輕車介士。”【今注】兵官戎：士兵及軍官著戎裝。

故事：百官五日一會臨，[1]故吏二千石、刺史、在京都郡國上計掾史皆五日一會。[2]天下吏民發喪臨三日。[3]先葬二日，皆旦晡臨。[4]既葬，釋服，無禁嫁娶、祠祀。[5]佐史以下，[6]布衣冠幘，[7]經帶無過三寸，[8]臨庭中。[9]武吏布幘大冠。[10]大司農出見錢穀，[11]給六丈布直。[12]以葬，大紅十五日，小紅十四日，纖七日，釋服。[13]部刺史、二千石、列侯在國者及關内侯、宗室長吏及因郵奉奏，[14]諸侯王遣大夫一人奉奏，弔臣請驛馬露布，[15]奏可。

[1]【今注】會臨：聚衆而哭。臨，衆哭。《漢書》卷一上《高帝紀上》“漢王爲義帝發喪，袒而大哭，哀臨三日”，顏師古注：“衆哭曰臨。”

[2]【今注】刺史：官名。西漢武帝元封五年（前106），將全國除京師附近七郡以外的土地分爲十三部，或稱十三州。每部置刺史一人，奉詔巡行下轄諸郡，省察治政，黜陟能否，斷理冤獄。秩六百石。　上計掾（yuàn）史：官名。漢代郡國每年需向朝廷彙報當地的人口、錢糧、稅賦等情況。負責報送這些信息的官吏稱“主計吏”。此時，跟從主計吏同行的掾史等低級別官吏，稱爲“上計掾史”。

［3］【劉昭注】文帝遺詔："其令天下吏民，令到，出臨三日，釋服。"【今注】發喪臨三日：自大喪的消息公布起，衆哭三日。

［4］【今注】晡（bū）：傍晚。

［5］【劉昭注】文帝遺詔文有"飲酒食肉自當給，喪事服臨者皆無踐"。踐，徒跣也。

［6］【今注】佐史：指地方官府屬吏，月俸八斛。《漢書·百官公卿表上》"百石以下有斗食、佐史之秩"，顔師古注："《漢官名秩簿》云斗食月奉十一斛，佐史月奉八斛也。"

［7］【今注】布衣冠幘（zé）：穿布衣，不戴冠，用方巾包扎髮髻。幘，古代包扎髮髻所用的頭巾。

［8］【今注】絰（dié）帶：古代服喪所繫的麻帶。

［9］【劉昭注】文帝遺詔："殿中當臨者，以旦夕各十五舉音，禮畢罷。非旦夕臨時，禁無得擅哭臨。"

［10］【今注】大冠：即武弁大冠。戰國趙武靈王胡服騎射，戴此冠。其冠以漆紗爲之，形如簸箕，上附貂璫爲飾。漢代以去貂璫者爲武官所戴，謂之"武弁"。

［11］【今注】大司農：官名。九卿之一。職掌全國租賦收入和國家財政開支。秩中二千石。　出見錢穀：猶言出納錢糧。

［12］【今注】直：價值。

［13］【劉昭注】應劭曰："紅者，中祥、大祥以紅爲領緣。纖，禫也。凡三十六日而釋。"【今注】大紅十五日小紅十四日纖七日釋服：服喪，先服大功十五天，再服小功十五天，最後服纖七天，然後可以去除喪服。大紅、小紅，皆是喪服的等級。大紅，又稱"大功"，五等喪服的第三等，其服用熟麻布製作，通常服期爲九個月。小紅，又稱"小功"，五等喪服的第四等，其服用細麻布製作，縫邊，通常服期爲五個月。纖，黑經而白緯的祭服，在除去喪服的祭祀（禫）時所穿。《禮記·間傳》"中月而禫，禫而纖，無所不佩"，鄭玄注："黑經白緯曰纖。"

［14］【今注】部刺史：官名。即刺史。　關内侯：爵名。其等級低於諸侯王及列侯。僅有侯號，居於京師，而無封地及其所帶來的政治、經濟特權。　長吏：指秩六百石以上的官員。《漢書》卷五《景帝紀》："吏六百石以上，皆長吏也。"　及因郵奉奏：及，曹金華《後漢書稽疑》謂是"各"字之誤（中華書局 2014 年版，第 51 頁）。據上下文意，疑是。因郵奉奏，通過郵書傳奏的方式來進行祭弔。《漢書》卷七五《京房傳》"因郵上封事"，顔師古注："郵，行書者也，若今傳送文書矣。"

［15］【今注】驛馬露布：用驛馬傳送露布。露布，不封緘的文書。

以木爲重，[1]高九尺，廣容八歷，[2]裹以葦席。巾門、喪帳皆以簟。[3]車皆去輔幡，[4]疏布惡輪。走卒皆布褠幘。[5]太僕四輪輈爲賓車，[6]大練爲屋幙。[7]中黄門、虎賁各二十人執紼。[8]司空擇土造穿。[9]太史卜日。[10]謁者二人、中謁者僕射、中謁者副將作，[11]油緹帳以覆坑。[12]方石治黄腸題湊便房如禮。[13]

［1］【今注】重（chóng）：古代喪禮指在木主未及製作之前代以受祭的物體。《禮記·檀弓下》"重，主道也"，鄭玄注："始死未作主，以重主其神也。"

［2］【今注】歷：炊具，即釜鬲。

［3］【今注】簟（diàn）：竹席。

［4］【今注】輔：設立在車輛兩旁用來夾持貨物的車厢板。　幡：古代車厢兩邊設置用來遮蔽塵土的屏障。

［5］【今注】布褠（gōu）幘：穿粗布做的直袖單衣，用粗布方巾包扎髮髻。褠，袖狹而直，形狀如溝的單衣。

［6］【今注】太僕：官名。九卿之一，秩中二千石。掌供皇帝

車馬，兼管兵器製作、織綬。　四輪輴：有四輪用輴牽引的車。輴，車前駕馬的車槓。一車一槓謂之輴，一車二槓謂之轅。

［7］【今注】大練：厚帛。　幙（mù）：同“幕”。

［8］【今注】紼（fú）：牽引棺材的挽繩。

［9］【今注】擇土造穿：選擇墳址，挖掘墓穴。

［10］【今注】太史卜日：太史占卜下葬的吉日。太史，官名。即太史令。先秦時期，太史主要負責起草文書，修編史書檔案，保管國家典籍等事務，亦兼管天文曆法，是非常重要的官職。秦漢以來，太史令的地位逐漸降低。至東漢，太史令變成了專司天文占候、編訂曆法的官員，已與史職無涉。秩六百石。

［11］【今注】謁者二人中謁者僕射中謁者副將作：兩名謁者、中謁者僕射和中謁者（共同）輔助將作大匠。中謁者僕射、中謁者，二者皆官名。中謁者即中宮謁者，用宦官擔任，主報中章，秩四百石。中謁者其長曰令，其副手曰僕射，其下有中宮謁者三人。將作，官名。即將作大匠，九卿之一，秩中二千石。職掌修建宮室、宗廟、陵寢等土木工程事。

［12］【今注】油緹帳以覆坑：用油漆的繒帛帳布覆蓋墳坑。案，坑，大德本作“坊”。

［13］【劉昭注】《漢舊儀》略載前漢諸帝壽陵曰：“天子即位明年，將作大匠營陵地，用地七頃，方中用地一頃。深十三丈，堂壇高三丈，墳高十二丈。武帝墳高二十丈，明中高一丈七尺，四周二丈，内梓棺柏黄腸題湊（柏，大德本、殿本作‘栢’），以次百官藏畢。其設四通羡門，容大車六馬，皆藏之内方，外陟車石。外方立，先閉劍户，户設夜龍、莫邪劍、伏弩，設伏火。已營陵，餘地爲西園后陵，餘地爲婕妤以下，次賜親屬功臣。”《漢書音義》曰：“題，頭也。湊，以頭向内，所以爲固也。便房，藏中便坐也。”《皇覽》曰：“漢家之葬，方中百步，已穿築爲方城。其中開四門，四通，足放六馬，然後錯渾雜物，扞漆繒綺金

寶米穀，及埋車馬虎豹禽獸。發近郡卒徒，置將軍尉候，以後宮貴幸者皆守園陵。元帝葬，乃不用車馬禽獸等物。”【今注】方石治黃腸題湊便房：用方石圍砌黃腸題湊和便房。黃腸題湊，本是帝王陵寢槨室四周用柏木堆壘圍砌而成的框型結構，用以加固槨室。柏木木心色黃，故云“黃腸”。便房，古代帝王、諸侯陵墓中供墓主靈魂生活休息使用的地方，一般布置有飲食、樂舞之具。案，大德本無“方”字。

大駕，[1]太僕御。方相氏黃金四目，[2]蒙熊皮，玄衣朱裳，[3]執戈揚楯，立乘四馬先驅。[4]旂之制，[5]長三刃，[6]十有二游，[7]曳地，畫日、月、升龍，書旐曰“天子之柩”。[8]謁者二人立乘六馬爲次。[9]大駕甘泉鹵簿，[10]金根容車，[11]蘭臺法駕。[12]喪服大行載飾如金根車。[13]皇帝從送如禮。太常上啓奠。[14]夜漏二十刻，太尉冠長冠，[15]衣齋衣，乘高車，[16]詣殿止車門外。使者到，南向立，太尉進伏拜受詔。太尉詣南郊。未盡九刻，大鴻臚設九賓隨立，群臣入位，太尉行禮。執事皆冠長冠，衣齋衣。太祝令跪讀謚策，[17]太尉再拜稽首。[18]治禮告事畢。太尉奉謚策，還詣殿端門。太常上祖奠，[19]中黃門尚衣奉衣登容根車。[20]東園武士載大行，司徒却行道立車前。治禮引太尉入就位，大行車西少南，東面奉策，太史令奉哀策立後。太常跪曰“進”，皇帝進。太尉讀謚策，藏金匱。[21]皇帝次科藏于廟。[22]太史奉哀策葦篋詣陵。[23]太尉旋復公位，再拜立哭。太常跪曰“哭”，大鴻臚傳哭，十五舉音，[24]止哭。太常行遣奠皆如禮。[25]請哭止哭如儀。

［1］【今注】大駕：天子車駕的一種，級别最高，儀仗最大。這裏指運送大行皇帝靈柩的車駕。

［2］【今注】方相氏：一種驅除疫鬼的武官，這裏由他人所扮演。《周禮·夏官·方相氏》："方相氏掌蒙熊皮，黄金四目，玄衣朱裳，執戈揚盾，帥百隸而時難，以索室毆疫。"案，方相氏其官職雖見於《周禮》記載，但未必曾在現實官制中存在。

［3］【今注】玄衣朱裳：黑色上衣，朱紅色下裙。裳，古時指下身所穿衣裙，男女皆服。

［4］【劉昭注】《周禮》曰"方相氏，大喪先柩，及墓入壙，以戈擊四隅，毆方良"，鄭玄曰："方相，放想也，可畏怖之貌。壙，穿地中也。方良，罔兩也。天子之椁，柏，黄腸爲裏，表以石焉。《國語》曰'木石之怪夔、罔兩'。"

［5］【今注】旂（qí）：古代旗幟的一種。多畫有兩龍，並在竿頭懸鈴。

［6］【今注】刃：通"仞"，中國古代的長度單位。一仞爲七尺，或説八尺。一尺約合二十三釐米。案，刃，大德本、殿本作"仞"。

［7］【今注】十有二游：（旗上）十二條飄帶。游，古時旗幟上的飄帶。案，游，殿本作"斿"。

［8］【今注】旐（zhào）：古代喪禮所用的招魂幡。

［9］【今注】爲次：意指緊接在大駕的後面。

［10］【今注】甘泉鹵簿：甘泉祭天級别的儀仗。本書《輿服志上》："乘輿大駕，公卿奉引，太僕御，大將軍參乘。屬車八十一乘，備千乘萬騎。西都行祠天郊，甘泉備之。官有其注，名曰甘泉鹵簿。"甘泉，即甘泉宫，又稱雲陽宫。在今陝西淳化縣北涼武帝村。甘泉宫最初爲秦二世所建，稱林光宫。西漢武帝時擴建其址，在其上設立泰畤祭天，並因其所處甘泉山爲名。鹵簿，古代帝王出行的儀仗。

［11］【今注】金根容車：帝王所乘用的裝飾以黃金的車駕。蔡邕《獨斷》卷下："上所乘曰金根車，駕六馬。"根車，原本是指用自然圓曲的木頭做車輪而製作的車子。漢代緯書認爲帝王盛德，故山出根車。《藝文類聚》卷七一引《孝經援神契》曰："（王者）德至山陵，則山出根車。"由此遂以根車代指帝王車駕。

［12］【今注】蘭臺法駕：御史中丞隨行用法駕。蘭臺，指御史臺。東漢御史中丞掌之。本書《百官志三》"御史中丞一人……爲御史臺率"，劉昭注引蔡質《漢儀》曰："丞，故二千石爲之，或選侍御史高第，執憲中司，朝會獨坐，内掌蘭臺，督諸州刺史，糾察百寮，出爲二千石。"法駕，天子車駕的一種，級别低於大駕，高於小駕。本書《輿服志上》："乘輿法駕，公卿不在鹵簿中。河南尹、執金吾、雒陽令奉引，奉車郎御，侍中參乘。屬車三十六乘。前驅有九斿雲罕，鳳皇闟戟，皮軒鸞旗，皆大夫載。鸞旗者，編羽旄，列繫幢旁。民或謂之雞翹，非也。後有金鉦黄鉞，黄門鼓車。"

［13］【今注】大行：原意指遠行，用以指稱剛剛死去還未定謚號的帝、后。

［14］【今注】太常：官名。位列九卿之首，職掌禮樂祭祀。秩中二千石。　啓奠：大行皇帝靈柩起行之前的奠禮。

［15］【今注】長冠：漢代冠飾。内裏用竹板，外表包裹以狹長的漆色布帛。此冠爲漢高祖劉邦微時所造，最初使用竹皮製作。後規定爲祭祀著裝的一部分，又稱"齋冠"。

［16］【今注】高車：古代車篷較高，供人立乘的車輛。《晉書·輿服志》："車，坐乘者謂之安車，倚乘者謂之立車，亦謂之高車。"

［17］【今注】太祝：太祝令。官名。職掌祝詞、祈禱等祭祀事項，秩六百石。　謚策：策立謚號的文書。

［18］【今注】再拜：拜兩拜。古代表示恭敬的一種禮節。　稽首：叩頭至地，是九拜之中最爲恭敬的一種形式。

［19］【今注】祖奠：即朝祖。大行皇帝在葬前向祖先告别的

祭奠儀式，有類生前出行必告於祖之意。

［20］【今注】中黄門尚衣：負責掌管皇帝衣裝的中黄門。中黄門，官名。隸屬少府，用宦官擔任。職掌給事禁中，位次小黄門。秩比百石，後增比三百石。　容根車：即容車。古代送葬時，運送死者衣冠、畫像的車輛。

［21］【今注】藏金匱：把（謚策）收藏在銅製的櫃子裹。金匱，銅製的櫃子，用來收藏重要的文獻或文物。

［22］【今注】次科：指謚策、哀册等文書的副本。

［23］【今注】葦篋：葦草編製的小箱子。

［24］【今注】十五舉音：謂齊聲痛哭十五下。

［25］【今注】遣奠：將葬之時的祭奠。《禮記·檀弓下》“始死，脯醢之奠。將行，遣而行之”，鄭玄注：“將行，將葬也。葬有遣奠。”

晝漏上水，請發。司徒、河南尹先引車轉，[1]太常跪曰“請拜送”。載車著白系參繆紼，長三十丈，大七寸爲輓，[2]六行，行五十人。公卿以下子弟凡三百人，皆素幘委貌冠，[3]衣素裳。校尉三人，[4]皆赤幘不冠，絳科單衣，[5]持幢幡。[6]候司馬丞爲行首，[7]皆銜枚。[8]羽林孤兒、《巴俞》擢歌者六十人，[9]爲六列。鐸司馬八人，[10]執鐸先。大鴻臚設九賓，隨立陵南羨門道東，[11]北面；諸侯、王公、特進道西，北面東上；中二千石、二千石、列侯宜九賓東，北面西上。皇帝白布幕素裹，夾羨道東，[12]西向如禮。容車幄坐羨道西，[13]南向，車當坐，南向，中黄門尚衣奉衣就幄坐。車少前，太祝進醴獻如禮。司徒跪曰“大駕請舍”，太史令自車南，北面讀哀策，掌故在後，[14]已哀哭。[15]太常跪曰“哭”，大鴻臚傳哭如儀。司徒跪曰“請就下位”，東園武士奉下車。司徒跪曰“請就下房”，[16]都導東園武士奉車入房。司徒、太史令奉謚、哀策。[17]

［1］【今注】河南尹：官名。東漢光武帝建武十五年（39）置，爲京師雒陽所在河南郡的行政長官。秩二千石。

［2］【今注】載車著白系參繆紼長三十丈大七寸爲輓：中華本校勘記云：“按：盧云《通典》‘系’作‘絲’。”曹金華《後漢書稽疑》：“《獻帝紀》注引本志作‘車著白絲三糾，紼長三十丈，圍七寸’，可證‘系’作‘絲’字，然‘參繆’作‘三糾’，又據本志前文‘中黄門、虎賁各二十人執紼’，‘紼’字當屬下讀。‘大七寸’疑作‘圍七寸’。”（第 1348 頁）案，繆，交錯的樣子，與“糾”義同。本書《輿服志上》“金薄繆龍，爲輿倚較”，劉昭注引徐廣曰：“繆，交錯之形也。”輓，牽引。言載有棺材的車輛用長三十丈，周長七寸的挽繩牽引。

［3］【今注】委貌冠：又稱“玄冠”，是中國古代的一種男性禮冠。用黑色絲帛製成，上小下大，形如覆杯。本書《輿服志下》：“行大射禮於辟雍，公卿諸侯大夫行禮者，冠委貌。”

［4］【今注】校尉三人：本書卷九《獻帝紀》謂獻帝“（魏青龍二年）八月壬申，以漢天子禮儀葬于禪陵”，李賢注引《續漢書·禮儀志下》作“校尉三百人”。錢大昕《三史拾遺》卷五以爲當據李賢注所引爲是。存疑。

［5］【今注】絳科：猶言絳色，火紅色。科，等級。

［6］【今注】幢幡：儀仗所用的竪直形制旌旗。

［7］【今注】司馬丞：官名。即公車司馬丞。隸屬衛尉，是公車司馬令的下屬。通常選用明曉諱事的人擔任，掌知非法。

［8］【今注】銜枚：嘴銜横枚，用以禁聲。枚，形如筷子，兩

端有帶，可繫於頸上。

［9］【今注】羽林孤兒：漢朝取從軍死事者之子孫收養在羽林軍中，由官教以五兵，號稱羽林孤兒。　巴俞：古樂舞名。《漢書》卷九六下《西域傳下》“天子負黼依，襲翠被，馮玉几，而處其中。設酒池肉林以饗四夷之客，作《巴俞》都盧”，顔師古注：“巴人，巴州人也。俞，水名，今渝州也。巴俞之人，所謂賨人也，勁鋭善舞，本從高祖定三秦有功，高祖喜觀其舞，因令樂人習之，故有《巴俞》之樂。”　擢（zhuó）歌：即嬥歌。《文選》左思《蜀都賦》“或明發而嬥歌”，李善注引何晏曰：“巴子謳歌，相引牽連手而跳歌也。”擢，搖擺。　案，人，紹興本作“九”。

［10］【今注】鐸司馬：官名。掌執鐸。鐸，古代的一種樂器。形制有如大鈴，通常在宣布政教法令或戰時示警使用。

［11］【今注】羨門：墓門。

［12］【今注】夾羨道東：側立在墓道東面。羨道，墓道。

［13］【今注】幄坐：皇帝或皇后所坐垂有簾帳的座位。幄，幕帳。

［14］【今注】掌故：官名。隸屬太常，專門選用熟習禮樂制度等典章故事之人，以備咨詢顧問。秩百石。

［15］【今注】已：停止。

［16］【今注】下房：對墓室的諱稱。

［17］【劉昭注】晉時有人嵩高山下得竹簡一枚，上有兩行科斗書之，臺中外傳以相示，莫有知者。司空張華以問博士束晢。晢曰：“此明帝顯節陵中策也。”檢校果然。是知策用此書也。

東園武士執事下明器。[1] 筲八盛，容三升，[2] 黍一，[3] 稷一，[4] 麥一，粱一，[5] 稻一，[6] 麻一，[7] 菽一，[8] 小豆一。[9] 甕三，[10] 容三升，醯一，[11] 醢一，[12] 屑一。[13] 黍飴。[14] 載以木桁，[15] 覆以疏布。甒二，[16] 容三升，醴一，酒一。載以木桁，覆以功布。[17]瓦鐙一。[18]彤矢四，[19]軒輖中，[20]亦短衛。[21]彤矢四，骨，短衛。[22]彤弓一。卮八，[23]牟八，[24]豆八，[25]籩八，[26]形方酒壺八。槃匜一具。[27]杖、几各一。蓋一。[28]鍾十六，無虡。[29]鎛四，無虡。[30]磬十六，無虡。[31]壎一，簫四，笙一，篪一，柷一，敔一，[32]瑟六，琴一，竽一，筑一，坎侯一。干、戈各一，笮一，甲一，冑一。[33]輓車九乘，芻靈三十六匹。[34]瓦竈二，瓦釜二，[35]瓦甑一。[36]瓦鼎十二，容五升。匏勺一，[37]容一升。瓦案九。瓦大杯十六，容三升。瓦小杯二十，容二升。瓦飯槃十。瓦酒樽二，容五斗。匏勺二，容一升。

[1]【劉昭注】《禮記》曰："明器，神明之也。孔子謂爲明器知喪道矣，備物而不可用也。"鄭玄注《既夕》曰："陳明器，以西行南端爲上。"【今注】執事：猶言負責。　明器：即冥器。隨葬器具。

[2]【劉昭注】鄭玄注《既夕》曰："筲，畚種類也，其容蓋與簋同。"【今注】筲（shāo）八盛容三升：盛飯用的竹筐八隻，每隻容量三盛。

[3]【今注】黍（shǔ）：黄米，性黏，可釀酒。

[4]【今注】稷：粟米，小米。

[5]【今注】粱：精加工的小米。

[6]【今注】稻：大米。

[7]【今注】麻：芝麻。

[8]【今注】菽（shū）：大豆。

[9]【今注】小豆：赤豆。

[10]【今注】甕（wèng）：大腹而小口的陶罐。

[11]【今注】醯（xī）：醋。

[12]【今注】醢（hǎi）：肉醬。

[13]【劉昭注】鄭玄注《既夕》曰："屑，薑桂之屑。"【今注】屑：薑桂等辛香料的碎末。

[14]【今注】黍飴：黍米熬製的糖漿。

[15]【今注】木桁：木架子。

[16]【今注】甒（wǔ）：古代盛酒的陶器。其形制，口小，腹大，較深，底部也較小。

[17]【今注】功布：經過人工加工的麻布，故曰功布。

[18]【今注】瓦鐙：陶製的油燈。鐙，同"燈"。

[19]【今注】彤矢：朱漆箭。

[20]【今注】軒輖（zhōu）中：車前高後低叫軒，前低後高叫輖。這裏指彤矢的前後輕重適中。

[21]【今注】短衛：短箭羽。

[22]【劉昭注】《既夕》曰"翭矢一乘，骨鏃短衛"，鄭玄曰："翭猶候也（翭，大德本作'鏃'），候物而射之矢也。四矢曰乘。骨鏃短衛，亦示不用也。生時翭矢金鏃，凡爲矢，五分笴長而羽其一。"《通俗文》曰："細毛翭也。"

[23]【今注】卮（zhī）：古代的一種圓形盛酒器。

[24]【劉昭注】鄭玄注《既夕》曰："牟，盛湯漿。"【今注】牟：土釜，瓦鍋。

[25]【今注】豆：古代用來盛肉或其他食物的一種器皿，形似高脚盤，通常有蓋。

[26]【今注】籩：古代祭祀或宴會時，盛放果脯的竹器，形制似豆。

[27]【劉昭注】鄭玄注《既夕》曰："槃匜，盥器也。"【今注】槃匜（yí）：古代盥洗的器用組合。注水用匜，盛水用槃。

［28］【今注】蓋：傘蓋。

［29］【今注】無虡：没有懸鐘架。

［30］【劉昭注】《爾雅》曰“大鍾謂之鏞”，郭璞注曰：“《書》曰‘笙鏞以閒’。亦名鎛。”【今注】鎛（bó）：古代似鍾而形制更大的一種打擊樂器。多用青銅製作，上有龍蛇圖案。

［31］【劉昭注】《禮記》曰“有鍾磬而無簨虡”，鄭玄曰：“不懸之也。”【今注】磬：古代的一種樂器，多用玉、石製作，形如曲尺，懸掛着以供敲擊發聲。

［32］【劉昭注】《禮記》曰：“琴瑟張而不平，竽笙備而不和。”【今注】壎：古代的一種吹奏樂器，形如鵝卵或雞蛋。　篪（chí）：古代的一種竹製吹奏樂器，像笛子，有八孔。　柷（zhù）：古代的一種打擊樂器，木製，形似方匣。　敔（yǔ）：古代的一種打擊樂器，又稱“楬”。樂曲行將結束前敲擊以終止奏樂。案，紹興本、大德本“敔”後無“一”字。

［33］【劉昭注】《既夕》謂之役器。鄭玄曰：“笮，矢箙。”【今注】瑟：古代的一種弦樂。外形似琴，而有五十根弦，後減半變爲二十五根。　竽：古代的一種吹奏樂器，竹製，形似笙而略大。　筑：古代的一種弦樂，外形似箏。演奏時，左手按弦的一端，右手執竹尺擊弦發音。　坎侯：即箜篌。古代的一種撥弦樂器，形似豎琴。　冑：頭盔。

［34］【劉昭注】鄭玄注《禮記》曰：“芻靈，束茅爲人馬，謂之芻靈，神之類。”【今注】芻靈：稻草扎成的人馬，用於陪葬。

［35］【今注】釜：鍋。

［36］【今注】甑：古代用於蒸飯的一種瓦器。

［37］【今注】匏（páo）勺：用匏瓜製作的舀酒器。匏，匏瓜，形似葫蘆而略大。對半剖開，可作爲舀水的器具。

祭服衣送皆畢，東園匠曰“可哭”，在房中者皆哭。太常、大鴻臚請哭止如儀。司徒曰“百官事畢，[1]臣請罷”，從入房者皆再拜，出，就位。太常導皇帝就贈位。[2]司徒跪曰“請進贈”，[3]侍中奉持鴻洞。贈玉珪長尺四寸，[4]薦以紫巾，廣袤各三寸，[5]緹裹，[6]赤纁周緣；[7]贈幣，[8]玄三纁二，[9]各長尺二寸，廣充幅。[10]皇帝進跪，臨羨道房户，西向，手下贈，投鴻洞中，三。東園匠奉封入藏房中。太常跪曰“皇帝敬再拜，請哭”，大鴻臚傳哭如儀。太常跪曰“贈事畢”，皇帝促就位。[11]容根車游載容衣。[12]司徒至便殿，[13]並輦騎皆從容車玉帳下。[14]司徒跪曰“請就幄”，導登。尚衣奉衣，以次奉器衣物，藏於便殿。太祝進醴獻。凡下，[15]用漏十刻。禮畢，司空將校復土。[16]

[1]【今注】案，畢，大德本作“卑”。

[2]【今注】贈位：投放殉葬品的位置。贈，用殉葬品爲死者送葬。

[3]【今注】進贈：投放殉葬品。

[4]【今注】案，玉，大德本作“王”，本段下同，不注。

[5]【今注】廣袤：猶言長寬。袤，長度。

[6]【今注】緹裹：赤色繒作裹子。緹，赤色帛。

[7]【今注】赤纁周緣：大紅色的邊緣。

[8]【今注】幣：繒帛。

[9]【今注】玄三纁二：三塊黑色幣帛，兩塊淺紅色幣帛。

[10]【今注】廣充幅：寬度爲一整幅。幅，布帛的寬度，古制一幅爲二尺二寸。案，此處言贈幣長一尺二寸，寬二尺二寸，疑有誤。

［11］【劉昭注】《續漢書》曰："明帝崩，司徒鮑昱典喪事，葬日，三公入安梓宮，還，至羡道半，逢上欲下，昱前叩頭言：'禮，天子鴻洞以贈，所以重郊廟也。陛下奈何冒危險，不以義割哀？'上即還。"

［12］【今注】容衣：指大行皇帝生前的衣冠。

［13］【今注】便殿：正殿之外的偏殿，一般留作休息消遣的地方。《漢書》卷六《武帝紀》"夏四月壬子，高園便殿火"，顔師古注："凡言便殿、便室、便坐者，皆非正大之處，所以就便安也。"

［14］【今注】並：併同，一同。　轂騎：車騎，護衛容車的騎兵。轂，同"轂"，本是指車輪的中心部分，後指車輪，並延伸指車。

［15］【今注】案，凡，殿本作"几"。

［16］【今注】復土：將墓道填土掩埋。

皇帝、皇后以下皆去麤服，[1]服大紅，還宮反廬，[2]立主如禮。[3]桑木主尺二寸，不書謚。虞禮畢，[4]祔於廟，[5]如禮。[6]

［1］【今注】麤（cū）服：與功布相對，指未經熟製的粗麻布製成的喪服。麤，同"粗"。

［2］【今注】廬：倚廬。古人爲父母守喪時居住的臨時搭建的簡陋棚屋。

［3］【今注】主：神主牌位。

［4］【今注】虞禮：既葬之後的祭祀，取義於安神。

［5］【今注】祔於廟：將大行皇帝的神主遷入祖廟而進行祭祀。

［6］【劉昭注】《漢舊儀》曰："高帝崩三日，小斂室中牖下。作栗木主，長八寸，前方後圓，圍一尺，置墉中（墉，殿本作

‘牖’，本注下同），望外，内張緜絮以鄣外，以皓木大如指，長三尺，四枚，纏以皓皮四方置墉中，主居其中央。七日大斂棺，以黍飯羊舌祭之墉中。已葬，收主。爲木函，藏廟太室中西牆壁埳中（壁，紹興本、大德本、殿本作‘壁’，是），望内，外不出室堂之上。坐爲五時衣、冠、履，几、杖、竹籠。爲俑人（俑，大德本作‘甬’），無頭，坐起如生時。皇后主長七寸，圍九寸，在皇帝主右旁。高皇帝主長九寸。上林給栗木，長安祠廟作神主，東園秘器作梓棺，素木長丈三尺，崇廣四尺。”

先大駕日游冠衣于諸宮諸殿，群臣皆吉服從會如儀。皇帝近臣喪服如禮。醳大紅，[1]服小紅，十一升都布練冠。[2]醳小紅，服纖。醳纖，[3]服留黄，[4]冠常冠。[5]近臣及二千石以下皆服留黄冠。百官衣皁。每變服，[6]從哭詣陵會如儀。祭以特牲，[7]不進毛血首。司徒、光禄勳備三爵如禮。[8]

[1]【今注】醳（shì）：通“釋”，脱去。

[2]【今注】都布練冠：粗布製作的帽子，喪服的一種。

[3]【今注】案，此處由大功服逐漸減輕喪服的時間規定，可參上文“大紅十五日，小紅十四日，纖七日，釋服”。

[4]【今注】留黄：黑黄色的衣服。

[5]【今注】常冠：即常服冠，日常所戴的冠冕。

[6]【今注】變服：指變更喪服等級。

[7]【今注】特牲：祭祀衹用一種牲畜作爲供品。

[8]【劉昭注】《古今注》具載帝陵丈尺頃畝，今附之後焉。

光武原陵，山方三百二十三步，高六丈六尺。垣四出司馬門。寢殿、鍾虡皆在周垣内。隄封田十二頃五十七畝八十五步（隄，大德本作‘提’，本條注文以下皆同，不復出校）。《帝王世記》曰：“在臨平亭之南，西望平陰，東南去雒陽十五里。”　明帝顯節陵，山方三百步，高八丈。無周垣，爲行馬，四出司馬門。石殿、鍾虡在行馬内。寢殿、園省在東。園寺吏舍在殿北。隄封田七十四頃五畝。《帝王世記》曰：“故富壽亭也，西北去雒陽三十七里。”　章帝敬陵，山方三百步，高六丈二尺。無周垣，爲行馬，四出司馬門。石殿、鍾虡在行馬内。寢殿、園省在東。園寺吏舍在殿北。隄封田二十五頃五十五畝。《帝王世記》曰：“在雒陽東南，去雒陽三十九里。”　和帝慎陵，山方三百八十步，高十丈。無周垣，爲行馬，四出司馬門。石殿、鍾虡在行馬内。寢殿、園省在東。園寺吏舍在殿北。隄封田三十一頃二十畝二百步。《帝王世記》曰：“在雒陽東南，去雒陽四十一里。”　殤帝康陵，山周二百八步，高五丈五尺。行馬四出司馬門。寢殿、鍾虡在行馬中。因寢殿爲廟。園吏寺舍在殿北。隄封田十三頃十九畝二百五十步。《帝王世記》曰：“高五丈四尺。去雒陽四十八里。”　安帝恭陵，山周二百六十步，高十五丈。無周垣，爲行馬，四出司馬門。石殿、鍾虡在行馬内。寢殿、園吏舍在殿北。隄封田一十四頃五十六畝。《帝王世記》曰：“高十一丈。在雒陽西北，去雒陽十五里（大德本無‘西北去雒陽’五字）。”　順帝憲陵，山方三百步，高八丈四尺。無周垣，爲行馬，四出司馬門。石殿、鍾虡在司馬門内（司馬門，殿本作“行馬”）。寢殿、園省寺吏舍在殿東。隄封田十八頃十九畝三十步。《帝王世記》曰：“在雒陽西北，去雒陽十五里。”　沖帝懷陵，山方百八十三步，高四丈六尺。爲寢殿行馬，四出門。園寺吏舍在殿東。隄封田五頃八十畝。《帝王世記》曰：“西北，去雒陽十五里。”　質帝靜陵，山方百三十六步，高五丈五尺，爲行馬四出。寢殿、鍾虡在行馬中，園寺吏舍在殿北。隄封田十二頃五十四畝。因寢爲廟。《帝王世記》曰：“在雒陽東，去雒陽三十二里。”　桓帝宣陵，《帝王世記》

曰："山方三百步，高十二丈。在雒陽東南，去雒陽三十里。"靈帝文陵，《帝王世記》曰："山方三百步，高十二丈。在雒陽西北，去雒陽二十里。"　獻帝禪陵，《帝王世記》曰："不起墳，深五丈，前堂方一丈八尺，後堂方一丈五尺，角廣六尺。在河内山陽之濁城西北，去濁城直行十一里，斜行七里，去懷陵百一十里，去山陽五十里，南去雒陽三百一十里。"蔡質《漢儀》曰："十二陵令見河南尹無敬也（令，大德本、殿本作'今'；大德本、殿本'河'前有'在'字）。"　魏文帝《終制》略曰："漢文帝之不發霸陵，無求也。光武之掘原陵，封樹也。霸陵之完，功在釋之；原陵之掘，罪在明帝。是釋之忠以利君，明帝愛以害親也。忠臣孝子，宜思釋之之言，察明帝之戒，存於所以安君定親，使魂靈萬載無危，斯則賢聖之忠孝矣。自古及今，未有不亡之國，亦無不掘之墓也。喪亂以來，漢氏諸陵無不發掘，至乃燒取玉柙金縷（乃，大德本作'若'），骸骨并盡，是焚如之刑也，豈不重痛哉。禍由乎厚葬封樹，桑、霍爲我戒（霍，大德本、殿本作'藿'），不亦明乎！"臣昭案：《董卓傳》："卓使吕布發諸帝陵及公卿以下冢墓，收其珍寶。"《卓别傳》曰："發成帝陵，解金縷，探啥璣焉（啥，紹興本、大德本、殿本作'含'）。"《吕氏春秋》略曰："審知生，聖人之要也；審知死，聖人之極也。知生者，不以物害生；知死者，不以物害死。凡生於天地之間，其必有死。孝子之重其親者，若親之愛其子，不弃於溝壑，故有葬送之義。葬者，藏也。以生人心爲之慮，則莫如無動，無動莫如無利。葬淺則狐貍掘之，深則及水泉，故必高陵之上，以避二害。然而忘姦寇之變，豈不惑哉！民之於利也，犯白刃，涉危難以求之；忍親戚，欺知交以求之。今無此危，無此醜，而爲利甚厚，固難禁也。國彌大，家彌富，其葬彌厚，珠玉金銅，不可勝計。姦人聞之，轉以相告，雖有嚴刑重罪，不能止也。且死者彌久（者，大德本作'昔'），生者彌疏，彌疏則守之彌怠。藏器如故而守之有怠，其勢固必掘矣。世至爲丘隴，其高若山陵，樹之若林藪，或設闕庭、都邑。以此示富則可矣，以此爲死者則惑矣！大凡死者，其視萬世猶一瞑也。人之壽，久者不過百，中者六十。以百與六十爲無窮者慮，其情固不相當矣。必以無窮爲慮，然後爲可。今有銘其墓曰，'此中有金寶甚厚，不可掘也'，必爲世笑矣。而爲之闕庭以自表，此何異彼哉！自古及今，未有不亡之國也。無不亡之國，是無不掘之墓。以耳目之所聞見，則齊、荆、燕嘗亡矣；宋、中山已亡矣；趙、韓、魏皆失其故國矣。自此以上，亡國不可勝數，故其大墓無不掘也。而猶皆争爲之，豈不悲哉！今夫君之不令民，父之不教子，兄之不悌弟，皆鄉邑之所遺，而憚耕耒之勞者也。仍不事耕農，而好鮮衣侈食。智巧窮匱，則合黨連衆，而謀名丘大墓。上曾不能禁也，此有葬自表之禍也。昔堯葬穀林，通樹之；舜葬紀市，不變肆；禹葬會稽，不變人徒。非愛其費，以爲死者也。先王之所惡，惡死者之辱。以爲儉則不發，不發則不辱，故必以儉而合乎山原也。宋未亡而東冢掘，齊未亡而莊公掘。國存而力若此（力，大德本、殿本作'乃'），又況滅名之後乎！此愛而厚葬之故也。欲愛而反害之，欲安而反危之，忠臣孝子亦不可以厚葬矣。昔季孫以璵璠斂（季，大德本作'子'），孔子歷級而止之，爲無窮慮也。"

太皇太后、皇太后崩，司空以特牲告謚于祖廟如儀。長樂太僕、少府、大長秋典喪事，[1]三公奉制度，他皆如禮儀。[2]

[1]【今注】長樂太僕：官名。職掌皇太后輿馬，秩中二千石。皇太后歿後則省。　少府：官名。九卿之一，職掌禁中日用、財寶諸物。秩中二千石。　大長秋：官名。九卿之一，東漢時專用宦官擔任，職掌奉宣宫中命。秩中二千石。

[2]【劉昭注】丁孚《漢儀》曰："永平七年，陰太后崩（崩，紹興本作'歲'），晏駕詔曰：'柩將發於殿，群臣百官陪位，黄門鼓吹三通，鳴鍾鼓，天子舉哀。女侍史官三百人皆著素，參以白素，引棺挽歌，下殿就車，黄門宦者引以出宫省。太后魂車，鸞路，青羽蓋，駟馬，龍旂九旒，前有方相，鳳皇車，大將軍妻參乘，太僕妻御，悉導（導，紹興本、大德本、殿本作"道"）。公卿百官如天子郊鹵簿儀。'後和熹鄧后葬，案以爲儀，自此皆降損於前事也。"

合葬：羨道開通，皇帝謁便房，太常導至羨道，去杖，中常侍受，[1]至柩前，謁，伏哭止如儀。辭，太常導出，中常侍授杖，升車歸宫。已下，反虞立主如禮。[2]諸郊廟祭服皆下便房。五時朝服各一襲在陵寢，[3]其餘及宴服皆封以篋笥，[4]藏宫殿後閤室。

[1]【今注】去杖中常侍受：將喪杖交由中常侍。杖，喪杖。孝子服喪期間，因爲哀痛少食，身體羸弱，故柱杖。

[2]【今注】反虞立主：返回宫中之後，行虞祭，立神主牌位。

[3]【今注】五時：謂春、夏、季夏、秋、冬五個時節。東漢五時迎氣，朝服各有不同，可參本書《禮儀志上》《禮儀志中》及《祭祀志中》的相關記載。

[4]【今注】篋（qiè）笥（sì）：藏物的竹製小箱子。

諸侯王、列侯、始封貴人、公主薨，[1]皆令贈印璽、玉柙銀縷；大貴人、長公主銅縷。[2]諸侯王、貴人、公主、公、將軍、特進皆賜器，官中二十四物。[3]

使者治喪，穿作，[4]柏槨，[5]百官會送，如故事。諸侯王、公主、貴人皆樟棺，[6]洞朱，[7]雲氣畫。[8]公、特進樟棺黑漆。中二千石以下坎侯漆。[9]朝臣中二千石、將軍，使者弔祭，郡國二千石、六百石以至黄綬，[10]皆賜常車驛牛贈祭。[11]宜自佐史以上達，[12]大斂皆以朝服。君臨弔若遣使者，主人免絰去杖望馬首如禮。免絰去杖，不敢以戚凶服當尊者。[13]自王、主、貴人以下至佐史，送車騎導從吏卒，各如其官府。載飾以蓋，龍首魚尾，華布牆，纁上周，[14]交絡前後，雲氣畫帷裳。[15]中二千石以上有輜，[16]左龍右虎，朱鳥玄武；[17]公侯以上加倚鹿伏熊。[18]千石以下，緇布蓋牆，[19]魚龍首尾而已。二百石黄綬以下至于處士，皆以簟席爲牆蓋。其正妃、夫人、妻皆如之。諸侯王，傅、相、中尉、内史典喪事，[20]大鴻臚奏謚，天子使者贈璧帛，載日命謚如禮。[21]下陵，群臣醳麤服如儀，主人如禮。

[1]【今注】始封貴人：直接受封成爲貴人者。貴人，皇帝的配偶之一。東漢光武帝始置，在後宫地位僅次於皇后。

[2]【今注】大貴人：皇帝后妃，級别略高於貴人。在東漢，大貴人通常爲死後追授。本書卷一〇上《皇后紀上》："梁貴人者，褒親愍侯梁竦之女也。少失母，爲伯母舞陰長公主所養。年十六，亦以建初二年與中姊俱選入掖庭爲貴人……帝以貴人酷歿，斂葬禮闕，乃改殯於承光宫，上尊謚曰恭懷皇后，追服喪制，百官縞素，與姊大貴人俱葬西陵，儀比敬園。"　長公主：公主之尊者。本書《皇后紀上》："及帝崩，和帝即位，尊后爲皇太后。皇太后臨朝，

尊母沘陽公主爲長公主。”

［3］【今注】官中二十四物：曹金華《後漢書稽疑》：“按：殿本‘官’作‘宫’，疑是。”（第1353頁）

［4］【今注】穿作：謂挖造墓室。

［5］【今注】柏椁：用柏木製作外棺。椁，外棺。案，柏，大德本、殿本作“栢”。

［6］【今注】樟棺：樟木棺材。

［7］【今注】洞朱：通體朱紅色。洞，完整，徹底。

［8］【今注】雲氣畫：雲氣花紋。

［9］【劉昭注】丁孚《漢儀》曰：“孝靈帝葬馬貴人，贈步摇、赤紱葬，青羽蓋、駟馬。柩下殿，女侍史二百人著素衣挽歌（二，大德本、殿本作‘一’），引木下就車，黄門宦者引出宫門。”【今注】坎侯漆：杜佑《通典》卷八六《沿革·凶禮》“後漢制，諸侯王、列侯，樟棺黑漆。中二千石以下，坎侯漆”，自注：“空中勘合而漆之，如漆坎侯，即箜篌。”案，此説恐不確。坎侯漆似爲當時箜篌所用之漆。

［10］【今注】黄綬：指四百石、三百石及二百石的官員。本書《輿服志下》：“四百石、三百石、二百石黄綬。”

［11］【今注】常車：儀仗車。此車不爲乘坐，而專爲顯示威儀。以車上插着畫有日月圖案的大常旗，故名。

［12］【今注】佐史：指地方官署之中的書佐與曹史這類低級别吏員。

［13］【劉昭注】《前書》賈山上書曰：“古之賢君於臣也，尊其爵禄而親之，疾則臨視之無數，死則往弔哭之，臨其小斂、大斂。已棺塗前後爲之服，錫衰絰而三臨其喪。未斂而不飲酒食肉，未葬不舉樂。當可謂盡禮矣（大德本、殿本無‘當’字）。服法服，端容貌，正顔色，然後見之，故臣下莫敢不竭力盡死以報其上，功德立於世，而令問不忘也。”《晉起居注》曰：“太尉賈充

薨，皇太子妃之父，又太保也，有司奏依漢元明二帝親臨師保故事，皇太子素服爲發哀，又臨其喪。”【今注】不敢以戚凶服當尊者：不敢穿着表達悲戚的喪服面對地位尊貴的人。

［14］【今注】纁上周：車蓋上周邊用淺紅色。

［15］【今注】帷裳：車旁的帷幔。

［16］【今注】輜：車上的防蔽設施，可供運載重物。《管子·問》“鄉師車輜造脩之具”，尹知章注：“輜，謂車之有防蔽可以重載者。”

［17］【今注】朱鳥：即朱雀。古時傳説中的祥瑞動物，是南方之神。　玄武：古時傳説中的祥瑞動物，其形似龜，或爲龜蛇合體，是北方之神。

［18］【今注】倚鹿伏熊：車廂兩旁的檻木雕爲倚鹿，車前的横軾雕爲伏熊之形。本書《輿服志上》：“公、列侯安車，朱班輪，倚鹿較，伏熊軾。”較，車厢上的横木。

［19］【今注】緇布：黑布。　蓋：車蓋。　牆：古代靈車上用來遮覆棺材的裝飾性帷幔。

［20］【今注】傅相：官名。諸侯王屬官。本書《百官志五》“皇子封王，其郡爲國，每置傅一人，相一人，皆二千石”，本注曰：“傅主導王以善，禮如師，不臣也。相如太守。”　中尉：官名。諸侯王屬官。本書《百官志五》“中尉一人，比二千石”，本注曰：“職如郡都尉，主盜賊。”　内史：官名。諸侯王屬官，職掌諸侯國民政。案，本書《百官志五》“成帝省内史治民，更令相治民”，是東漢諸侯國無内史。此處既言傅、相，又稱内史，疑有誤。

［21］【今注】載日命謚：運送棺材的這天宣命謚號。

贊曰：大禮雖簡，鴻儀則容。[1]天尊地卑，君莊臣恭。質文通變，[2]哀敬交從。[3]元序斯立，[4]家邦迺隆。

［1］【今注】鴻儀則容：指儀式盛大的樣子。

［2］【今注】質文通變：禮儀在樸素和繁複之間互通變化。

［3］【今注】交從：喪葬禮儀中哀戚和肅敬兩種感情相互交織。

［4］【今注】元序：根本的秩序、法則。

後漢書　志第七

祭祀上

光武即位告天　郊　封禪

祭祀之道，自生民以來則有之矣。豺獺知祭祀，[1]而況人乎！故人知之至於念想，猶豺獺之自然也，顧古質略而後文飾耳。自古以來王公所爲群祀，至於王莽，[2]《漢書·郊祀志》既著矣，[3]故今但列自中興以來所修用者，[4]以爲《祭祀志》。[5]

［1］【今注】豺獺知祭祀：豺狗與水獺有將獵獲捕食的動物陳列排開的習性，猶如人行祭祀，故言。

［2］【今注】王莽：字巨君，西漢末年大臣，新莽政權的建立者。傳見《漢書》卷九九。

［3］【今注】漢書郊祀志：《漢書》八志之一，分上下兩卷，記載上古以至新莽時期祭祀封禪禮儀的沿革情況。

［4］【今注】中興：指光武帝劉秀於公元25年建立東漢政權。

［5］【劉昭注】《謝沈書》曰“蔡邕引中興以來所修者爲《祭祀志》”，即邕之《意》也。

建武元年，[1]光武即位于鄗，[2]爲壇營於鄗之陽。[3]祭告天地，采用元始中郊祭故事。[4]六宗群神皆從，[5]未以祖配。[6]天地共犢，[7]餘牲尚約。[8]其文曰："皇天上帝，[9]后土神祇，[10]睠顧降命，[11]屬秀黎元，[12]爲民父母，秀不敢當。群下百僚，不謀同辭。咸曰王莽篡弑竊位，秀發憤興義兵，破王邑百萬衆於昆陽，[13]誅王郎、銅馬、赤眉、青犢賊，[14]平定天下，海内蒙恩，上當天心，下爲元元所歸。[15]讖記曰：[16]'劉秀發兵捕不道，[17]卯金修德爲天子。'[18]秀猶固辭，至于再，[19]至于三。群下曰：'皇天大命，不可稽留。'[20]敢不敬承。"

［1］【今注】建武：東漢光武帝劉秀年號（25—56）。

［2］【今注】鄗：縣名。治所在今河北柏鄉縣北。劉秀即位後，改鄗爲高邑。

［3］【劉昭注】《春秋保乾圖》曰："建天子於鄗之陽，名曰行皇。"【今注】營：營造，建築。　鄗之陽：鄗縣城郭的南面。案，一般山南水北謂之陽。然考諸本書《郡國志》，高邑縣周圍無山水名曰鄗者。而本書卷一上《光武帝紀上》"光武於是命有司設壇場於鄗南千秋亭五成陌"，據此知鄗之陽當據城郭言之。

［4］【今注】采用元始中郊祭故事：取用西漢平帝元始年間的郊祭禮儀作爲成法。元始中郊祭，下文劉昭注引《三輔黄圖》王莽奏有介紹。《漢書·郊祀志下》亦有詳細記載，可參看。唯此郊祭變革的發生時間史書記載略有模糊。《漢書》卷一二《平帝紀》"四年春正月，郊祀高祖以配天，宗祀孝文以配上帝"，而同書《郊祀志下》以平帝元始五年（5），大司馬王莽奏言復長安南北郊。本志下文劉昭注引《三輔黄圖》載宰衡王莽奏言繫於元始四

年，同《平帝紀》。曹金華《後漢書稽疑》："《集解》引黄山説，謂王莽奏議在元始五年。是年十二月平帝崩，則定壇場具郊儀必已在莽居攝之後，故莽立官稷、增學官、奏立明堂、辟雍《平紀》皆書之，獨復長安南北郊不見於紀。《莽傳》亦自言予前在攝時建郊宫，而注引《黄圖》乃有元始四年宰衡莽具郊儀之奏，其文則全襲匡衡原奏之詞，與志載莽前後各奏不合，其爲僞託明矣。中興於大祭祀，動稱元始中故事，實則皆莽之亂制諱之，故曰'元始'耳。"（中華書局2014年版，第1355—1356頁）案，據《平帝紀》，王莽任宰衡事在元始四年夏，故經其奏言而改革郊祀，當以五年爲確。曹金華謂劉昭注引《三輔黄圖》元始四年王莽奏言全襲匡衡原奏之詞，非是。此奏與《漢書·郊祀志》莽奏不同，或容王莽於四年、五年先後兩次上奏。故事，之前的成例。在漢代的政治活動中，考察故事，可以爲當下的政事處理提供依據。東漢以來，由於光武帝對繼承西漢的强調和其個人對吏事的偏好，故事在吸收經典後成爲了政治行爲的決定性依據。（參見李彦楠《兩漢行政故事的變遷》，《史林》2019年第4期）

［5］【今注】六宗：此處當據元始郊祭禮，指日、月、雷、風、山、澤。案，《漢書·郊祀志下》元始五年，王莽奏言改革郊祀，謂"日、月、靁、風、山、澤，《易》卦六子之尊氣，所謂六宗也"。靁，古同"雷"。後東漢安帝元初六年（119），據《尚書》歐陽説，改以天地上下四方爲"六宗"。詳見本書《祭祀志中》。

［6］【今注】未以祖配：劉秀即位告天之時，没有安排始祖陪祀。案，根據經典記載，郊祀祭天時，通常需要安排始祖進行陪祀。《孝經·聖治章》"昔者周公郊祀后稷以配天"，唐玄宗注："后稷，周之始祖也。郊謂圜丘祀天也。周公攝政，因行郊天之祭，乃尊始祖以配之也。"

［7］【今注】天地共犢：天地共享一頭小牛獻祭。犢，小牛。《漢書·郊祀志下》元始五年，王莽奏言改革郊祀，謂"天地合祭，先祖配天，先妣配墬，其誼一也。天墬合精，夫婦判合。祭天

南郊，則以墬配，一體之誼也。天墬位皆南鄉，同席，墬在東，共牢而食。高帝、高后配於壇上，西鄉，后在北，亦同席共牢。牲用繭栗，玄酒陶匏。《禮記》曰天子籍田千畮以事天墬，繇是言之，宜有黍稷。天地用牲一，燔尞瘞薶用牲一，高帝、高后用牲一。天用牲左，及黍稷燔尞南郊；墬用牲右，及黍稷瘞於北郊”。墬，古同“地”。此處言天地共牢，用牲一，與下文劉昭注“天地用牲二”不同。案，劉昭注亦言天地共牢而食，與《漢書·郊祀志》同。而古人祭天用特牲，是天地合祭，同牢共食，不當用牲二，疑劉昭注有誤。

［8］【劉昭注】《黄圖》載元始儀最悉，曰：“元始四年，宰衡莽奏曰：‘帝王之義，莫大承天；承天之序，莫重於郊祀。祭天於南，就正位（正，紹興本、大德本、殿本作“陽”）；祠地於北（祠，大德本、殿本作“祀”），之陰義（之，紹興本、大德本、殿本作“主”）。圓丘象天（圓，殿本作“圜”，本注以下皆同，不重複出校），方澤則地。圓方因體，南北從位。燔燎升氣，瘞埋就類。牲欲繭栗，味尚清玄。器成匏勺，貴誠因質。天地神所統，故類乎上，則禋于六宗（則，紹興本、殿本作“帝”；作“帝”者屬上讀），望秩山川，班於群神。皇天后土，隨王所在而事祐焉。甘泉太陰，河東少陽，咸失厥位，不合禮制。聖王之制，必上當天心，下合地意，中考人事。故曰：“愷悌君子，求福不回。”回而求福，厥路不通。正月（正月，大德本、殿本作“在易”；作“在易”者屬下讀），《泰卦》，乾坤合體，天地交通，萬物聚出，其律太蔟。天子親郊天地。先祖配天，先妣配地，陰陽之别。以日冬至祀天，夏至祀后土，君不省方而使有司。六宗，日、月、星、山、川、海，星則北辰，川即河，山岱宗，三光衆明山阜百川衆流滈汙皋澤，以類相屬，各數秩望相序。’於是定郊祀，祀長安南北郊，罷甘泉、河東祀。”　上帝壇圓八觚，徑五丈，高九尺。茅營去壇十步，竹宫徑三百步，土營徑五百步。神

靈壇各於其方面三丈，去茅營二十步，廣坐十五步（坐，殿本作“三”）。合祀神靈以璧琮。用辟神道以通，廣各三十步。竹宫内道廣三丈，有闕，各九十一步（大德本無“一”字）。壇方三丈，拜位壇亦如之。　爲周道郊營之外，廣九步。營六甘泉北辰于南門之外，日、月、海東門之外，河北門之外，岱宗西門之外。爲周道前望之外，廣九步。列望遂乃近前望道外，徑六十二步。壇方二丈五尺，高三尺五寸。　爲周道列望之外，徑九步。卿望亞列望外，徑四十步。壇廣三丈，高二尺。　爲周道卿望之外，徑九步。大夫望亞卿望道外，徑二十步。壇廣一丈五尺，高一尺五寸。　爲周道大夫望之外，徑九步。士望亞大夫望道外（大德本無“大”字），徑十五步。壇廣一丈，高一尺。　爲周道士望之外，徑九步。庶望亞士望道外，徑九步。壇廣五尺，高五寸。　爲周道庶望之外，徑九步。凡天宗上帝宫壇營，徑三里，周九里。營三重，通八方。　后土壇方五丈六尺。茅營去壇十步外，土營方二百步限之。其五零壇土茅營，如上帝五神去營步數，神道四通，廣各十步。宫内道廣各二丈，有闕。　爲周道后土宫外，徑九步。營岱宗西門之外，河北門之外，海東門之外，徑各六十步。壇方二丈，高二尺。　爲周道前望之外，徑六步。列望亞前望道外，三十六步。壇廣一丈五尺（大德本無“一”字），高一尺五寸。　爲周道列望之外，徑六步。卿望亞列望道外，徑三十五步（三，大德本、殿本作“二”）。壇廣丈（殿本“丈”前有“一”字），高一尺。　爲周道卿望之外，徑六步。大夫望亞卿望道之外，徑十九步。壇廣八尺，高八寸。　爲周道大夫望之外，徑九步（九，殿本作“六”）。士望亞大夫望道外，徑十二步。壇廣六尺，高六寸。　爲周道士望之外，徑六步。凡地宗后土宫壇營（土，大德本作“上”），方二里，周八里。營再重，道四通。常以歲之孟春正月上辛若丁，親郊祭天南郊，以地配，望秩山川，徧于群神。天地位皆南鄉同席，地差在東，共牢而食。太祖高皇帝、高后配于壇上，西鄉，后在北，亦同席，共牢而食。日冬至，使有司奉祭天神于南郊，高皇帝配而望群陽。夏至，使有司奉祭地祇于北郊，高皇后配而望群陰。天地用牲二，燔燎瘞埋用牲一，先祖先妣用牲一。天以牲左，地以牲右，皆用黍稷及樂。【今注】餘牲尚約：指用於燔燎瘞埋的犧牲有所約省。光武帝的即位儀式在戰争之中倉促進行，因而禮數未備。

[9]【今注】皇天上帝：天帝。

[10]【今注】后土神祇（qí）：謂地神。

[11]【今注】睠顧降命：眷顧我劉秀，因而降下天命而令我建立東漢。

[12]【今注】屬秀黎元：意思是將黎民百姓囑託給我劉秀。黎元，百姓。

[13]【今注】王邑：西漢末年人，王莽堂弟，漢成帝丞相王商中子。王莽稱帝後，任大司空，封隆新公。地皇四年（23），爲緑林軍將領王鳳及劉秀等大破於昆陽。同年，緑林軍攻入長安，爲保護王莽，兵敗被殺。　昆陽：縣名。治所在今河南葉縣。

[14]【今注】王郎：一名昌，趙國邯鄲（今河北邯鄲市）人。傳見本書卷一二。　銅馬赤眉青犢：三者都是新莽時期的農民起義軍。銅馬、青犢發源於河北，赤眉最先在山東舉事。

[15]【今注】元元：百姓。

[16]【今注】讖：相傳是一種神秘的預言性文字。

[17]【今注】不道：猶言叛亂者。

[18]【今注】卯金修德爲天子：暗指劉姓有德者將成爲天子。劉姓拆字爲卯金刀，故以卯金暗指劉氏。

[19]【今注】再：第二次。

[20]【今注】稽留：久留，拖延。

二年正月，初制郊兆於雒陽城南七里。[1]依鄗，采元始中故事。[2]爲圓壇八陛，[3]中又爲重壇，[4]天地位其上，皆南鄉，西上。[5]其外壇上爲五帝位。[6]青帝位在甲寅之地，[7]赤帝位在丙巳之地，[8]黄帝位在丁未之地，[9]白帝位在庚申之地，[10]黑帝位在壬亥之地。[11]其外爲壝，[12]重營皆紫，[13]以像紫宫；[14]有四通道以爲門。日月在中營内南道，日在東，月在西，北斗在北道之西，皆别位，[15]不在群神列中。八陛，陛五十八醊，[16]合四百六十四醊。五帝陛郭，[17]帝七十二醊，合三百六十醊。中營四門，門五十四神，合二百一十六神。外營四門，門百八神，合四百三十二神。皆背營内鄉。中營四門，門封神四，外營四門，門封神四，合三十二神。凡千五百一十四神。[18]營即壝也。封，[19]封土築也。背中營神，[20]五星也，[21]及中宫宿五官神及五嶽之屬也。[22]背外營神，[23]二十八宿外宫星，[24]雷公、先農、風伯、雨師、四海、四瀆、名山、大川之屬也。[25]

[1]【今注】郊兆：郊祀祭天的祭壇。兆，祭壇。　雒陽：東漢國都。在今河南洛陽市東北。

[2]【今注】依鄗采元始中故事：同在鄗縣築壇一様，取用西漢平帝元始年間的郊祭禮儀作爲成法。

[3]【今注】八陛：八列臺階。上文劉昭注引《三輔黄圖》云“用辟神道八通”，是也。

[4]【今注】重壇：圓壇中心之上又起一壇，故言重壇。

[5]【今注】天地位其上皆南鄉西上：祭祀天地的位置在重壇之上，皆面向南，以西爲尊。上文劉昭注引《三輔黄圖》云“天

地位皆南鄉同席，地差在東”，是也。

［6］【今注】五帝：指東方青帝、南方赤帝、西方白帝、北方黑帝、中土黄帝五方天帝。

［7］【今注】甲寅之地：東偏北的方向。

［8］【今注】丙巳之地：南偏東的方向。

［9］【今注】丁未之地：南偏西的方向。

［10］【今注】庚申之地：西偏南的方向。

［11］【今注】壬亥之地：北偏西的方向。

［12］【今注】壝（wéi）：祭壇之下環繞着的矮墻。

［13］【今注】重營皆紫：營是祭壇之下矮墻圍隔出的環形區域。圜丘有兩層矮墻，對應的營域也有兩重，故曰“重營”。其中，内者稱“中營”，外者稱“外營”。

［14］【今注】紫宫：即紫微垣。古代中國人將天空中的恒星按照多少不等組合起來，每組稱爲星官。紫微垣是天極附近的星官，古人認爲是天帝居所，故而十分重要。《史記·天官書》：“中宫天極星，其一明者，太一常居也；旁三星三公，或曰子屬。後句四星，末大星正妃，餘三星後宫之屬也。環之匡衛十二星，藩臣。皆曰紫宫。”

［15］【今注】别位：謂分别設置神位，而不混雜在群神之中。

［16］【今注】陛五十八醊（zhuì）：每處臺階以酒酹地凡五十八次，祭五十八神。醊，以酒酹地祭神。

［17］【今注】陛郭：臺階的外沿。

［18］【今注】凡千五百一十四神：曹金華《後漢書稽疑》：“本志載：‘八陛，陛五十八醊，合四百六十四醊。五帝陛郭，帝七十二醊，合三百六十醊。中營四門，門五十四神，合二百一十六神。外營四門，門百八神，合四百三十二神。皆背營内向。中營四門，門封神四，外營四門，門封神四，合三十二神。凡千五百一十四神。’然據此相加，僅千五百四神，多出‘一十’二字。《類聚·禮部》《御覽·禮儀部》引《漢舊儀》謂‘漢制，天地以下，

群臣所祭凡一千五百四十，新益爲萬五千四十'，孫星衍等輯入《漢官六種》並加按語，謂'"新"上疑脱"亡"字'。《校補》引柳從辰説，謂'蓋自漢武求仙遍增郊祀，新莽事鬼傅會寖多，光武中興雖采元始中故事，而所定止於千五百一十四神，視前世又損其三十六，則莽之所增必盡革矣'。余以爲'五百四十'之'十'，或是'亡'字之訛，屬下句讀，即群臣所祭凡'千五百四神'，至亡新增至十倍也。"（第1356頁）案，據前文"八陛，陛五十八醊"至"門封神四，合三十二神"可知"凡千五百一十四神"當爲"凡千五百四神"之訛，曹説是也。然元始及新莽郊祭所祀群神之數是否如類書所引，今資料殘損，已不能確考。

［19］【今注】封：封神。營門内外左右壘起的土堆以爲神祇，或有守護庇佑之意。

［20］【今注】背中營神：處於五帝之下，面朝五帝，背對着内中矮墻的神位。説參楊英《祈望和諧：周秦兩漢王朝祭禮的演進及其規律》（商務印書館2009年版，第636頁）。

［21］【今注】五星：指水、金、火、土、木五顆行星。

［22］【今注】中宫宿：指三垣，即紫微垣、太微垣和天市垣。　五官神：五行之官。木正曰句芒，火正曰祝融，金正曰蓐收，水正曰玄冥，土正曰后土。　五嶽：指東南西北中五方的五座名山。關於其具體所指，有多種説法。漢代五嶽，通常以泰山爲東嶽，華山爲西嶽，霍山（天柱山，在今安徽潛山市西北）爲南嶽，恒山（常山，在今河北唐縣西北）爲北嶽，嵩山爲中嶽。

［23］【今注】背外營神：中營之外圈，背對着外層矮墻的神位。説參楊英《祈望和諧：周秦兩漢王朝祭禮的演進及其規律》（第636頁）。

［24］【今注】二十八宿外宫星：古代中國的天文學家把周天黄道的恒星分爲二十八個區域，稱二十八宿。具體來説，是東方：角、亢、氐、房、心、尾、箕；北方：斗、牛、女、虚、危、室、壁；西方：奎、婁、胃、昴、畢、觜、參；南方：井、鬼、柳、

星、張、翼、軫。因爲二十八宿包圍在中宫宿之外，故稱外宫星。

［25］【今注】先農：上古教人農業耕種的人，後人尊之爲農神。東漢尊炎帝爲先農。　四瀆：指長江、黄河、淮河和濟水四條大河。《史記》卷三《殷本紀》："東爲江，北爲濟，西爲河，南爲淮，四瀆已修，萬民乃有居。"

至七年五月，詔三公曰：[1]"漢當郊堯。[2]其與卿大夫、博士議。"時侍御史杜林上疏，[3]以爲"漢起不因緣堯，與殷周異宜，[4]而舊制以高帝配。方軍師在外，且可如元年郊祀故事"。[5]上從之。語在《林傳》。[6]

［1］【今注】三公：官名。指朝廷的最高輔政大臣。據文獻記載，三公應起自周代，儘管當時的制度或許遠没有後人想象的那樣完備。經典之中，有關三公的説法有二：一是司馬、司徒、司空的"三司"説，見於今文《尚書》及《韓詩外傳》；二是太師、太傅、太保的"三太"説，見於《周禮》和《大戴禮記》。漢成帝時，采"三司"説在政治制度上正式建立了漢代的三公官，以丞相爲大司徒，太尉爲大司馬，御史大夫爲大司空。東漢光武帝建武二十七年(51)，恢復大司馬爲太尉，又令大司徒、大司空去"大"字，以太尉、司徒、司空爲三公。

［2］【今注】郊堯：郊祀祭天，而以堯配祀。按照經典的説法，祭天時當以始祖陪祀。前文注釋引《孝經·聖治章》"昔者周公郊祀后稷以配天"是也。漢爲堯後，這是漢代經學家依據《左傳》附會而來的説法。《左傳》昭公二十九年蔡墨曰："陶唐氏既衰其後有劉累，學擾龍于豢龍氏，以事孔甲，能飲食之。夏后嘉之，賜氏曰御龍，以更豕韋之後。"本書卷三六《賈逵傳》引逵條奏，云："《五經》家皆無以證圖讖明劉氏爲堯後者，而《左氏》獨有

明文。”

［3］【今注】侍御史：官名。亦稱“御史”。御史中丞的屬官，協助中丞處理殿中事務。常備十五員，秩六百石。　杜林：字伯山，扶風茂陵（今陝西興平市東北）人。傳見本書卷二七。

［4］【今注】漢起不因緣堯與殷周異宜：謂漢興不因堯受命而來，所以祭天配祀祖先的情況需要與殷周的情況相區別。本書卷二七《杜林傳》“明年，大議郊祀制，多以爲周郊后稷，漢當祀堯。詔復下公卿議，議者僉同，帝亦然之。林獨以爲周室之興，祚由后稷，漢業特起，功不緣堯。祖宗故事，所宜因循”，李賢注引《東觀記》載林議曰：“當今政卑易行，禮簡易從，人無愚智，思仰漢德。基業特起，不因緣堯。堯遠於漢，人不曉信，言提其耳，終不說諭。后稷近周，人户知之，又據以興，基由其祚。《詩》曰：‘不愆不忘，率由舊章。’宜如舊制，以解天下之惑。”

［5］【今注】如元年郊祀故事：如東漢光武帝建武元年（25）劉秀即位之郊天儀式。案，本志上文記載建武元年劉秀即位祭天，“采用元始中郊祭故事”而“未以祖配”。本段下文劉昭注引《東觀漢記》杜林上疏“郊祀高帝，誠從民望”，知杜林建議郊祀高祖以配天，其依據實源自西漢元始故事。本志下文又云：“隴、蜀平後，乃增廣郊祀，高帝配食。”建武十年平隴右，建武十二年滅公孫述。此後郊祀始以高帝配食，則建武七年五月以至建武十二年間，郊祀用元年故事，不設祖先配祀。有關建武七年郊祀禮儀的更多討論，參見王爾《“祀堯”或“祀高帝”——東漢建武七年郊祀禮議的政治義涵和思想淵源》（《中華文史論叢》2020年第1期）。

［6］【劉昭注】《東觀書》載杜林上疏，悉於本傳。曰：“臣聞營河、雒以爲民，刻肌膚以爲刑，封疆畫界以建諸侯，井田什一以供國用，三代之所同。及至漢興，因時宜，趨世務，省煩苛，取實事，不苟貪高亢之論。是以去土中之京師，就關内之遠都。除肉刑之重律，用髡鉗之輕法。郡縣不置世禄之家，農人三十而

税一（税，大德本、殿本作‘取’）。政卑易行，禮簡易從。民無愚智（大德本無‘民’字，‘無’後有‘有’字），思仰漢德，樂承漢祀。基業特起，不因緣堯。堯遠於漢，民不曉信，言提其耳，終不悦諭。后稷近於周，民户知之。世據以興，基由其祚，本與漢異。郊祀高帝，誠從民望，得萬國之歡心，天下福應，莫大於此。民奉種祀，且猶世主，不失先俗。群臣僉薦鮌，考績不成，九載乃殛。宗廟至重，衆心難違，不可卒改。《詩》云‘不愆不忘，率由舊章’，明當尊用祖宗之故文章也。宜如舊制，以解天下之惑，合於《易》之所謂‘先天而天不違（不，大德本、殿本作“弗”），後天而奉天時’義。方軍師在外，祭可且如元年郊祭故事。”

隴、蜀平後，[1]乃增廣郊祀，[2]高帝配食，位在中壇上，[3]西面北上。[4]天、地、高帝、黄帝各用犢一頭，青帝、赤帝共用犢一頭，白帝、黑帝共用犢一頭，凡用犢六頭。[5]日、月、北斗共用牛一頭，四營群神共用牛四頭，[6]凡用牛五頭。凡樂奏《青陽》《朱明》《西皓》《玄冥》，[7]及《雲翹》《育命》舞。[8]中營四門，門用席十八枚，外營四門，門用席三十六枚，凡用席二百一十六枚，皆莞簟，[9]率一席三神。日、月、北斗無陛郭醊。既送神，[10]燎俎實於壇南巳地。[11]

［1］【今注】隴蜀平後：指平隗囂及公孫述兩股割據勢力。隗囂，字季孟。傳見本書卷一三。新莽末年以後，隗囂割據隴右，後與東漢政權相抗衡。光武帝建武九年（33），隗囂戰敗，恚憤而死。建武十年冬十月，中郎將來歙等大破隗囂子隗純於落門，其將王元奔蜀，純與周宗降，隴右平。公孫述，字子陽。傳見本書卷一三。

新莽末年，公孫述割據四川，自立爲蜀王，都成都。建武元年四月，自立爲天子。建武十二年冬十一月戊寅，東漢將領吴漢、臧宫與公孫述戰於成都，大破之。公孫述受傷死，蜀地遂平。

［2］【今注】增廣：指增加祭祀時的對象。

［3］【今注】中壇：圜丘封上有壇，壇中又爲重壇，即此中壇。本志上文云："爲圓壇八陛，中又爲重壇，天地位其上，皆南鄉，西上。"案，此時郊祀在天地祭祀之位的旁邊又增設了高帝配食位。

［4］【劉昭注】《漢舊儀》曰："祭天祭紫壇幄帷。高皇帝，祭天居堂下西向，紺帷帳，紺席。"《鉤命決》曰："自外至者，無主不止；自内出者，無匹不行。"

［5］【劉昭注】《漢舊儀》曰："祭天，養牛五歲，至三千斤。"案：《禮記》曰"天地之牛角繭栗"，而此云五歲，本志用犢是也。

［6］【今注】四營：猶言四周矮墻。

［7］【今注】青陽朱明西皓玄冥：漢代四季郊祀之樂。《史記·樂書》："漢家常以正月上辛祠太一甘泉，以昏時夜祠，到明而終。常有流星經於祠壇上。使僮男僮女七十人俱歌。春歌《青陽》，夏歌《朱明》，秋歌《西暤》，冬歌《玄冥》。"暤，同"皓"。案，漢代起初在甘泉泰畤祭天，故《史記》此處言"以正月上辛祠太一甘泉"。西漢成帝以降，受經學影響，祭天之所，始遷至國都南郊。然期間三十餘年，反復五次。詳見《漢書·郊祀志》。

［8］【今注】雲翹育命舞：東漢祭天所用舞蹈。中夏郊黄帝亦舞《雲翹》《育命》。本書《禮儀志中》："先立秋十八日，郊黄帝。是日夜漏未盡五刻，京都百官皆衣黄。至立秋，迎氣於黄郊，樂奏黄鍾之宫，歌《帝臨》，冕而執干戚，舞《雲翹》《育命》，所以養時訓也。"

［9］【今注】莞簟：蒲草或竹製的席子。

［10］【今注】送神：祭祀完畢，以儀式使神離去。

［11］【劉昭注】《周禮》“凡以神仕者，掌三辰之法，以猶鬼神祇之居，辨其名物”，鄭玄曰：“猶，圖也。居謂坐也。天者群神之精，日月星辰其著位也。以此圖天神人鬼地祇之坐者，謂布祭衆寡，與其居句（句，大德本、殿本作‘向’）。《孝經》説郊祀之禮曰：‘燔燎掃地，祭牲繭栗，或象天酒旗坐星，厨倉具黍稷布席，極敬心也。’言郊之布席，象五帝坐。禮祭宗廟，序昭穆，亦有似虚、危，則祭天圜丘象北極（圜，殿本作‘圜’），祭地方澤象后妃，及社稷之席，皆有明法焉。”【今注】俎實：俎案上的祭品。俎，古代祭祀盛放祭品的器物，形似案板而略凹，下有四足。　壇南巳地：壇南偏東的方向。

建武三十年二月，群臣上言，即位三十年，宜封禪泰山。[1]詔書曰：“即位三十年，百姓怨氣滿腹，吾誰欺，欺天乎？曾謂泰山不如林放，[2]何事汙七十二代之編録！[3]桓公欲封，管仲非之。[4]若郡縣遠遣吏上壽，[5]盛稱虚美，必髡，[6]兼令屯田。”[7]從此群臣不敢復言。三月，上幸魯，[8]過泰山，告太守以上過故，[9]承詔祭山及梁父。[10]時虎賁中郎將梁松等議：[11]“《記》曰‘齊將有事泰山，先有事配林’，[12]蓋諸侯之禮也。[13]河嶽視公侯，王者祭焉，宜無即事之漸，[14]不祭配林。”[15]

［1］【劉昭注】服虔注《漢書》曰：“封者，增天之高，歸功於天。”張晏注云：“天高不可及，於泰山上立封，禪而祭之，冀近神靈也。”項威注曰：“封泰山，告太平，升中和之氣於天。祭土爲封，謂負土於泰山爲壇而祭也。”《禮記》曰“因名山升中于

天”，盧植注曰：“封泰山，告太平，升中和之氣於天也。”《東觀書》載太尉趙熹上言曰（熹，紹興本作“憙”，大德本作“喜”）：“自古帝王，每世之隆，未嘗不封禪。陛下聖德洋溢，順天行誅，撥亂中興，作民父母，修復宗廟，救萬姓命，黎庶賴福，海内清平。功成治定，群司禮官或以爲宜登封告成（或，紹興本、大德本、殿本作‘咸’，是），爲民報德。百王所同，當仁不讓。宜登封岱宗，正三雍之禮，以明靈契，望秩群神，以承天心也。”【今注】即位三十年宜封禪泰山：《論語·子路》“子曰：‘如有王者，必世而後仁’”，何晏《集注》：“孔曰：三十年曰世。如有受命王者，必三十年仁政乃成。”三十年被古人認爲是受命而王者統治的一個節點，治天下三十年而仁政乃成，因此可以舉行封禪大典以告天。光武帝受命中興漢室凡三十年，是以群臣請求舉行封禪大典。案，三，大德本作“二”。

［2］【今注】曾謂泰山不如林放：典出《論語·八佾》：“季氏旅於泰山。子謂冉有曰：‘女弗能救與？’對曰：‘不能。’子曰：‘嗚呼，曾謂泰山不如林放乎？’”這句話本來的意思是孔子譏諷弟子冉有及其所效命的季氏，認爲泰山必不會接納不合於禮的祭祀。此處被光武帝用來拒絶臣子封禪的請求。

［3］【劉昭注】《莊子》曰：“易姓而王，封於泰山，禪於梁父者，七十有二代。其有形兆垠堮勒石，凡千八百餘處。”許慎《説文序》曰：“蒼頡之初作書，蓋依類象形，故謂之文。其有形聲相益（益，殿本作‘溢’），即謂之字（即，大德本作‘故’）。字者，言孳乳而滋多也。著於竹帛謂之書，書者如也。以迄五帝、三王之世，改易殊體，封於泰山者七十有二代，靡有同焉。”【今注】七十二代之編録：據《管子·封禪》記載，古時行封禪者有七十二家。詳下注。

［4］【今注】桓公欲封管仲非之：《管子·封禪》：“桓公既霸，會諸侯於葵丘，而欲封禪。管仲曰：‘古者封泰山，禪梁父者，七

十二家。而夷吾所記者，十有二焉。昔無懷氏封泰山，禪云云；虙羲封泰山，禪云云；神農封泰山，禪云云；炎帝封泰山，禪云云；黄帝封泰山，禪亭亭；顓頊封泰山，禪云云；帝嚳封泰山，禪云云；堯封泰山，禪云云；舜封泰山，禪云云；禹封泰山，禪會稽；湯封泰山，禪云云；周成王封泰山，禪社首。皆受命然後得封禪。'桓公曰：'寡人北伐山戎，過孤竹；西伐大夏，涉流沙，束馬懸車，上卑耳之山；南伐至召陵，登熊耳山以望江漢。兵車之會三而乘車之會六，九合諸侯，一匡天下，諸侯莫違我。昔三代受命，亦何以異乎？'於是管仲睹桓公不可窮以辭，因設之以事。曰：'古之封禪，鄗上之黍，北里之禾，所以爲盛；江淮之間，一茅三脊，所以爲藉也；東海致比目之魚，西海致比翼之鳥，然後物有不召而自至者十有五焉。今鳳凰麒麟不來，嘉穀不生，而蓬蒿藜莠茂，鴟梟數至，而欲封禪，毋乃不可乎？'於是桓公乃止。"

[5]【今注】上壽：（爲皇帝）祝壽。

[6]【今注】髡（kūn）：古代剃去男子頭髮的一種刑罰。

[7]【今注】令屯田：派至邊遠地區開墾荒地。屯田，古代中國的一種半軍事半農業生產方式。將戍卒派至邊遠地區，閑時開荒種地，戰時充當武裝力量。

[8]【劉昭注】《漢祀令》曰："天子行有所之，出河，沈用白馬珪璧各一，衣以繒緹五尺，祠用脯二束，酒六升，鹽一升。涉渭、灞、涇、雒佗名水如此者，沈珪璧各一。律，在所給祠具；及行，沈祠佗川水，先驅投石，少府給珪璧。不滿百里者不沈。"

[9]【今注】太守：官名。郡的最高行政長官。東漢太守掌治民，進賢勸功，決訟檢姦，秩二千石。

[10]【今注】梁父：梁父（甫）山，在今山東泰安市東南。

[11]【今注】虎賁中郎將：官名。隸屬光禄勳，負責率領虎賁衛士，負責宮殿的宿衛侍從，秩比二千石。　梁松：字伯孫，安定烏氏（今寧夏固原市東南）人。傳見本書卷三四。

［12］【今注】案，語出《禮記·禮器》“齊人將有事於泰山，必先有事於配林”，鄭玄注：“配林，林名。”

［13］【今注】諸侯之禮：謂前引《禮記·祭器》所言，是諸侯禮的規定。天子禮與之不同。

［14］【今注】河嶽視公侯王者祭焉宜無即事之漸：對黄河、泰山的祭祀，在祭祀的等級裏有類公侯一等，並非郊祀這樣有類天子等級的最尊貴的祭祀。因此，王者祭祀黄河、泰山，不需要按照由卑微而漸至尊貴的原則，先進行一些低級别的祭祀活動。

［15］【劉昭注】盧植注曰：“配林，小山林麓配泰山者也。謂諸侯不郊天，泰山巡省所考五嶽之宗，故有事將祀之，先即其漸。天子則否矣。”泰山廟在博縣。《風俗通》曰：“博縣十月祀岱宗，名曰合凍，十二月涸凍，正月解凍。太守絜齋（絜，大德本、殿本作‘潔’），親自執事，作脯廣一尺，長五寸。既祀訖，取泰山君夫人坐前脯三十朐（大德本無‘人’字），太守拜章，縣次驛馬，傳送雒陽。”

三十二年正月，上齋，夜讀《河圖會昌符》，[1]曰“赤劉之九，會命岱宗。[2]不慎克用，何益於承。[3]誠善用之，[4]姦僞不萌”。[5]感此文，乃詔松等復案索《河》《雒》讖文言九世封禪事者。[6]松等列奏，乃許焉。[7]

［1］【今注】河圖會昌符：建武三十二年（56），光武帝宣布圖讖於天下。本書卷五九《張衡傳》“《河》《洛》《六藝》，篇録已定”，李賢注引《衡集》上事云：“《河》《洛》五九，《六藝》四九，謂八十一篇也。”《河圖會昌符》是光武帝頒行的四十五篇《河》《洛》讖言中的一篇。因其久已亡佚，是故具體内容今不可考，當是依傍着《河圖》的内容而附會一些神秘性的預言文字。

［2］【今注】赤劉之九會命岱宗：漢室劉姓第九代在泰山封禪受命。依五行説法，漢當堯後，爲火德，故稱赤劉、炎劉。西漢後期以來，社會上長期流傳着漢室九世再受命的説法，《河圖會昌符》此處“赤劉之九，會命岱宗”的文字正體現了這種暗示。

［3］【今注】不慎克用何益於承：如果不能謹慎地利用這次機會，對於繼承天命有什麼好處？

［4］【今注】誠：實在，確實。

［5］【今注】姦僞不萌：邪惡與僞詐的事情不會發生。

［6］【今注】河雒：《河圖》和《洛書》。中國古代流傳下來的兩幅神秘圖案，有類數陣，以黑白子的形式串聯排列，古人認爲其中藴含着精深的奥義。

［7］【劉昭注】《東觀書》曰：“群臣奏言：‘登封告成，爲民報德，百王所同。陛下輒拒絶不許，臣下不敢頌功述德業。《河》《雒》讖書，赤漢九世，當巡封泰山，凡三十六事，傅奏左帷。陛下遂以仲月令辰，遵岱嶽之正禮，奉《圖》《雒》之明文，以和靈瑞，以爲兆民。’上曰：‘至泰山乃復議。國家德薄，災異仍至，圖讖蓋如此！’”【今注】許：同意。

初，[1]孝武帝欲求神仙，以扶方者言黄帝由封禪而後僊，[2]於是欲封禪。封禪不常，時人莫知。元封元年，[3]上以方士言作封禪器，以示群儒，多言不合古，於是罷諸儒不用。[4]三月，上東上泰山，[5]乃上石立之泰山顛。[6]遂東巡海上，求僊人，無所見而還。[7]四月，封泰山。[8]恐所施用非是，[9]乃祕其事。[10]語在《漢書·郊祀志》。[11]

［1］【今注】初：謂漢代初行封禪時。

［2］【今注】以扶方者言黄帝由封禪而後僊：《史記·封禪書》："自得寶鼎，上與公卿諸生議封禪……天子既聞公孫卿及方士之言，黄帝以上封禪，皆致怪物與神通，欲放黄帝以上接神僊人蓬萊士，高世比德於九皇，而頗采儒術以文之。"扶方者，指公孫卿等方士。

［3］【今注】元封：西漢武帝劉徹年號（前110—前105）。

［4］【今注】案，"上以方士言作封禪器"四句，詳見《史記·封禪書》："群儒既已不能辨明封禪事，又牽拘於《詩》《書》古文而不能騁。上爲封禪祠器示群儒，群儒或曰'不與古同'，徐偃又曰'太常諸生行禮不如魯善'，周霸屬圖封禪事，於是上絀偃、霸，而盡罷諸儒不用。"

［5］【劉昭注】郭璞注《山海經》曰："泰山從山下至頭，四十八里二百步。"

［6］【劉昭注】《風俗通》曰："石高二丈一尺，刻之曰'事天以禮，立身以義，事父以孝，成民以仁。四海之内，莫不爲郡縣，四夷八蠻，咸來貢職。與天無極，人民蕃息，天禄永得'。"【今注】三月上東上泰山乃上石立之泰山顛：《史記·封禪書》："三月，遂東幸緱氏，禮登中嶽太室。從官在山下聞若有言'萬歲'云。問上，上不言；問下，下不言。於是以三百户封太室奉祠，命曰崇高邑。東上泰山，泰山之草木葉未生，乃令人上石立之泰山巔。"

［7］【今注】遂東巡海上求僊人無所見而還：《史記·封禪書》："上遂東巡海上，行禮祠八神。齊人之上疏言神怪奇方者以萬數，然無驗者。乃益發船，令言海中神山者數千人求蓬萊神人。公孫卿持節常先行候名山，至東萊，言夜見大人，長數丈，就之則不見，見其迹甚大，類禽獸云。群臣有言見一老父牽狗，言'吾欲見巨公'，已忽不見。上即見大迹，未信，及群臣有言老父，則大以爲僊人也。宿留海上，予方士傳車及閒使求僊人以千數。"

［8］【劉昭注】《風俗通》曰："封廣丈二尺，高九尺，下有玉牒書也。"【今注】四月封泰山：《史記·封禪書》："四月，還至奉高。上念諸儒及方士言封禪人人殊，不經，難施行。天子至梁父，禮祠地主。乙卯，令侍中儒者皮弁薦紳，射牛行事。封泰山下東方，如郊祠太一之禮。封廣丈二尺，高九尺，其下則有玉牒書，書祕。禮畢，天子獨與侍中奉車子侯上泰山，亦有封。其事皆禁。明日，下陰道。丙辰，禪泰山下阯東北肅然山，如祭后土禮。天子皆親拜見，衣上黄而盡用樂焉。江淮閒一茅三脊爲神藉。五色土益雜封。縱遠方奇獸蜚禽及白雉諸物，頗以加禮。兕牛犀象之屬不用。皆至泰山祭后土。封禪祠；其夜若有光，晝有白雲起封中。"

［9］【今注】施用：施行，實施。

［10］【今注】祕：同"秘"。隱秘，對……保密。

［11］【劉昭注】《東觀書》曰："上至泰山，有司復奏《河》《雒》圖記表章赤漢九世尤著明者（復，紹興本作'複'），前後凡三十六事。與博士充等議，以爲'殷統未絶，黎庶繼命，高宗久勞，猶爲中興。武王因父，受命之列，據三代郊天，因孔子甚美其功，後世謂之聖王。漢統中絶，王莽盜位，一民莫非其臣，尺土靡不其有，宗廟不祀，十有八年。陛下無十室之資，奮振於匹夫，除殘去賊，興復祖宗，集就天下，海内治平，夷狄慕義，功德盛於高宗、宣王（宣，殿本作"武"）。宜封禪爲百姓祈福。請親定刻石紀號文，太常奏儀制'。詔曰：'許。昔小白欲封，夷吾難之；季氏欲旅，仲尼非焉。蓋齊諸侯，季氏大夫，皆無事於泰山。今予末小子，巡祭封禪（祭，大德本作"察"），德薄而任重，一則以喜，一則以懼。喜於得承鴻業，帝堯善及子孫之餘賞，蓋應圖籙（籙，大德本、殿本作"録"），當得是當。懼於過差，執德不弘，信道不篤，爲議者所誘進，後世知吾罪深矣。'"【今注】案，語在《漢書·郊祀志》，《史記·封禪書》亦載。

上許梁松等奏，乃求元封時封禪故事，議封禪所施用。有司奏當用方石再累置壇中，皆方五尺，厚一尺，[1]用玉牒書藏方石。[2]牒厚五寸，長尺三寸，廣五寸，有玉檢。[3]又用石檢十枚，列於石傍，東西各三，南北各二，皆長三尺，廣一尺，厚七寸。檢中刻三處，深四寸，方五寸，有蓋。檢用金縷五周，以水銀和金以爲泥。[4]王璽一方寸二分，一枚方五寸。方石四角又有距石，[5]皆再累。枚長一丈，厚一尺，廣二尺，皆在圓壇上。其下用距石十八枚，皆高三尺，厚一尺，廣二尺，如小碑，環壇立之，去壇三步。距石下皆有石跗，[6]入地四尺。又用石碑，高九尺，廣三尺五寸，厚尺二寸，立壇丙地，[7]去壇三丈以上，以刻書。上以用石功難，[8]又欲及二月封，故詔松欲因故封石空檢，更加封而已。[9]松上疏争之，以爲“登封之禮，告功皇天，垂後無窮，以爲萬民也。承天之敬，尤宜章明。[10]奉《圖》《書》之瑞，尤宜顯著。今因舊封，竄寄玉牒故石下，[11]恐非重命之義。[12]受命中興，宜當特異，以明天意”。遂使泰山郡及魯趣石工，[13]宜取完青石，無必五色。時以印工不能刻玉牒，欲用丹漆書之；會求得能刻玉者，[14]遂書。書祕刻方石中，命容玉牒。

[1]【今注】方石再累置壇中皆方五尺厚一尺：《初學記》卷一三《禮部上》引《封禪儀注》云：“壇上置石檢，再累階，方五尺，厚一尺，置壇中。”檢（gǎn），石匣，即方石。

[2]【今注】玉牒書：古代帝王封禪、郊祀所用的玉簡文書。

［3］【今注】玉檢：玉質的封緘印記。檢謂封緘。古代簡書在結繩處施以封泥，然後泥上加蓋印戳，作爲保密標記。

［4］【今注】案，“用石檢十枚”至“以水銀和金以爲泥”：《北堂書鈔》卷九一《禮儀部一二》引《漢官儀》云：“建武三十二年二月，輦人挽升山，國家居臺上，北鄉。虎賁陛戟。發壇上方石，置玉牒書。封石檢，以金爲繩，以石爲泥。南北二檢，東方、西方各三檢。檢中石泥及壇土，色青赤白黑各如其方色。”《白虎通·封禪》：“石泥金繩，封之以印璽。”今案，《漢官儀》及《白虎通》謂“石泥”，與本志“以水銀和金以爲泥”者不同，當是元封封禪與建武封禪儀式的差别。

［5］【今注】距石：柱石、基石。

［6］【今注】石跗：石質的基座。

［7］【今注】丙地：南偏東的方向。

［8］【今注】用石功難：封禪儀式用石質材料，用工太大，難以完成。

［9］【劉昭注】欲及二月者，《虞書》“歲二月，東巡狩，至于岱宗，柴”。范甯曰：“巡狩者，巡行諸侯所守。二月直卯，故以東巡狩也。祭山曰燔柴，積柴加牲於其上而燔之也。”

［10］【今注】章明：凸顯，宣揚。

［11］【今注】竄寄：更改而混入。

［12］【今注】重命：謂再受命，即指劉秀建立東漢，中興漢室。

［13］【今注】趣（cù）：同“促”。催促，督促。

［14］【今注】會：適逢，恰巧。

二月，上至奉高，[1]遣侍御史與蘭臺令史，[2]將工先上山刻石。文曰：“維建武三十有二年二月，皇帝東巡狩，至于岱宗，柴，[3]望秩於山川，[4]班于群神，[5]

遂覲東后。[6]從臣太尉憙、行司徒事特進高密侯禹等。[7]漢賓二王之後在位。[8]孔子之後褒成侯，[9]序在東后，蕃王十二，咸來助祭。《河圖赤伏符》曰：[10]'劉秀發兵捕不道，四夷雲集龍鬬野，四七之際火爲主。'[11]《河圖會昌符》曰：'赤帝九世，巡省得中，[12]治平則封，[13]誠合帝道孔矩，[14]則天文靈出，地祇瑞興。[15]帝劉之九，會命岱宗，誠善用之，姦僞不萌。赤漢德興，九世會昌，巡岱皆當。天地扶九，崇經之常。漢大興之，道在九世之王。封于泰山，刻石著紀，禪于梁父，退省考五。'[16]《河圖合古篇》曰：[17]'帝劉之秀，九名之世，帝行德，封刻政。'《河圖提劉予》曰：[18]'九世之帝，方明聖，持衡拒，九州平，天下予。'《雒書甄曜度》曰：[19]'赤三德，昌九世，會修符，合帝際，勉刻封。'《孝經鉤命決》曰：[20]'予誰行，[21]赤劉用帝，三建孝，九會修，專茲竭行封岱青。'《河》《雒》命后，經讖所傳。昔在帝堯，聰明密微，[22]讓與舜庶，[23]後裔握機。[24]王莽以舅后之家，[25]三司鼎足冢宰之權勢，[26]依託周公、霍光輔幼歸政之義，[27]遂以篡叛，僭號自立。宗廟墮壞，[28]社稷喪亡，不得血食，[29]十有八年。揚、徐、青三州首亂，[30]兵革横行，延及荆州，[31]豪傑并兼，百里屯聚，往往僭號。[32]北夷作寇，千里無煙，無雞鳴狗吠之聲。[33]皇天睠顧皇帝，以匹庶受命中興，年二十八載興兵起，是以中次誅討，十有餘年，罪人則斯得。黎庶得居爾田，安爾宅。書同文，車同軌，人同倫。[34]舟輿所通，人迹所至，靡不貢職。[35]建明堂，立辟雍，起靈臺，設庠序。[36]同律、度、量、衡。[37]修五禮，[38]五玉、[39]三帛、[40]二牲、[41]一死、[42]贄。[43]吏各修職，復于舊典。在位三十有二年，年六十二。乾乾日昃，[44]不敢荒寧，涉危歷險，親巡黎元，恭肅神祇，惠恤耆老，理庶遵古，聰允明恕。[45]皇帝唯慎《河圖》《雒書》正文，是月辛卯，柴，登封泰山。甲午，禪于梁陰。[46]以承靈瑞，以爲兆民，[47]永兹一宇，垂于後昆。[48]百寮從臣，郡守師尹，[49]咸蒙祉福，永永無極。秦相李斯燔《詩》《書》，樂崩禮壞。建武元年已前，文書散亡，舊典不具，不能明經文，以章句細微相況八十一卷，[50]明者爲驗，又其十卷，皆不昭晳。[51]子貢欲去告朔之餼羊，子曰：'賜也，爾愛其羊，我愛其禮。'後有聖人，正失誤，刻石記。"[52]

[1]【劉昭注】應劭《漢官》馬第伯《封禪儀記》曰："車駕正月二十八日發雒陽宫，二月九日到魯，遣守謁者郭堅伯將徒五百人治泰山道。十日，魯遣宗室諸劉及孔氏、瑕丘丁氏上壽受賜，皆詣孔氏宅，賜酒肉。十一日發（大德本無'一'字），十二日宿奉高。是日遣虎賁郎將先上山，三案行。還，益治道徒千人。十五日，始齋。國家居太守府舍，諸王居府中，諸侯在縣庭中齋。諸卿、校尉、將軍、大夫、黄門郎、百官及宋公、衛公、褒成侯、東方諸侯、雒中小侯齋城外汶水上。太尉、太常齋山虞。馬第伯自云，某等七十人先之山虞，觀祭山壇及故明堂宫郎官等郊肆處。入其幕府，觀治石。石二枚，狀博平，圓九尺，此壇上石也（上，紹興本作'土'；也，大德本作'地'）。其一石，武帝時石也。

時用五車不能上也，因置山下爲屋，號五車石。四維距石長丈二尺，廣二尺，厚尺半所，四枚。檢石長三尺（三，殿本作‘五’），廣六寸，狀如封篋。長檢十枚。一紀號石，高丈二尺，廣三尺，厚尺二寸，名曰立石。一枚，刻文字，紀功德。是朝上山騎行，往往道峻峭不騎，步牽馬，乍步乍騎，且相半，至中觀留馬。去平地二十里，南向極望無不覩。仰望天關，如從谷底仰觀抗峯。其爲高也，如視浮雲。其峻也，石壁窅窱，如無道徑。遥望其人，端如行杇兀，或爲白石或雪，久之白者移過樹，乃知是人也。殊不可上，四布僵臥石上，有頃復蘇。亦賴齎酒脯，處處有泉水，目輒爲之明。復勉强相將行，到天關，自以已至也，問道中人，言尚十餘里。其道旁山脅，大者廣八九尺，狹者五六尺。仰視巖石松樹，鬱鬱蒼蒼，若在雲中。俛視谿谷，碌碌不可見丈尺。遂至天門之下。仰視天門，窔遼如從穴中視天。直上七里，賴其羊腸逶迤，名曰環道，往往有絙索，可得而登也。兩從者扶掖，前人相牽，後人見前人履底，前人見後人頂，如畫重累人矣，所謂磨胸捏石（捏，殿本作‘捏’），捫天之難也。初上此道，行十餘步一休，稍疲，咽脣燋，五六步一休。牒牒據頓，地不避濕暗，前有燥地，目視而兩腳不隨。早食上，晡後到天門（天，紹興本作‘大’）。郭使者得銅物。銅物形狀如鍾，又方柄有孔，莫能識也，疑封禪具也。得之者汝南召陵人，姓陽名通（陽，大德本、殿本作‘楊’；大德本無‘通’字）。東上一里餘，得木甲。木甲者，武帝時神也。東北百餘步，得封所，始皇立石及闕在南方，漢武在其北。二十餘步得北垂圓臺，高九尺，方圓三丈所，有兩陛。人不得從，上從東陛上。臺上有壇，方一丈二尺所，上有方石，四維有距石，四面有闕。鄉壇再拜謁，人多置錢物壇上，亦不掃除。國家上見之，則詔書所謂酢梨酸棗狼藉，散錢處數百，幣帛具，道是武帝封禪至泰山下，未及上，百官爲先上跪拜，置梨棗錢于道以求福，即此也。東山名曰日觀，日觀者，雞一鳴時，見日始欲出，長三丈所，秦觀者望見長安，吴觀者望見會稽，周觀者望見齊。西北有石室。壇以南有玉盤，中有玉龜。山南脅神泉，飲之極清美利人。日入下去，行數環。日暮時頗雨，不見其道，一人居其前，先知蹈有人，乃舉足隨之。比至天門下，夜人定矣。”【今注】奉高：縣名。治所在今山東泰安市東。

［2］【今注】蘭臺令史：官名。隸屬御史中丞，職掌書奏及印工文書，同時負責校定秘書圖籍。秩六百石。

［3］【劉昭注】《風俗通》曰：“岱者，胎也。宗者，長也。萬物之始，陰陽之交，觸石膚寸而合，不崇朝而徧雨天下，惟泰山乎！故爲五嶽之長耳。”【今注】柴：燔柴以祭天。

［4］【劉昭注】孔安國《書》注曰：“九州名山、大川、五嶽、四瀆之屬，皆一時望祭之。”安國又曰：“喻以尊卑祭之也。五嶽視三公，四瀆視諸侯，其餘小者或卿、大夫、伯、子、男。”【今注】望秩：按等級依次望祭山川。《尚書·舜典》“二月，東巡守。至于岱宗，柴，望秩于山川”，僞孔《傳》：“東岳諸侯竟内名山大川，如其秩次望祭之。”

［5］【劉昭注】孔安國曰：“群神謂丘陵墳衍，古之聖賢皆祭之矣。”

［6］【今注】東后：東方青帝。后，王。

［7］【今注】太尉憙：趙憙，字伯陽。傳見本書卷二六。太尉，官名。主掌全國軍政。東漢時，太尉與司馬、司空並列三公，分行宰相職權。　行司徒事特進高密侯禹：鄧禹，字仲華。傳見本書卷一六。司徒，官名。東漢時司徒職掌民政，凡教民孝悌、遜順、謙儉，養生送死之事，則議其制，建其度，與太尉、司空並列“三公”。特進高密侯，封地在高密的特進侯。特進侯，東漢時，已有列侯而又賜秩位特進者。其爵高於一般列侯。高密，縣名。治所在今山東高密市西南。

［8］【今注】漢賓二王之後：殷、周王室之後，漢室尊爲賓。本書《百官志五》："衛公、宋公。本注曰：建武二年，封周後姬常爲周承休公；五年，封殷後孔安爲殷紹嘉公。十三年，改常爲衛公，安爲宋公，以爲漢賓，在三公上。"

［9］【今注】褒成侯：漢代封孔子後爲褒成侯。《漢書》卷一二《平帝紀》："（元始元年六月）封周公後公孫相如爲褒魯侯，孔子後孔均爲褒成侯，奉其祀。追謚孔子曰褒成宣尼公。"

［10］【今注】河圖赤伏符：建武三十二年（56），光武帝宣布圖讖於天下。本書卷五九《張衡傳》"《河》《洛》《六蓺》，篇録已定"，李賢注引《衡集》上事云："《河》《洛》五九，《六蓺》四九，謂八十一篇也。"《河圖赤伏符》是光武帝頒行的四十五篇《河》《雒》讖言中的一篇。因其久已亡佚，是故具體内容今不可考，當是依傍着《河圖》的内容而附會一些神秘性的預言文字。

［11］【今注】四七之際火爲主：本書卷一上《光武帝紀上》"行至鄗，光武先在長安時同舍生彊華自關中奉《赤伏符》，曰'劉秀發兵捕不道，四夷雲集龍鬬野，四七之際火爲主'"，李賢注："四七，二十八也。自高祖至光武初起，合二百二十八年，即四七之際也。漢火德，故火爲主也。"

［12］【今注】巡省得中：指東漢定都雒陽。雒陽地處中土，故謂"得中"。

［13］【今注】治平則封：治理天下以致太平，則行封禪典禮。

［14］【今注】孔矩：盛大的規模法度。孔，大、盛。

［15］【今注】天文靈出地祇瑞興：謂天上地下，祥瑞並現。

［16］【今注】退省考五：退而省思、考察五帝的功業成就。

［17］【今注】河圖合古篇：與上注《河圖赤伏符》同是光武帝頒行的四十五篇《河》《雒》讖言中的一篇，且久已亡佚，具體内容今不可考。

［18］【今注】河圖提劉予：與上注《河圖赤伏符》同是光武帝頒行的四十五篇《河》《雒》讖言中的一篇，且久已亡佚，具體

内容今不可考。

［19］【今注】雒書甄曜度：與上注《河圖赤伏符》同是光武帝頒行的四十五篇《河》《雒》讖言中的一篇，且久已亡佚，具體内容今不可考。

［20］【今注】孝經鉤命决：《孝經》緯書的一篇，今已佚。緯書是以神秘化的思想語言解釋經書的著作。

［21］【今注】予：我。

［22］【今注】密微：邃密微妙。

［23］【今注】讓與舜庶：指堯將帝位禪讓與當時還是庶民的舜。

［24］【今注】後裔握機：指漢室劉姓作爲堯的後裔統治天下。

［25］【今注】舅后之家：指外戚家族。王莽是元帝王皇后之侄。

［26］【今注】三司鼎足冢宰之權勢：謂王莽有三公、冢宰的權勢。三司，即三公。王莽曾任大司馬。冢宰，官名。又稱太宰。相傳冢宰是殷、周時代的百官之長。《論語·憲問》："子張曰：'《書》云"高宗諒陰，三年不言"，何謂也？'子曰：'何必高宗，古之人皆然。君薨，百官總已以聽於冢宰三年。'"又《周禮》以天官冢宰爲六官之首，"掌建邦之六典，以佐王治邦國"。鄭注則云："冢宰於百官無所不主。"彭林認爲冢宰應讀爲宗宰，其職當爲掌理宗族之祭祀、喪葬等事務，故孔子謂"君薨，百官總已以聽於冢宰三年"。《周禮》成書較晚，内容駁雜。其作者曲解《憲問》孔子語，遂杜撰出冢宰爲周相的説法。其實不可信從。詳參彭林《〈周禮〉冢宰及周代輔相問題》（《福建論壇》1987 年第 3 期）。元始四年（4），王莽以安漢公加"宰衡"號。《漢書·平帝紀》李賢注引應劭曰："周公爲太宰，伊尹爲阿衡，采伊、周之尊以加莽。"

［27］【今注】周公：西周初年人。姓姬名旦。周文王子，武王弟。輔佐武王滅商，受封於魯。武王去世後，成王年幼，他攝政

稱王。率軍東征，平定三監之亂。又營建雒邑，制定周朝的禮樂制度。最終歸政成王。　霍光：字子孟，河東平陽（今山西臨汾市西南）人。傳見《漢書》卷六八。

［28］【今注】案，隳，紹興本作“墮”。

［29］【今注】不得血食：指先祖之靈無後人祭祀。

［30］【今注】揚：州名。西漢武帝時所置十三刺史部之一，下轄九江、丹陽、廬江、會稽、吴、豫章六郡。　徐：州名。西漢武帝時所置十三刺史部之一，下轄東海、琅邪、彭城、廣陵、下邳五郡。　青：州名。西漢武帝時所置十三刺史部之一，下轄濟南、平原、樂安、北海、東萊五郡及齊國。

［31］【今注】荆州：西漢武帝時所置十三刺史部之一，下轄南陽、南郡、江夏、零陵、桂陽、武陵、長沙七郡。

［32］【今注】僭號：超越本分地使用稱號，這裏指冒用帝王稱號。

［33］【今注】案，狗，大德本、殿本作“犬”。

［34］【今注】人同倫：人在同一套倫理規範下生活，意指建立起統一的社會秩序。

［35］【今注】貢職：進貢。

［36］【今注】建明堂立辟雍起靈臺設庠序：本書《光武帝紀上》：“（建武五年）初起太學。”又卷一下《光武帝紀下》：“（中元元年）是歲，初起明堂、靈臺、辟雍。”明堂，禮制建築。在經典之中，明堂是王者發布德教政令的地方。東漢光武帝建明堂於雒陽南郊，以祀五帝。辟雍，禮制建築。在經典之中，辟雍本是周天子所設立的大學。後在東漢，辟雍主要被用作宣揚天子德教的場所。靈臺，禮制建築。在經典之中，靈臺是周文王所建之高臺。東漢在雒陽南郊起靈臺，用於望氣。庠序，指太學。太學是中國古代國家的最高學府。漢代在武帝元朔五年（前124）始置太學。至東漢，太學制度大爲發展，生員衆多。

［37］【劉昭注】孔安國《書》注曰：“同陰律也（陰，大德

本、殿本作‘音’）。”度，丈尺；量；斗斛；衡，斤兩也。【今注】律：音律。

［38］【劉昭注】孔安國曰：“公、侯、伯、子、男朝聘之禮。”范甯云：“吉、凶、賓、軍、嘉也。”【今注】五禮：《尚書·舜典》“修五禮、五玉、三帛、二生、一死，贄”，僞孔《傳》：“修吉、凶、賓、軍、嘉之禮五等。”案，《史記》卷六〇《三王世家》載丞相莊青翟、御史大夫張湯上言，謂“高皇帝撥亂世反諸正，昭至德，定海内，封建諸侯，爵位二等”，司馬貞《索隱》：“謂王與列侯。”是漢無五等爵，故五禮當指吉、凶、賓、軍、嘉。

［39］【劉昭注】范甯曰：“五等諸侯之瑞，珪璧也。”【今注】五玉：指璜、璧、璋、珪、琮五種玉質禮器。《白虎通·文質》云：“何謂五瑞？謂珪、璧、琮、璜、璋也。”又云：“五玉者各何施？蓋以爲璜以徵召，璧以聘問，璋以發兵，珪以質信，琮以起土功之事也。”

［40］【劉昭注】孔安國曰：“諸侯世子執纁，公之孤執玄，附庸之君執黄。”范甯曰：“交、纁、黄（交，紹興本、大德本、殿本作‘玄’，是），三孤所執。”【今注】三帛：指淺紅、黑、黄三種顔色的絲織品。《尚書·舜典》“修五禮、五玉、三帛、二生、一死，贄”，僞孔《傳》：“三帛，諸侯、世子執纁，公之孤執玄，附庸之君執黄。”

［41］【劉昭注】范甯曰：“羔、鴈也。卿執羔，大夫執鴈。”【今注】二牲：指羔羊和大鴈。《尚書·舜典》“修五禮、五玉、三帛、二生、一死，贄”，僞孔《傳》：“二生，卿執羔，大夫執鴈。”

［42］【劉昭注】雉也，士所執。【今注】一死：指野雞。《尚書·舜典》“修五禮、五玉、三帛、二生、一死，贄”，僞孔《傳》：“一死，士執雉。”

［43］【劉昭注】范甯曰：“總謂上所執之以爲贄者也。”【今注】贄：贈禮。

［44］【今注】乾乾日昃（zè）：太陽偏西，指人進入了晚年。昃，太陽西斜。

［45］【今注】允：公正。　恕：寬容。

［46］【今注】梁陰：梁父山的北面。陰，山的北側。

［47］【今注】兆民：民衆。

［48］【今注】永兹一宇垂于後昆：大意是説希望天下永遠統一，漢室政權能够世世不絶地流傳下去。

［49］【今注】師尹：謂官員之屬吏。《尚書·洪範》“王省惟歲，卿士惟月，師尹惟日”，僞孔《傳》：“衆正官之吏，分治其職，如日之有歲月。”

［50］【今注】以章句細微相況八十一卷：指建武三十二年，光武帝宣布八十一篇圖讖於天下。

［51］【今注】昭晢（zhé）：清楚、明晰。晢，光明。

［52］【劉昭注】《封禪儀》曰：“車駕十九日之山虞，國家居亭，百官布野。此日山上雲氣成宫闕，百官並見之。二十一日夕牲時，白氣廣一丈，東南極望致濃厚。時天清和無雲。《瑞命篇》‘岱嶽之瑞，以日爲應’也。”【今注】案，“子貢欲去告朔之餼羊”數句見於《論語·八佾》。

二十二日辛卯晨，燎祭天於泰山下南方，群神皆從，[1]用樂如南郊。[2]諸王、王者後二公、孔子後褒成君，[3]皆助祭位事也。[4]事畢，將升封。[5]或曰：“泰山雖已從食於柴祭，[6]今親升告功，宜有禮祭。”於是使謁者以一特牲於常祠泰山處，[7]告祠泰山，如親耕、貙劉先祠先農、先虞故事。[8]至食時，御輦升山，[9]日中後到山上更衣，[10]早晡時即位于壇，[11]北面。群臣以次陳後，西上，畢位升壇。[12]尚書令奉玉牒檢，[13]皇帝以寸二分璽親封之，[14]訖，[15]太常命人發壇上石，[16]尚書令藏玉牒已，復石覆訖，尚書令以五寸印封石檢。[17]事畢，皇帝再拜，群臣稱萬歲。[18]命人立所刻石碑，乃復道下。[19]

［1］【今注】群神皆從：群神皆從祀。

［2］【劉昭注】《封禪儀》曰："晨祭也。日高三丈所燔燎（三，大德本作'二'），燔燎煙正北也。"【今注】用樂如南郊：用南郊祭天之樂。本志前云："（郊天）凡樂奏《青陽》《朱明》《西皓》《玄冥》，及《雲翹》《育命》舞。"

［3］【今注】王者後二公：周後衛公、殷後宋公。

［4］【劉昭注】《封禪儀》曰："百官各以次上。郡儲輦三百，爲貴臣、諸公、王、侯，卿、大夫、百官皆步上，少用輦。"輦者，干寶《周禮》注曰"對轝曰輦"。

［5］【今注】升封：登泰山而行封禪。

［6］【今注】從食於柴祭：謂泰山已從享食於剛纔的燔柴祭天儀式。

［7］【今注】特牲：祭祀衹用一種牲畜作爲供品。

［8］【今注】親耕貙劉先祠先農先虞：親耕先祠先農，正月始耕，皇帝行籍田禮之前，執事告祠先農。籍田禮，詳見本書《禮儀志上》。先農，上古教人農業耕種的人，後人尊之爲農神。東漢尊炎帝爲先農。貙劉先祠先虞，立秋之日，天子射牲、祭廟，並使軍隊演武，名曰"貙劉"。在此之前，使謁者以一特牲先祭先虞於壇。詳見本書《禮儀志上》《祭祀志中》。先虞，掌管山林川澤的神。貙劉禮有斬牲嘗鮮之意，故在秋天舉行，祭先虞，以示感謝。

［9］【劉昭注】《封禪儀》曰："國家御首輦，人輓升山，至中觀休，須臾復上。"【今注】御輦：皇帝所乘轎輦。

［10］【劉昭注】《封禪儀》曰："須臾，群臣畢就位。"【今

注】日中：正午時刻。

［11］【今注】早晡時：申時之前。晡，申時，即十五至十七時。　即位：就位。

［12］【劉昭注】《封禪儀》曰："國家臺上北面，虎賁陛戟臺下。"【今注】畢位升壇：群臣皆就位之後，皇帝登上祭壇。

［13］【今注】尚書令：官名。東漢時，尚書令爲少府屬官，掌凡選署及奏下尚書曹文書衆事，秩千石。

［14］【今注】寸二分：一寸二分。一指寬曰寸，一寸合十分。

［15］【今注】訖：完畢。

［16］【劉昭注】《封禪儀》曰："騶騎三千餘人發壇上方石（三，大德本作'二'）。"【今注】發：發封，打開。

［17］【劉昭注】《封禪儀》曰："以金爲繩，以石三檢。東方西方各三檢。檢中石泥及壇土，色赤白黑，各依如其方色。"

［18］【劉昭注】《封禪儀》曰："稱萬歲，音動山谷。有氣屬天，遥望不見山巔，山巔人在氣中，不知也。"

［19］【劉昭注】《封禪儀》曰："封畢有頃，詔百官以次下，國家隨後。數百人維持行，相逢推，百官連延二十餘里。道迫小（大德本、殿本'道'後有'多'字），深谿高岸數百丈。步從匍匐邪上，起近炬火，止亦駱驛。步從觸擊大石，石聲正讙，但讙石無相應和者。腸不能已，口不能默。夜半後到，百官明旦乃訖。其中老者氣劣不行，正卧巖石下。明日（大德本、殿本'日'下有'早'字），太醫令復遵問起居。國家云：'昨上下山，欲行迫前人（大德本、殿本無"人"字），欲休則後人所蹈，道峻危險，恐不能度。國家不勞，百官已下露卧水飲（已，大德本、殿本作"以"），無一人蹉跌，無一人疾病，豈非天邪！'泰山卒多暴雨，如今上直下柴祭封登，清晏温和。明日上壽，賜百官省事。事畢發，暮宿奉高三十里。明日發，至梁甫九十里夕牲。"

二十五日甲午，禪，祭地于梁陰，以高后配，[1]山川群神從，如元始中北郊故事。[2]

[1]【今注】以高后配：祭地用高后配祀。案，此時祭地仍用吕后配祀。封禪之後，夏四月改元，同月有詔吕太后不宜配食高廟，上薄太后尊號曰高皇后，配食地祇。詳見本書卷一下《光武帝紀下》。

[2]【劉昭注】服虔曰："禪，廣土地。"項威曰："除地爲墠。後改墠曰禪，神之矣。"《封禪儀》曰："功效如彼，天應如此，群臣上壽，國家不聽。"【今注】如元始中北郊故事：按照西漢平帝元始年間北郊祭地的儀式進行。《漢書·郊祀志下》引元始五年（5）王莽奏言，云："陰陽有離合，《易》曰'分陰分陽，迭用柔剛'。以日冬至使有司奉祠南郊，高帝配而望群陽，日夏至使有司奉祭北郊，高后配而望群陰，皆以助致微氣，通道幽弱。當此之時，后不省方，故天子不親而遣有司，所以正承天順地，復聖王之制，顯太祖之功也。"

四月己卯，大赦天下，以建武三十二年爲建武中元元年，[1]復博、奉高、嬴勿出元年租、芻稾。[2]以吉日刻玉牒書函藏金匱，[3]璽印封之。[4]乙酉，使太尉行事，以特告至高廟。[5]太尉奉匱以告高廟，藏于廟室西壁石室高主室之下。[6]

[1]【今注】以建武三十二年爲建武中元元年：建武三十二年（56）四月改元爲建武中元元年（56）。

[2]【今注】博：縣名。治所在今山東泰安市東南。　奉高：縣名。治所在今山東泰安市東。案，奉，紹興本作"舉"。　嬴：

縣名。治所在今山東萊蕪市西北。

［3］【今注】金匱：銅製的櫃子，古代用來貯藏重要的文書檔案。

［4］【今注】案，璽印封之，大德本無“之”字。

［5］【劉昭注】《尚書·虞典》曰（殿本無“尚書”二字）：“歸格于藝祖，用特。”【今注】高廟：祭祀漢高祖劉邦的祖廟。東漢在長安、雒陽各有一高廟。在長安者，稱“故高廟”。

［6］【劉昭注】袁宏曰：“夫天地者，萬物之官府；山川者，雲雨之丘墟。萬物生遂，則官府之功大；雲雨施潤，則丘墟之德厚。故化洽天下，則功配於天地；澤流一國，則德合於山川。是以王者經略，必以天地爲本；諸侯述職，必以山川爲主。體而象之，取其陶育；禮而告之，歸其宗本。《書》曰：‘東巡狩，至于岱宗，柴。’《傳》曰：‘郊祀后稷，以祈農事。’夫巡狩觀化之常事，祈農撫民之定業，猶絜誠殷薦（絜，殿本作‘潔’），以告昊天，況創制改物，人神易聽者乎！夫揖讓受終，必有至德於天下；征伐革命，則有大功於萬物。是故王者初基，則有封禪之事，蓋以其成功告於神明者也。夫東方者（夫，紹興本、大德本作‘天’），萬物之所始；山嶽者，靈氣之所宅。故求之物本，必於其始；取其所通，必於所宅。崇其壇場，則謂之封；明其代興，則謂之禪。然則封禪者，王者開務之大禮也。德不周洽，不得輒議斯事；功不弘濟，不得髣髴斯禮。曠代一有，其道至高。故自黄帝、堯、舜至三代，各一得封禪，未有中修其禮者也。雖繼職之君，時有功德，此蓋率復舊業。增修其前政，不得仰齊造國，同符改物者也。夫神道貞一，其用不煩；天地易簡（易簡，大德本作‘簡易’），其禮尚質。故藉用白茅，貴其誠素；器用陶匏，取其易從。然封禪之禮（大德本無‘然’字），簡易可也。若夫白函玉牒（玉，紹興本作‘王’），非天地之性也。”